JN415903

"깨어있는 삶, 길찾기"

한상석의

골프장 이야기

" 마음 비우니 잘 맞네
역시 虛心遠打 야"

세창문화사

책머리에

골프는 코스 위에 정지해 딤플된 하얀 골프공(직경 42.67mm, 중량 45.93g)을 지팡이 모양의 골프채(클럽)로 제대로 맞춰 멀리 보내는 운동이고, 정해진 홀(球孔)(직경 108mm, 깊이 100mm 이상) 안에 그때까지 소요된 타수(打數)의 많고 적음으로 우열을 겨루는 구기(球技) 스포츠입니다.

2022년 4월 12일 한국갤럽이 발표한 '골프에 대한 여론조사' 결과, '골프가 사치스러운 운동'이라고 생각하는 비율이 36%로 30년 만에 절반으로 떨어졌고, 국민 10명 중 6명은 골프가 사치스러운 운동이 아니라고 생각하며 4명은 골프를 칠 줄 아는 것으로 조사됐습니다.

골프인구 500여만 명 대중화 시대, '국민 열 명 중 한 명 이상 한다.' 고 하니, 싱그러운 초원 분위기에 둘러싸인 골프장에 들어서게 되면 우선 마음이 편하고, "마음을 비워야 원하는 샷을 날릴 수 있다."(虛心適打, 허심적타)를 실행해 보시길 권합니다.

골프는 얼핏 보기에 정적인 운동이고, 남녀노소 누구나 즐길 수 있는 스포츠라는데 어려운 것은 날씨와 밀접한 관계가 있는 스포츠라는 점과, 멈춰 있는 공을 치는 스포츠라는 점에서 점수(스코어)를 향상하기가 쉽지 않습니다.

하여, '골프를 잘 치려면 세 가지 낮추라'는 얘기처럼 ① 골프 스윙에 임해서도 몸을 낮추고, ② 낮은 곳에서 실측도 잘하며, ③ 마음도 낮추라는 것입니다.

"깨어있는 삶, 길 찾기"하려는 자세로 골프를 바라본 "골프장 이야기"에는 실기 교본이나 스윙기술 중심으로 편중되어 기술한 수많은 골프 서적에서 탈피해, 골프장 중심으로 담았습니다.

① 골프와 관련 회원제와 대중제(퍼블릭) 골프장 제도의 변천을 성실하게 소개하면서, ② 골프 역사와 정치, 정책 얘기도 곁들여 골프 대중화를 다양하게 파악하도록 하였고, ③ 최근 골프 뉴스도 많이 실었으니 초보나 막연하게 배우신 분들에게 많은 참고가 될 터, 골프의 매력은 쉽게 정복되지 않습니다.

1장 '골프이야기'에서는, 골프 소개· 골프 예절(에티켓) 부터서 운동과 체육, 그리고 스포츠 개념정리와 함께 공무원 접대골프·골프 현실·좋은 골프장·현황, 회원제와 대중제(퍼블릭) 골프장, 친환경 골프장 등 얘기로 시작합니다.

2장 '골프 역사'에서는, 골프의 기원·한국 골프 시작·한국인 1호 프로골퍼를 비롯해 역사를 정리하며, 골프장 이름들 분석·골프와 대통령도 담았습니다.

3장 '골프정책과 산업'에서는, 제2의 골프 대중화 선언·저가형 공공골프장을 비롯해 골프산업·자영업 분석 보고서도 소개하며, 골프웨어 시장·스크린 골프·스마트폰 앱·골프용품과 골프인구 논란을 소개하며 연단체 부킹도 다뤘습니다.

4장 '골프 장비와 시설'에서는, 골프공·복장·골프클럽을 비롯해, 골프채·선택 그리고 골프채 신제품도 소개했고, 골프 시설·골프 코스 등 기본 사항을 담았습니다.

5장 '골프 경기와 협회 소개'에서는, 골프 경기·점수 관련 용어·골프 스윙·골프 규칙과 핸디를 설명하고서, 캐디(경기장 도우미) 그리고 대한골프협회, KPGA 코리안투어 2022시즌, 프로페셔널·프로골프도 소개했으며, (사)한국골프장경영협회·미국 프로골프의 변화 그리고 골프 용어는 물론, 파크골프·게이트볼·크로케·히팅골프 등 유사한 운동 소개도 했습니다.

6장 '나가는 글'에서는, 저자가 상임감사로 근무하는 소피아그린CC 소개와 함께, 사단법인 대한페탕크협회 부이사장으로서 페탕크 경기도 소개하였습니다.

요즘은 스크린골프 덕분에 일상처럼 가까이 다가서는 골프가 사치성 스포츠가 아닌 대중 스포츠가 됐고, 지구상에 누군가가 대지에 구멍을 뚫어서 숱한 인류가 즐거워한다는 것이니, 일단은 자신이 해보고 난 뒤 판단할 일입니다.

요즘 “지혜의 땅” 소피아그린CC 골프장에서 인기 있는 건배사로 “비는! 밤에만!” 하고 외칩니다.

골프는 얼핏 보기에 정적인 운동이고, 남녀노소 누구나 즐길 수 있는 스포츠라는데, 골프장 그린과 페어웨이에 고인 물 상태로 경기를 못하니 만큼 ‘비가 오더라도 밤에만 와서 낮에는 잔디밭(그린)을 즐기도록 해 달라’는 염원입니다.

네이버에 게재된 백과사전을 비롯해 나무위키 그리고 수많은 칼럼과 골프관련 뉴스를 모아 1차 정리를 하면서 공지의 내용이라서 일일이 출처를 모두 밝히지는 않았으나, 가능하면 글마다 적시하였습니다.

교보문고 등에 다니며 골프관련 서적을 많이 살피고 여러 책자도 읽으면서 많이 공감도 했던바, 시중에 골프 스윙(클럽을 휘두르는 동작) 관련 책이 80% 이상이나 특히 골프장 관련 내용이 드물어 골프장 이야기를 발행합니다.

1986년 6.29 선언 이후 시·도지사에게 인가권 넘기고 대중제 골프장 건설을 이뤄 사치성 스포츠를 벗어나게 되면서, 1999년 10월 김대중 대통령의 골프 대중화 선언과 함께 공무원 골프장 출입도 허용되었고 대중제 골프장을 장려했으며, 2022년 1월 발표한 제2의 골프대중화 선언에도 이르렀습니다.

2022년 4월 29일

“지혜의 땅”, 소피아그린CC 상임감사 한상석

차례

서문

1장. 골프이야기

2장. 골프 역사

3장. 골프 정책과 산업

4장. 골프 장비와 시설

5장. 골프 경기와 협회 소개

6장. 나가는 글

"깨어있는 삶, 길 찾기" 한상석의 골프장 이야기

골프이야기

1장 | 골프이야기

1 골프 소개

골프(Golf)는 코스 위에 정지해 있는 공(볼)을 클럽 채(club)로 쳐서 정해진 구멍(홀, hole)에 넣어 그때까지 소요된 타수로 우열을 겨루는 구기 스포츠로, 각기 다른 모양의 골프채를 가지고 좀 더 먼 거리를 향해 골프공을 날리기도 하고 여러 경사로가 있는 페어웨이나 그린에서 퍼팅을 하기도 합니다.

골프는 힘의 크기보다 짧은 시간 안에 힘을 폭발적으로 쓰는 법을 알아야 하며, 양떼들이 지나가며 풀을 뜯거나 밟아서 마치 넓은 길처럼 평탄해진 것을 **'페어웨이'**라고 불렀고, 들 토끼가 살며 잔디를 깍아 먹어 평탄하게 된 곳을 **'그린'**이라 불렀습니다.

골프(클럽) 채를 휘둘러 운동에너지를 공에 전달해 날려 보내는 스포츠로, 아주 작은 공을, 아주 작은 구멍에, 다양한 채로 쳐 넣는 게임이라 공을 가장 적게 친 쪽이 이기는데, '많이 칠수록 그만큼 실수가 많다'는 것을 뜻합니다.

골프는 야외에서 하는 스포츠로 기상변화에 민감한데, 눈이 쌓이거나 땅이 얼어붙은 한겨울을 제외하고는 연중 골프를 할 수 있고, 비가 내리고 바람이 부는 상황은 다반사로 골퍼들은 계절이나 날씨에 적응해야 하고, 옷도 그에 맞춰 두껍게 또는 얇게 입어야 합니다.

그래서 골프는 자신과의 싸움이기도 하지만, 이처럼 변화무쌍한 자연환경을 극복해야 하는 운동이기 때문에 어렵다고 보며, 다른 구기 종목은 움직이는 공을 손이나 발, 기구로 치거나 차서 하지만, 골프는 지면에 놓여있는 공을 클럽으로 치는 스포츠로 구력이 늘어갈수록 멈춰 있는 공을 치기가 쉽지 않다는 것도 깨닫게 됩니다.

골프에서는 공이 멈춰 있어도 항상 치기 좋은 상태로 놓이지 않는데, 자기 뜻대로 안되니 생각이 많아지고, 정신력(멘탈) 측면에서도 고민이 생기는 것이라서 이런 느낌의 차이가 골프를 더 어려운 스포츠로 분류하는데 한 몫을 합니다.

골프가 어려운 것은 프로골퍼들도 마찬가지로 천하의 타이거 우즈 선수도 매 대회 우승을 할 수는 없고, 미국PGA투어 최다승(82승) 보유자인 샘 스니드는 "작고 하얀 공이 항상 당신을 돌아보면서 당신이 실수하기만을 부추기고 있다"고도 했습니다.

긴(롱)게임이 되면 짧은(쇼트)게임이 안 되고, 오늘은 컨디션이 최고조였다가 그 다음 날엔 저조하며, 이번 주 대회에서 우승한 선수가 다음 주 대회에서는 커트 탈락하고, 올해 상금왕인 선수가 이듬해엔 시드를 걱정해야 하는 것이 골프입니다.

골프는 기복이 많은 스포츠여서 골퍼들은 슬럼프를 피할 수 없고, 물론 슬럼프를 겪지 않은 사람도 있으나 골프는 기본적으로 오르막내리막이 많은 운동입니다.

골프는 어려운 스포츠이지만, 꾸준히 노력하면 스코어를 조금씩 향상할 수 있다는 것을 믿는 것이 중요하고, 인생에도 기복이 있을진대, 수많은 운동 종목 중 하나인 골프에 기복이 있는 것은 어쩌면 당연해, 그것을 받아들이고 극복하는 과정 자체도 골프의 마력 중 하나입니다.

골프 멘탈 전문가들인 저자 피아 닐손과 린 매리엇은 스윙 전후의 기술을 '휴먼 스킬(Human Skills)'이란 말로 퉁 쳤고, "라운드 시작하면 신체적인 조건이나 기술과 장비는 바꿀 수 없다"고 강조합니다.

필드 위에서 바꿀 수 있는 건 휴먼 스킬이고, 자기 관리의 능력으로 불안, 낙담, 공포, 좌절, 분노를 떨쳐내야 하며 또는 무력화시켜야 하는데, 최고의 기량이 그때 발휘됩니다.

골프는 훈련부터 대회 참가까지, 그리고 우승의 영광을 맛보는 것도 혼자서 누려 지극히 개인적인 운동이나, 우리만의 특별한 문화로 국내에선 기업에서 창단하는 '골프 팀'이 운영되고 있고, 기업은 프로골퍼로 구성된 팀을 꾸리며, 그 선수들이 좋은 성적을 낼 수 있도록 후원도 합니다.

또한 훈련비용과 대회참가비, 성적에 따른 인센티브 등을 내걸어 선수가 골프에만 전념할 수 있는 환경을 만들어 주며, 확실한 동기부여도 만들어 주고 있습니다.

골프한국에 게재된 [방민준의 골프세상] '여백'을 다스리면 골프가 달라진다! 글을 읽고 감명을 받았습니다.

글에서 "수도권의 어느 골프장에 가보면 '허심적타(虛心適打)'라는 글이 바위에 새겨져 있다."는데, '허심적타(虛心適打)', 자립독행(自立獨行)이란 용어가 와 닿는 순간부터 애용하면서 글에 옮깁니다.

1) "마음 비우고 적시타 날리자!"

골프란 적당한 긴장감이 감돌고 최소한의 기본 규칙(룰)이 허물어지지 않고 지켜질 때 '묘미가 더해진다.'고 하며, 상념에 잡히는 순간 추락의 길로 들고, 몸과 마음의 '평정을 얻을 때 새로운 지평이 열린다.' 는바, 인생을 생각하며 "마음을 비우면 이루어진다."는 "虛心適打"(허심적타)를 추천합니다.

골프는 푸른 초원에서 잔디를 밟으며 신선한 공기를 마시면서 동료와 덕담도 나누며 즐거운 시간을 갖게 되는데, 자신이 좋아하는 것을 찾아 남은 시간을 즐겨야 하며, 감사하는 마음으로 해야 합니다.

전설의 골퍼 잭 니콜라우스가 골프의 구성 요소는 50%의 정신력(멘탈), 40%의 세트 업, 10%의 스윙이라고 설명했는바, 18홀을 돌 때 스윙 시간은 합쳐봐야 5분이나 골프의 성패는 스윙의 전과 후에 의존하며, 걷는 거리는 약 6km, 소요시간은 3시간 30분 이상을 움직이며 마음을 비워야 합니다.

2) "스스로 서서 홀로 행하라"

인간의 지혜로 발명한 놀이 중에 건강과 보양, 상쾌함과 흥분, 그리고 지칠 줄 모르는 즐거움을 주는 골프란 다른 스포츠와 달리 '소요되는 시간과 공간에 여백이 지나치게 많'은바, 개인 종목이자 동시에 단체 종목인 골프의 세계는 받아들이는 사람에 따라 그 깊이와 넓이가 무한해서 "스스로 서서 홀로 행하라"(自立獨行, 자립독행)는 것으로 경기(플레이)하는 것입니다.

골프에선 △ 더 멀리 경쾌한 '드라이버 샷'을 △ 날카롭게 딱 붙는 '아이언 샷'을 △ 자로 잰 듯한 어프로치와 퍼팅 △ 상대의 정신상태(멘탈)을 흔드는 우렁찬 '구찌 또는 겐세이(은어 : 말로 하는 견제 행위)'라는 전술도 있습니다.

모두 △ 힘 빼라 △ 던져라 △ 배치기 하지마라 △ 머리 들지 마라 △ 왼손 전환해라 △ 하체 리드해라 △ 릴리즈 해라 등 골프를 잘 하기 위한 스윙 레슨으로도 아마추어들을 쉽게 유혹합니다.

골프는 있는 힘을 다해 때리면 공이 멀리 갈 것 같지만 꼭 그렇지 않고, 또 '머리를 들지 말고 공을 끝까지 보고 치라'고 하였으며, 남의 공을 봐주는 배려도 '이웃을 사랑하라'는 가르침이 됩니다.

골프는 자연 속에서 다양한 재미와 즐거움, 성취감까지 만끽할 수 있는 장점 때문에 역사적으로 오랜 시간 대중이 즐기는 스포츠로서 자리매김했습니다.

골프는 나이와 성별을 구분하지 않고 다 같이 즐길 수 있는 가장 좋은 스포츠이며, 좋은 골프장은 관계자들의 친절한 운영이 우선으로, 고객 중심적 사고로 고객의 편의를 우선적으로 생각하며 최상의 서비스를 하는 골프장이 명실상부한 일류 골프장입니다.

"잔디 밟으러 가자"고 얘기하는 골프는 주로 4인이 팀을 이뤄 같이 하는 스포츠로, 매우 단단하고 작은 공을 사용하며 규격화되지 않은 경기장을 사용하는 점과 여러 개의 클럽을 사용하는 것이 다른 스포츠와 다릅니다.

골프는 세상에서 플레이하기는 가장 어렵고 속이기에 가장 쉬운 게임으로, 골프 코스는 머물지 않고 가능한 한 빨리 지나가야 할 덧없는 세상살이 그 모든 것의 요약이며, 생각할 시간이 너무 많고 또 생각해야 할 것도 너무 많습니다.

허심적타(虛心適打, 마음 비우고 적시타 날리자)!

2 골프 예절(에티켓)

골프란 출발선(티잉 그라운드)에서 그린의 목표(홀컵)까지 골프클럽으로 골프공을 치는 경기로, 경기 원칙은 ① 코스를 있는 그대로 경기할 것, ② 공이 놓여진 상태 그대로 경기할 것, ③ 위와 같이 못할 경우 공정하게 경기할 것입니다.

경기진행 속도, 규칙(룰) 준수, 경기 도우미(캐디) 괴롭힘, 동반자간 예의 등에서 벗어나지 않고, '물을 채운 컵을 들고 물을 쏟지 않으면서 라운드를 해야' 하는 골프의 상대는 공하고 나뿐이므로 골프는 무엇보다도 예절과 규칙을 잘 지켜야 합니다.

골프는 다른 스포츠와 달리 골프장은 너무 넓어 심판 없이 플레이하기 때문이고, 상대방을 배려하고 스스로 규칙을 지켜야 하는 도덕성이 요구됩니다.

2022. 3. 31 자 중앙일보 성호준 기자가 쓴 [도전! 골프 퀴즈왕]에서도 '모든 플레이어는 정직하다'며 골프 예절(에티켓)의 3대원칙을 소개해 공감합니다.

먼저, '성실하게 행동하라'는 것으로, 규칙을 따르고, 모든 페널티를 적용하며, 정직하게 플레이하라는 것입니다.

둘째, '타인을 배려하라'는 것으로, 신속한 속도로 플레이하며, 타인의 안전을 살피며, 타인의 플레이에 방해가 되지 않도록 하라는 것입니다.

셋째, '코스를 보호하라'는 것으로, 디봇 정리, 벙커 정리를 하고, 볼 자국을 수리해 코스에 손상을 입히지 말라는 것입니다.

1951년 이래 R&A와 USGA는 전 세계 골프경기에 대한 통일된 규칙을 제정하기 위하여 지속적으로 회합을 가지면서 골프 규칙(룰)을 현실에 맞게 줄곧 개정작업을 해오고 있습니다.

2014~2015년 골프규칙 제정에는 세세히 언급되어 있던 골프 예절(에티켓)에 대한 조항이 2019년도 개정판에는 삭제가 되고, 대신 간단히 골퍼들의 의무사항만 규정하고 있습니다.

2015년판에 언급되었다가 2019년도에 삭제된 골프 예절(에티켓)에 대한 세부규칙의 주요 내용은, 아래 4가지입니다.

"① 동반자가 플레이 할 때, 움직이거나 말하거나 불필요한 잡음을 내서는 안된다.

② 플레이 하려고 할 때 공 가까이나 바로 뒤에 서 있어서는 안 되며, 퍼팅 시 홀 뒤에 서 있어도 안 된다.

③ 동반자의 퍼트 선 위에 서서는 안 되며, 퍼트 선에 그림자를 지게 해서도 안 된다.

④ 그들이 속한 동반자 전 원이 홀 아웃을 할 때까지, 퍼팅 그린 위나 가까이에 머물러 있어야 한다."

위 4 가지는 모두 지켜야 할 중요 내용이지만, 가장 중요하다고 판단되는 것은 마지막 내용 ④로, 자신만의 경기가 끝났다고 카트에 가서 앉아있는 모습과 다른 동반자가 다 가고 없는데, 혼자서 외롭게 퍼팅을 하려고 서둘러대는 모습은 결코 아름다운 모습이 아닐 것입니다.

혹자는, 개정된 규칙에는 이 조항이 없으니까 굳이 지킬 필요가 없다고 주장을 할 수 있겠지만, 동반자를 배려하는 마음은 규제 조항의 있고 없음의 문제가 아니라 귀한 시간을 내어 같이 운동을 즐기려고 모인 친분을 가진 소 공동체의 모임임을 생각해서 혼자서 외롭게 퍼팅하는 모습을 보이게 해서는 안 될 것입니다.

2019년도 개정판에서 예절(에티켓) 규정이 삭제된 것은 위 예절(에티켓)을 지킬 필요가 없다는 뜻은 분명코 아닐 것이며, 세세히 언급을 하지 않았다는 것일 뿐 '성실하게 행동하고 타인을 배려하여야 하며 타인에게 방해가 되지 않도록 하며 신속한 경기운영, 코스 보호 등'을 포괄적으로 언급한 것입니다.

고가의 비용을 들여 모처럼 잔디밭(필드)을 찾은 귀한 인간관계를 가지고 있는 동반자가 환히 웃으며 운동을 할 수 있도록 배려하는 마음이야 말로 진정한 골프의 기본정신입니다.

3 운동과 체육, 그리고 스포츠

운동(運動)은 체육과 거의 같은 뜻으로 쓰이기도 하지만 사실 동일하진 않고, 말 그대로 '움직이는 것' 그 자체이고, 체육(體育)은 '몸을 기르는 것'으로서 일반적으로 몸을 움직이는 것, 즉 운동을 통해 도달하는 것이며 주로 학교의 과목을 뜻합니다.

우리나라 국민체육진흥법(1962년 9월 17일, 제정 법률 제1146호) 제2조에는 '이 법에서 체육이라 함은 운동 경기, 유희, 야외 운동 등 신체적 활동으로서 건전한 신체와 정신을 배양하는 것을 말한다.'라고 하여 내용이 되는 운동(체육)의 범위를 정신적인 측면까지 넓게 잡으면서, 교육적 기능을 중시하는 사고방식을 보이고 있습니다.

1) 운동(運動)

운동(運動)은 몸을 움직여서 결과를 창출함이 주목적으로, 에너지 소모가 효율적이고 움직임이 규칙적이며 특정한 목적을 성취하는 것인데, 몸을 움직이는 행동(Physical exercise)은 건강이라는 목적과 연결되고, 놀이나 일과 연결되기도 하여, 동양에서는 전통적으로 운동(運動)을 '도인(導引)'이라 표현했습니다.

[국어사전]에 보면 운동(運動)이란 명사로써, ① 사람이 몸을 단련하거나 건강을 위하여 몸을 움직이는 일. ② 어떤 목적을 이루려고 힘쓰는 일, 또는 그런 활동. ③ 일정한 규칙과 방법에 따라 신체의 기량이나 기술을 겨루는 일, 또는 그런 활동이라고 뜻풀이가 나옵니다.

몸을 움직이면서 여러 명과 협동하여 결과를 창출하는 데 주목적을 가지며, 에너지 소모가 효율적이고 움직임이 매우 변칙적이며 개개인의 발달과 기술보다는 전체 인원과의 협동과 조화에, 그보다는 결과의 우세에 더 많은 의미가 있는 운동입니다.

영어 단어 'exercise'와 'training' 모두 '운동'으로 번역할 수 있는데, Exercise는 활동 전반을 의미하며, 특별한 목표가 없이 즐기기 위한 운동을 모두 포함한 반면, training은 신체 능력을 향상시키기 위한 '훈련'에 더 가까운 의미입니다.

'활동'(活動)의 '활'에 '생활'의 뜻이 있듯 본래 살아있는 움직임을 말하며 살아있는 생명력의 느낌이 있기 때문에, '활기차다', '활동적이다', '활발하다' 등의 연관어가 나오게 되지만, 운동은 움직이는 것 자체에 의미를 가집니다.

그리고 어떤 일을 이루기 위해 힘쓰며 움직이는 것도 활동이라고 하나, 운동은 활발하지 않아도 그냥 움직이기만 하면 운동이어서 활동은 좀 더 활발한 움직임이어야 하기 때문에 활동은 운동에 포함됩니다.

한편 사회 운동(social movement)은 사회를 이룬 인간이 어떠한 목적을 위해 움직이는 것을 말하고, 조직적인 경우가 많지만 1인 시위처럼 조직을 필요로 하지 않는 경우도 있으며, 단발적으로 끝나는 경우는 거의 없고 대부분이 연속적이며, 인권운동, 민주화운동, 독립운동, 학생운동, 노동운동뿐만 아니라 파업 등도 사회적 목적을 위한 하나의 움직임, 즉 운동입니다.

막노동 등 이런 매우 힘든 일들을 오랫동안 열심히 한다고 해서 절대로 체력이 좋아지는 것이 아니고, 단지 일에 대한 요령과 적응력만 높아질 뿐으로 체력을 키우고 싶다면 차라리 헬스장을 가서 규칙적인 습관으로 키워야 합니다.

2) 체육(體育)

체육(體育)은 인간의 신체적 활동을 통하여 근육을 단련하고 사회가 요구하는 완성된 인격을 만들려는 교육입니다.

인간의 신체적 활동을 통하여 근육을 단련하고 사회가 요구하는 완성된 인격을 만들려는 교육으로 신체운동인데, 흔히 체육·스포츠·레크리에이션·건강 등의 용어들을 같은 개념으로 생각하는 경우가 많습니다.

체육(體育)은 ① 일정한 운동 따위를 통하여 신체를 튼튼하게 단련시키는 일, 또는 그런 목적으로 하는 운동이나, ② 육체의 건전한 발육을 꾀하는 교육으로 스포츠, 체조 따위의 신체 활동에 의하여 건강의 유지 · 증진과 체력 향상을 도모합니다.

체육이란 단순한 육체적 활동을 의미한다기보다는 신체활동의 잠재적 가치를 최대한 발휘할 기회를 줌으로써 인격의 완성을 이루어보려는 것이고, 체육은 인간의 신체적 활동, 그 중에서도 대근활동(大筋活動)을 통한 신체의 교육인 동시에, 이 신체적 활동을 수단으로 하여 이상적인 인간상, 즉 사회가 요구하는 지(知)·정(情)·의(意) 및 신체 각 측면의 조화를 통한 완성된 인격을 가진 인간을 만들려는 교육적 작용입니다.

체육(Physical Education, Physical Training)이란 두 가지 뜻이 있는데, 하나는 몸(體)을 기른다(育)로, 즉 몸을 튼튼하게 단련하는 일로서 신체 활동을 통해 체력, 건강을 유지/증진시킬 수 있고, 어원으로서는 '체조'와도 연관이 깊습니다.

또 하나는 몸을 기르는 교육 즉 교육으로서의 체육인데, 동서양을 막론하고 의외로 (군사적 목적과 별개로) 엘리트들에게 중요시되던 교육으로, 고대 그리스 시절에는 학생들이 배워야 할 3대 교과목 중 (체육, 수학, 음악) 하나였습니다.

한편 동아시아의 경우, 고구려의 교육기관 경당(扃堂)이나 신라의 청소년 수련단체 화랑은 유교경전과 활쏘기를 주요 과목으로 가르치고 명산대천을 답사하는 등 다각도로 체력단련을 중요시했고, 조선에서는 활쏘기가 군사적 목적과는 별개로 사대부에서 기생까지 폭넓은 계층에서 사랑받았으며, 일본에서도 역시 활쏘기와 검술이 심신 수련이라는 명목으로 사랑받았습니다.

동서양을 막론하고 체육이 정신의 수양에도 (과학적 신빙성과는 별개로) 도움이 된다는 개념이 있었기 때문인데, 조선시대 고종이 신학문을 가르치는 학교를 세우면서 '교육의 본질은 덕육, 체육, 지육에 있다'는 말도 남겼습니다.

3) 스포츠[Sports / (運動)競技]

스포츠란 경쟁과 유희성을 가진 신체운동 경기의 총칭으로, 일정한 규칙에 따라 개인이나 단체끼리 속력, 지구력, 기능 따위를 겨루는 일입니다.

어원은 라틴어에 뿌리를 두고 프랑스 어로 사용되어 본래는 disport라 했으나, 영어로 바뀌면서부터 di가 없어지고 sport가 되었습니다.

원어에서 dis라는 것은 '분리(分離)'의 뜻을 나타내는 접두어로 away에 해당하며, port는 '나르다(carry)'의 뜻이라서, disport는 carry away라는 뜻으로, 즉 '자기 본래의 일에서 마음을 다른 곳으로 나른다는 것', 다시 말하면 '일에 지쳤을 때에 기분을 전환하기 위하여 무엇인가를 하는 것', '생활의 성실한, 또는 슬픈 장면을 떠나서 기분 전환을 하는 것'이라는 의미입니다.

국제화된 것은 19세기 이후의 일로, 스포츠를 명확하게 한 마디로 정의한다는 것은 곤란한 일이나, 그 용법은 ① 각 사회나 개인이 관습적으로 하는 스포츠 ② 경기, 투기(鬪技)로서 하는 운동. ③ 현대 사회에서 운동의 기능이 중요해져 스포츠가 운동의 주요한 부분을 차지하기 때문에 운동의 개념과 거의 같은 의미로 쓰여 집니다.

ISPE(국제 스포츠 체육협의회)의 '스포츠 선언'에서는 '플레이의 성격을 갖고, 그리고 자기 또는 타인과의 경쟁, 혹은 자연의 장애와의 대결을 포함하는 운동은 모두 스포츠이다'라고 되어 있습니다.

경쟁 또는 투기로서 하는 운동으로 스포츠라고 부르며, 노동의 일종으로 효율적인 움직임과 개개인의 기술도 물론 중요하지만, 전략과 팀워크가 매우 중요합니다.

태초 스포츠의 역사는 기원전 2000년경 중국으로 거슬러 올라가 고대 중국에서는 대중적으로 체조를 즐기고 체계화한 흔적이 유적에서 발견되고, 이집트 문명과 메소포타미아 문명에서도 남아 있으며, 창던지기, 원반던지기 등을 즐긴 것으로 추측됩니다.

고대 그리스는 기원전 9세기경부터 올림피아 제전을 열었다고 추측되며, 이는 종교적, 육체적 발전을 도모하기 위한 행사였으며, 이 정신은 현대까지도 계승되어 인류의 화합과 스포츠 정신의 발전을 지향하는 올림픽으로 남아 있습니다.

스포츠는 체육의 목적을 달성하는 데 있어서 가장 공헌도가 크며 그 수단으로서 중요하지만, 그렇다고 스포츠가 곧 체육인 것은 아니나 스포츠에 교육적인 측면이 전혀 없는 것도 아니며, 스포츠가 인간 생활을 충족시키는 내용으로 되어 있는 만큼 스포츠 그 자체도 교육적인 측면을 가집니다.

스포츠산업진흥법 제2조 제1호, 스포츠기본법 제3조 제1호 전단과 후단에서는 "건강한 신체를 기르고 건전한 정신을 함양하며 질 높은 삶을 위하여 자발적으로 행하는 신체활동을 기반으로 하는 사회문화적 행태"라고 정의하고 있으며, 체육보다 넓은 개념으로 보고 있습니다.

스포츠는 전략적인 판단을 기초로 몸을 움직이거나 머리를 쓰는 게임이나 오락 행위를 일컫는데, 주어진 활동의 규칙에 따라 타인과 경쟁하여, 승리를 쟁취하는 것을 목적으로 하며, 더 나아가 개인의 건강 증진, 참가자와 관람자의 유희, 그리고 단체 활동을 통한 사회적 증진과 협동을 지향하고, 스포츠는 운동 및 체육활동과 달리 규칙과 경쟁의 요소를 갖습니다.

전통적인 스포츠에선 기본적으로 운동 능력을 필요로 하는데, 단순한 운동과는 다르게 어떠한 것은 단순히 신체 능력이 좋을 뿐 아니라 동물적인 육감과 전술,

복잡한 것은 냉철한 이성까지 필요로 하는 것이기에, 스포츠는 복잡하면 복잡할수록 접근성이 낮아집니다.

오늘날에는 바둑, 장기, 체스, 포커와 같이 머리를 쓰는 경기나 e-스포츠와 같은 것들도 전략적인 두뇌 활동을 증진하는 '운동'으로 바라보는 시선이 늘어남에 따라 스포츠로 인식되고, 육상이나 축구 같은 비교적인 단순한 규칙을 가진 스포츠는 대중들에게 널리 사랑받는데, 이해하기 쉬운 규칙을 가진 스포츠는 어린이, 장애인, 노인에게 좋은 운동과 유희가 됩니다.

스포츠는 사실에 기반을 둔 살아 있는 스토리 그 자체이며, 각본 없는 드라마이기 때문에 대중에게 잘 알려진 스포츠 종목과 국내외 경기, 국제 대회를 중심으로 오랫동안 많은 정보와 스토리가 축적되어 온 장르이며, 골프, 축구, 럭비, 테니스, 크리켓, 조정 등 각종 스포츠 종주국으로 잘 알려진 영국에서도 스포츠는 1년 내내 국민들을 즐겁게 해 주는 중요한 장르이기도 합니다.

스포츠는 '경쟁이 따르는 운동'이지만 범위를 넓혀서 자신과의 경쟁이 따르는 사이클링·하이킹·캠핑·반더포겔과 같은 여가선용 활동이나 야외 활동도 야외 스포츠(outing sports)라 한데도, '스포츠협회'라고 표기하여야 할 것이 '체육회'라고 표현되는 것처럼 '스포츠'라는 용어가 '체육'과 같은 뜻으로 사용되는 사례가 많이 있습니다.

스포츠 정신은 스포츠 업계에 종사하는 관계자들이 마땅히 지켜야 할 동업자 정신인바, 공평함, 도덕, 존중, 경쟁자와의 우호 관계 등으로 이루어지며, 좋은 자세를 가지는 것, 이기고자 하는 의지, 정당하고 공평하게 승부하고자 하는 소망, 당연하지만 승부조작, 약물투여 등을 하지 않는 것 등의 요소로 이루어집니다.

패배를 잘 인정하지 않는 자는 더러운 패배자로 일컬어짐에 반하여, 훌륭한 스포츠는 "좋은 패배자" 뿐만 아니라 "좋은 승리자"가 되는 것을 의미합니다.

전문가들은 적어도 일주일에 3번 이상, 한 번에 30분 이상 운동하기를 권장하여, 일명 '7330캠페인'이 있고, 몸에 안 좋은 영향을 줄 수 있다는 '지나친 운동'

조차 사망 위험을 낮춰 줘, 운동을 아예 안 하는 것보단 과도한 운동이 차라리 낫고, 가장 좋은 건 적절한 운동입니다.

스포츠는 아마추어와 프로페셔널 스포츠 외에도, 그 중간 영역으로서 세미프로페셔널 또는 논 프로페셔널 등 세 영역으로 나뉘고, 스포츠의 고도화나 직업화를 배경으로 플레이어를 분류하면 ① 아마추어, ② 챔피언, ③ 프로페셔널과 같고, 또 ① 즐기기 위한 스포츠, ② 클럽 수준의 스포츠, ③ 챔피언의 스포츠로 나누는 것은 스포츠 집단에의 소속이나 기능의 수준 등을 고려한 분류라고 할 수 있습니다.

한편 [네이버 지식백과]의 스포츠 [sports] (두산백과 두피디아)에 따르면, 1979년 12·12 사건과 1980년 계엄령으로 정권을 잡았던 전두환은 당시 국민들의 정치적 관심을 다른 데로 돌리기 위해 이른바 '3S(Screen, Sex, Sports)'라는 정책을 이용했습니다.

영화와 성인문화 산업 그리고 스포츠를 개방하고 활성화해 군사정권의 선동 도구로 이용하려 했던 5공화국의 정치적 영향으로, 야구나 축구 같은 프로 스포츠 시장이 잘 정착된 국가들과 비교할 때, 스포츠를 즐길 수 있는 아마추어 지역 스포츠 문화가 상대적으로 약했음에도 불구하고 국내 스포츠 뉴스는 하루를 마감하는 중요한 일과 중 하나가 되고 있습니다.

방송사별 스포츠 전문 케이블 채널들(KBS N SPORTS, MBC SPORTS+, SBS ESPN, SBS GOLF)은 스포츠의 종류와 게임 량에 비해 방송 편성이 제한적인 현실을 보완하기도 하였는데, 이런 전문 채널은 그 내용과 시청자를 특화해 제공하기 때문에 철저하게 전문 편성 전략을 따릅니다.

특히 골프는 1999년 'SBS골프', 2005년 'J골프' 채널이 출범하면서 비로소 한국 남녀 프로 골프 대회를 주관하는 KPGA(Korea Professional Golfers' Association)와 KLPGA(Korea Ladies Professional Golf Association)의 모든 경기를 중계하기 시작했고, 이후 미국·일본·유럽·아시아의 유명 국제 대회까지 중계하면서 골프의 대중화에도 큰 영향을 주었습니다.

2004년 한국프로골프협회(KPGA)와 조인식을 갖고 코리안투어(Korean Tour) 창설에 참가한 SBS는 〈sbs 골프〉, 〈sbs 중계석 프로야구〉, 〈sbs 골! 풋볼매거진〉, 〈sbs 야구본색〉같은 스포츠 전문 프로그램을 1시간 정도로 편성하고 있습니다.

한편, 선수(選手)는 운동 경기나 기술 따위에서, 기량이 뛰어나 많은 사람 가운데에서 대표로 뽑힌 사람 또는 스포츠를 직업으로 하며, 어떤 일을 능숙하게 하거나 버릇으로 자주 하는 사람을 비유적으로 이르는 말입니다.

월드컵(World Cup)은 체육 스포츠 경기의 국제 선수권 대회, 또는 그 우승컵으로 골프 · 배구 · 스키 · 축구 따위가 있으며, 1930년 이래 4년마다 개최되는 축구대회가 유명합니다.

리그(league)란 체육 야구 · 축구 · 농구 따위에서, 우승을 가리기 위하여 경기를 벌이는 스포츠 팀의 집단이나, 경기를 벌이는 대전 방식의 하나로서, 경기에 참가한 모든 팀이 서로 한 번 이상 겨루어 가장 많이 이긴 팀이 우승하게 됩니다.

이벤트(event)는 여러 경기로 구성된 스포츠 경기에서, 각각의 경기를 이르는 말이며, 불특정의 사람들을 모아 놓고 개최하는 잔치입니다.

4 아마추어와 아마추어리즘 그리고 아마추어 골프

1) 아마추어

아마추어란 순수하게 운동 경기를 애호하는 비직업적 경기자를 말합니다. 즉, 골프·야구·축구·레슬링·복싱·테니스 등을 직업으로 하고 있는 사람이 아닌 것은 물론, 금전 및 기타 어떠한 물질적인 이익·보수를 목적으로 하지도 않고, 항상 취미·오락으로서만 스포츠를 하는 사람을 뜻합니다.

일반적으로 '프로'의 반의어로서 쓰이는데, 흔히 예술, 스포츠 등의 일에 돈을 받는 본업으로 삼지 않고 취미로 즐기는 사람이며, 비전문가, 초보자, 애호가와 뜻이 유사하며, 종종 지망생의 동의어로 쓰이기도 합니다.

고대 그리스 시대, 즉 BC 5세기경 경기가 직업화되어 폐단이 일어나기 시작한 무렵부터 생겨났는데, 근대에는 영국의 헨리 리개터(Henley Regatta)가 아마추어 규정을 1879년에 제정했으며, 미국에서는 아메리카 운동경기협회가 같은 해에 아마추어 정의를 발표하였습니다.

프로가 되거나, 프로로 인정받기에 역량과 실적이 낮은 사람을 일컫기도 하고, 아이스하키에서는 일정한 급여를 받고 아마추어 리그에서 활동하는 선수를 일컫기도 합니다.

원래는 스포츠 등지에서 돈 따위에 연연하지 않고 취미를 즐기는 사람들을 말했는데, 유럽에서 그 시절에 하층민이 그럴 여유가 있을 리 없으니 대부분 귀족이나 신사, 다시 말해 상류층들이었습니다.

프로는 반대로 아마추어의 비위를 맞춰가며 돈벌이를 하는 하류층이나 몰락귀족들로 현대와는 위상이 정반대였으며, 현대에서야 프로에 비해 떨어진다는 인식이지만, 당시엔 상류층은 일 안 해도 먹고 살 만했으므로 프로 뺨치는 실력자들도 많았습니다.

가끔 본업을 내버려두다시피 하고 취미를 즐기는 아마추어도 있었는데, 문제는 그런 사람의 본업이 국가 통치, 그러니까 왕이었던 사람들이 있어서 나라를 말아먹기도 했습니다.

예술이나 스포츠, 기술 따위를 취미로 삼아 즐겨 하는 사람, 본업으로 하지 않고 예술·스포츠 등을 애호하는 사람, 애호가라고도 하고, 직업적(프로페셔널)에 대응하는 말로, 특히 스포츠에는 엄격한 규정이 있습니다.

프로페셔널로 구분되지 않으며, 협회의 규정 등에 따라 아마추어 대회에 참여할 자격을 갖춘 사람인 아마추어는 여러 스포츠에서 다양하고 폭넓게 활동하고 있고, 때때로 아마추어와 프로의 자격을 확실하게 구분하기 어려운 경우가 있습니다.

어떤 스포츠 협회에서는 상금을 받은 운동선수나 각종 혜택을 누리며 유명세를 얻은 스타플레이어, 스포츠 용품의 광고 산업에 관련된 선수를 제외하고 모두 아마추어로 여깁니다.

많은 국가에서 아마추어 선수에게는 정부 기관이나 기업체 등을 통해 급여 성격의 후원금이 주어지는데, 비록 프로 선수들은 아마추어 경기에 출전하는 경우가 드물지만, 골프와 테니스 같은 종목에서는 아마추어가 프로와 겨룰 수 있는 오픈 토너먼트 방식의 대회가 운영되기도 하며, 상금을 받지 못한 선수는 계속 아마추어 신분이 유지됩니다.

어떤 문제의 어려움이나 위험을, 모르거나 과소평가하는 사람을 지칭하기도 하고, 돈을 받지 않는다는 인식이 있으나 경기 참가비용 같은 실비 정도는 받아도 아마추어 칭호엔 문제가 없고, 아마추어와의 차이는 진짜 전문가들을 존중하느냐의 여부입니다.

일부 몰상식한 사람들은 일반적인 사회 통념상 돈 받고 일하는 것이 아닌 이상할 이유가 전혀 없는 일을 취미로 갖고 있는 사람에게 '니들이 아마추어냐' 라든가 '이상한 취미 가진 새끼지?'라고 비꼬기도 합니다.

하지만, '취미'는 지극히 주관적인 기준이라 각자 생각하는 수준이 다르기 때문에 아마추어라고 해서 함부로 무시하면 안 되는데, 프로급 일정을 가지고 프로급 수련을 쌓고, 프로급 실력을 가져도 그걸로 굳이 돈 벌 생각이 없으면 아마추어입니다.

그렇다 보니 가끔 괴수들이 출현하는 경우가 있고, 이들이 친 사고가 바로 '내가 해도 이것보단 잘하겠다.'의 사례가 되고, 의외로 이런 경우를 예술에서 흔히 볼 수 있는데, 본업을 뛰면서 취미로 낸 작품 하나가 문학상을 수상한다든지 취미삼아 동인지를 냈는데 공식 작가의 단행본보다 훨씬 잘 팔렸다든지 하는 경우도 볼 수 있습니다.

사이클링 이라 던지 철인3종 같은 일반인들의 참여가 활성화된 종목에서도 프로급 실력을 가진 괴수들을 볼 수 있는데, 이런 사람들이 아무리 국제 대회에 나가서 명성을 떨쳐도 생계유지 수단으로 다른 직업에 종사하면 아마추어입니다.

투 잡을 하는 경우에는 아마추어로 봐야할지 좀 애매한데, 양쪽 다 공식적인 활동을 하고 있지만 그래도 주 수입원이 한쪽에 치우친 경우. 평범하게 직장생활을 하고 있지만 음반을 내는 가수라든가 자영업을 하고 있지만 가끔 학회에 논문을 발표하는 학자라든가 아마추어 많습니다.

한글 표기에서는 아마추어라 표기되는 경우가 잦고 국립국어원의 외래어 표기법 상으로도 그렇게 정립되어 있으나, IPA 상에서는 /ˈæmətə(r)/ 내지는 /-tʃə(r)/라 첫 음절은 ㅏ보다는 ㅐ에 가깝습니다.

오히려 해당 표기에 발음이 가까운 단어는 armature(/ά:rmətʃər)로, 이쪽은 인형 등의 '뼈대', 동식물의 이빨이나 가시와 같은 '방호 기관', 전기공학에서 '전기자'를 가리키는 전혀 다른 단어입니다.

2) 아마추어리즘

과거 올림픽에서 1992 바르셀로나 올림픽 전까지 중요하게 여기던 가치였던 아마추어리즘이란, 스포츠를 생계 수단이 아니라 '즐기기 위한 활동'으로 한다는 사고방식이고, 줄리어스 어빙의 말을 인용하자면 "자기가 정말로 하고 싶은 일이라도 딱히 하기 싫을 때는 그냥 안 해도 되는 사람"입니다.

이는 계급적 사회 구조가 존재하던 19세기 영국에서 상류계급에서 태어난 것인데, 노동자 계급은 20세기에 이르도록 노동자이기 때문에 아마추어의 자격을 인정하지 않고 경기 참가를 거부당했으며, 스포츠는 경제적, 시간적 여유가 있는 계급이 한다는 것이 당시의 통념이었습니다.

스포츠에 현재와 같은 형식으로 사용하기 시작한 것은 18세기 후반의 영국이며, 1839년 시작된 헨리레가터(보트 레이스)의 참가규정에 표시된 것이 스포츠의 규정으로 적용된 게 최초입니다.

근대올림픽의 창시와 함께 아마추어리즘은 올림픽의 신조가 되었고, 올림픽헌장에서 실격 요건은 ① 현재와 장래의 생활을 보증하는 기초적 수입원이 없는 경우, ② 스포츠에 참가할 것을 전제로 보수 받은 일이 있거나, 현재 받고 있는 경우, ③ 국제경기연맹의 제 규정이나 헌장, 아마추어 규정의 공식 해석에 복종하지 않는 경우 등입니다.

아마추어리즘의 논리는 다음과 같은 것이 있습니다.

스포츠는 자유 시간에 즐기기 위해서 하는 활동이고, 금전적, 물질적 이익을 얻는 것은 스포츠 활동에서 놀이 요소를 잃어버리게 하여, 스포츠를 직업 활동으로 변질시켜 버립니다.

직업으로서 자기의 모든 시간과 에너지를 쓰고 있는 사람이, 여가를 즐기기 위해서 하고 있는 사람보다 더 잘 하는 것은 경기를 해볼 것도 없이 당연해서, 두 사람이 한꺼번에 경기를 하는 것은 공평 및 평등의 조건에 위반됩니다.

1980년대 이후 IOC에서는 아마추어 헌장을 올림픽에서 삭제하였으며, 원칙으로서의 아마추어리즘은 이미 그 명맥을 잃고, 아마추어리즘은 현재 조기축구회, 사회인 야구단 등에서 '즐기기 위한 스포츠'의 이념으로 살짝 그 의미가 변화되어 그 명맥을 이어가고 있습니다.

사실 당연하다면 당연한 것이, 19~20세기 당시의 아마추어의 뜻과 현재의 아마추어의 뜻이 다르고, 그렇기에 넉넉한 유산계급만이 스포츠를 즐긴다는 사상은 제거된 것입니다.

어쨌든 이런 사고 때문에 실력과는 별개로 프로가 되는 걸 꺼리는 사람들도 매우 많고, 직업적인 조건은 차치하고라도 독립, 인디, 언더그라운드로 활동해도 프로라는 꼬리표 때문에 '완전히 자기 마음대로' 하는 것은 불가능에 가깝기 때문에, 이를테면 '정말로 좋아하니까' 멋대로 하고 싶다는 이유로 오히려 프로가 되는 것을 꺼리는 경우입니다.

이것을 가장 잘 설명해주는 표현이 다름 아닌 취미가 직업이 되면 더 이상 즐겁지 않고, 프로와 경쟁하여 대등하거나 프로를 이길 수준의 아마추어(드물겠지만)를 amazingteur라고 부른다는 설도 있습니다.

프로 스포츠 자체에서도 '프로 정신'과 이 아마추어리즘이 충돌하는 부분도 있는데, 대표적인 예가 재미를 희생하고 얼핏 치사해 보여도 승리를 위해 가능한 한 모든 방법을(명백한 반칙을 제외하고) 택하는 게 옳은 것인지, 아니면 패배할지라도 재미를 지키고 경기 과정을 중시하는 게 옳은 것인지에 대한 부분입니다.

축구의 '안티 풋볼', e-스포츠의 '날빌'에 대한 논쟁이 그 예시이고, 물론 대부분의 프로 스포츠에서는 승리와 재미 모두를 추구해야 하므로 이 중간에서 적절한 타협점을 찾으려고 노력하는 편입니다.

오덕계에서는 동인의 의미가 확장되어 이 아마추어리즘까지 포함하는 의미로 쓰이기도 하는데, 이쪽도 상업 작품이 처참한 품질(퀄리티)을 보여줄 때 부정적인 의미로 쓰이는 경우가 대부분이고, 반대로 이걸 깨뜨리는 데에 성공하면 덕업일치(德業一致)라고 합니다.

현대에는 어쩐지 '선무당이 사람 잡는' 것처럼 굉장히 뭣한 표현으로만 쓰이고 있는데, "아마추어!"라는 말이 반쯤 욕으로 쓰이기도 하고, 개그맨 황현희는 "왜 이래? 아마추어 같이."라는 명대사(?)를 남기기도 하였습니다.

3) 아마추어 골프

아마추어 골프는 매너가 기본이고, 패널티 구간에서의 드롭 위치, 벌타 규정 등을 정확히 지키고, 플레이 한다면 멋진 플레이로 동반자에게 각인될 것입니다.

예외적으로 초짜들을 유혹하는 소위 △몰간 △오케이 △라이개선 등을 하며, 페널티 없이 명랑골프를 즐기는 플레이는 일부 골프를 제대로 즐기는 동반자들에게 찜찜함을 안겨줄 수 있습니다.

엘리트 체육과 생활체육은 겉으론 통합된 한 몸이지만 그 안에선 반목과 갈등이 깊어질 수 도 있는바, 혹자는 서로 어울리지도 않고 맞지도 않는 옷을 억지로 한데 꿰어 입은 꼴로도 부릅니다.

현장의 목소리를 외면한 스포츠혁신위원회 권고안 역시 엘리트 체육계의 거센 반발을 샀고, 기계적인 통합이나 대립이 아니라 상호보완적 관계로 시너지 효과를 낸다면 엘리트 체육과 생활체육의 상생과 발전이 가능합니다.

한편, 교육부가 최근 발표한 '2022년 학교체육 활성화 추진 기본계획'에 따르면 학생 선수의 출석인정 결석 허용 일수는 초등 5일, 중학교 12일, 고교 25일로, 지난해의 각각 10일, 15일, 30일에서 더 줄었고 이마저도 전면 폐지될 것으로 전망돼 평일에 열리는 대회 출전이 불가능해지는 것입니다.

여건상 주말 대회 개최가 불가능한 종목 선수들은 방송통신고 진학이나 해외 유학을 선택하고 있는데, 실제로 고등학생 골프 선수 중 주말에만 등교하면 되는 방송통신고 재학 비율이 30%가 넘는다고 하며, 주말 리그와 운동부가 있는 단체 종목의 경우도 정도의 차이는 있으나 학생과 학부모의 불만과 고민이 큽니다.

'공부하는 학생 선수' 육성이라는 취지에 대항할 논리를 찾기란 쉽지 않지만 학생 선수가 엘리트 체육의 토양인 현실을 무시할 수 없고, 체육계에서는 현 정부의 생활 체육 강화 정책 속에 엘리트 체육이 황폐화할 것이라는 우려의 목소리도 있습니다.

과거처럼 올림픽 메달에 목을 매는 정서는 아니라고 해도 스포츠는 시대에 맞는 가치와 역할을 지니고 있기 때문에 엘리트 스포츠, 즉 전문 스포츠는 반드시 육성해야 하는 분야입니다.

① 전문 스포츠는 국민의 건전한 여가 활동에 지대한 공헌을 하고 있습니다. 꿈과 희망을 심어주고 광범위한 영향을 미치는 하나의 산업이며 프로 리그는 스포츠 산업의 꽃이고, 전문 스포츠의 황폐화는 리그의 질적 저하와 팬들의 외면을 불러 스포츠 산업 전반의 침체로 이어질 수 있습니다.

② 전문 스포츠로 국민 통합도 가능합니다. 스포츠는 모든 장벽과 장애물을 무너뜨릴 수 있는 언어이자 공통분모로, 얼마 전 베이징 동계올림픽 때도 입증됐는바, 대선을 앞두고 치열한 이념·성별·세대·지역의 분열과 갈등 속에서도 태극전사들을 응원하는 마음으로 모두 하나가 될 수 있었습니다.

③ 전문 스포츠는 다양성과 자율의 측면에서도 생각해봐야 합니다. 학생 선수는 운동으로 자신의 꿈을 이루기 위해 최선을 다할 권리가 있고, 학습권 보장이라는 의도가 오히려 학생 선수들을 학교에서 내몰 수도 있는 현실을 외면해서는 안 됩니다.

학생·학부모와 논의 없이 일방적으로 결석 허용 일수를 줄이거나 폐지하는 것은 학생 선수의 성공 사다리를 없애는 차별이 됩니다.

최근, 교육부가 발표한 '2022년 학교체육 활성화 추진 기본계획'을 보면 더욱 심각해진 현실이 드러나는데, 해마다 실시하는 학생건강체력평가(PAPS)에서 저체력으로 평가되는 4·5등급 비율이 2019년 12.2%에서 2020년 17.6%, 지난해 17.7%로 치솟았습니다.

학생들의 비만과 체력 저하를 방지하기 위해 개발한 PAPS는 심폐지구력과 유연성, 근력·근지구력, 순발력, 비만 등 5개 체력 요소를 측정해 최상위 1등급부터 최하위 5등급까지 신체 능력 등급을 판정하는 시스템입니다.

현재 시행 중인 '2015 개정 교육과정'에서 체육 교과 필수 이수 단위는 10단위지만, 이마저도 자율학습 시간으로 대체되거나 다른 수업활동에 밀려나기 일쑤로, 지난 2018년 서울대 의과대학 건강사회정책연구실의 발표에 따르면 체육 수업 권장시간을 채우는 고등학교는 전체의 25.8%에 불과한 것으로 나타났습니다.

체육활동 시간의 절대 부족은 저 체력으로 직결되고, 청소년기의 무너진 체력은 가늠할 수 없는 사회적 비용을 초래할 수 있고, 오는 2025년부터 학생들이 원하는 과목을 선택해 수업을 들을 수 있는 고교학점제가 시행되면 학교 체육 수업은 또 어떤 운명을 맞을지도 모를 일입니다.

이번 제20대 대통령 선거에서 윤석열 대통령 당선인은 선거 기간 중 "스포츠는 대한민국 역사의 고비 고비마다 국민께 감동과 희망을 줬고, 국민 통합과 화합에 기여했다"며, "전문 체육과 생활 체육을 편 가르지 않고 스포츠계의 공정과 상식을 바로 세워 체육인의 자부심을 되찾겠다."고도 했습니다.

성적 지상주의에 매몰돼 불거져온 가혹 행위와 성폭행, 승부 조작 등 잘못된 관행과 비리 등으로 체육계가 엘리트 체육의 위상을 스스로 잃어간 측면이 없지 않기 때문에, 엘리트 체육의 육성에는 뼈를 깎는 자아 성찰과 엄격한 제 3자의 감시 감독이 따라야 합니다.

새롭게 들어설 정부의 체육 분야 공약은 아직 뚜렷하지 않지만 '엘리트 체육'이 아닌 '전문 체육'이라는 용어 선택에서 고민의 흔적이 드러나는 듯하고, 생활 체육과 전문 체육의 상생을 위해, 그리고 국민의 통합과 건강 증진 등 시대가 요구하는 스포츠 가치의 실현을 위해 체육계와 정부가 지혜를 모아야 할 때입니다.

2022. 3. 18. 보도에 따르면, ㈜바이스앤은 (사)한국스내그골프협회가 주최하고 바이스앤이 주관·후원하는 스내그 드림팀 2기의 발대식이 진행되었다는데, 학교 체육 및 생활체육의 활성화와 주니어 골프의 저변확대를 목표로 한 지난 1기의 성공적인 활동에 이어 KLPGA(한국여자프로골프협회) 프로 4인과 다시 한 번 힘을 합쳤답니다.

골프 대중화와 꾸준히 성장하고 있는 골프 산업의 규모에 비해 소위 엘리트 체육이라 불리는 주니어 골프는 점점 더 위축되고 있는 것이 현실이라, 학교 체육과 야외 활동에 활력을 불어넣어 줄 뿐만 아니라 온 가족이 함께 즐길 수 있는 스포츠로서의 한 단계 도약을 위해서 랍니다.

KLPGA 프로 4인은 다년간 축적되어있는 (사)한국스내그골프협회와 ㈜바이스앤의 교육 커리큘럼과 노하우를 이어받아 주니어 골프 저변 확대를 위한 활동을 하는 것은 물론 학교 체육 활성화를 위해 사회환원사업 및 모교 재능기부, 각종 스내그 골프 대회 등에 참여하여 스내그 골프 일일 선생님으로 활약할 예정입니다.

이지후 프로, 정도용 프로, 정예나 프로, 최다예 프로가 개별 온·오프라인 네트워크를 적극 활용하여 언제 어디서나, 남녀노소 누구나, 쉽고 재밌게 즐길 수 있는 스내그 골프를 다방면으로 알리게 됩니다.

스내그 드림팀은 ㈜바이스앤이 기획하고 있는 장기적인 프로젝트로써 이번 2022년 2기 스내그 드림팀 발대식에는 지난 1기에서 활동했던 KLPGA 프로들이 2기 프로들과의 인적네트워크를 형성하고 스내그 드림팀 활동을 통한 대한민국 골프 대중화 교육 경험과 긍정적인 피드백을 전달하며 선한 영향력을 발휘하는 등 꾸준하게 교류하며 주니어 골프 발전을 위해 힘쓰고 있습니다.

5 공무원 골프

대한민국의 골프 역사를 살펴보면, 시작점이라 할 수 있는 일제강점기부터 당시 골프는 '일본인이나 일제에 협력했던 부유한 친일파들이 즐기는 스포츠'라는 부정적인 이미지가 강했고, 과거부터 현재까지 언제나 부정적인 이미지가 존재했습니다.

골프장을 만든 것도 일제였고, 주 이용객도 일본인들이었기 때문에 당시 민중들에게 골프의 이미지가 좋지만은 않았다는 사실이나, 일제강점기에도 친일 행적과는 상관없이 골프 실력만으로 시대를 풍미한 골퍼들도 있었으며, 그들은 이후 대한민국 골프의 뿌리가 된 게 사실입니다.

이후 해방과 6.25를 거치며 대한민국 사회가 안정되고 경제가 발전하면서 골프도 본궤도에 올랐고, 부정적인 이미지도 많이 개선되었으나, 골프에 대한 부정적인 이미지를 대표하는 것 중 하나인 공무원 접대골프 문제는 과거나 지금이나 골프의 이미지를 깎아내리는 데 단단히 일조하고 있습니다.

1) 사치성 스포츠, 골프

공직사회에서 사치성 스포츠라는 골프는 부패의 상징으로 취급되는 경우가 많으며, 이는 오랫동안 쌓여온 병폐의 결과임을 부인하기 어렵습니다.

1967년 8월 25일의 조선일보 칼럼에서는 '골프는 한국에서는 신흥귀족의 상징이요. 근대화의 구호와 함께 탄생한 최신형 놀음으로 유행하고 있다'고 정의하고, '골프를 치기 위한 여건을 갖춘 사람이라면 상류사회의 신분증을 발급받아도 손색이 없다'며 당시 골프가 귀족 스포츠로 받아들여지고 있었습니다.

그런데 칼럼에서도 '도저히 그 월급을 가지고서는 골프장을 드나들 수 없는 공무원들 사이에 이 놀이가 날로 붐을 이루고 있다는 데 시비 거리가 생긴다.'며 이어서 공무원들의 골프장 출입을 지적합니다.

1967년 9월 20일 조선일보 기사에 따르면, 당시 정부 휘하의 '중앙기강위원회'에서는 공무원들의 기강이 바로잡히지 않았다는 점을 지적하며 특히 '외식'을 엄금하는 명령을 내렸고, 외부 식당에서 식사하면서 뇌물이나 향응을 받는 것을 문제 삼았다는 것을 짐작할 수 있습니다.

이러한 중앙기강위원회의 발표에 대한 하급 공무원들의 반응이 재미있는데, '고급 공무원 사이에서 유행하는 골프를 치기 위해서는 한 달에 적어도 2만여 원이 든다는데, 2만원이면 하급 공무원이 즐겨 먹는 50원짜리 점심 구내식비의 1년분이 넘는다.'라고 지적하며 '휴일이나 오후에 골프 치는 공무원들의 성분을 알아보면 더욱 효과적'이라고 꼬집었습니다.

비싼 식당이나 술집에서 대접을 받고 향응을 받는 것도 문제겠지만, 그보다 접대골프가 더 심각하게 받아들여졌음을 짐작할 수 있습니다.

물론 1960년대 대한민국에서 공무원의 월급만으로 비싼 골프 장비와 골프장 회원권을 사거나 빌리는 건 거의 불가능했기 때문에 골프는 분명 '귀족 스포츠'였고, 공무원이 골프를 친다는 것만으로도 눈총을 받기 충분했습니다.

하지만, 지금은 골프 대중화가 이뤄져 공무원이 골프를 친다는 것만으로 눈총을 받는 시대는 지났고, 공무원이 부정을 저지르지 않아도 적당한 장비를 구입하고 대중제 골프장에 출입하는 건 충분히 가능해졌습니다.

접대가 꼭 나쁜 게 아니듯 접대골프도 꼭 나쁘다고 할 수는 없지만, 공무원이라면 잣대부터가 달라질 수밖에 없기 때문에, 문제는 골프에 대한 시각이 개선되었음에도 공무원 접대골프 문화는 여전히 논란입니다.

1960년대에 경제가 어려워져도, 사회적으로 문제가 생겨도 심지어 가뭄이 들어도 골프 금지령이나 자제령을 내리는 경우가 많았고, 뒤집어 말하면 틈만 나면 골프 금지령이나 자제령을 내려도 이 문제가 잘 해결되지 않았다고 볼 수 있습니다.

이 문제는 대한민국에 6.29 선언 이후 제대로 된 민주주의 정부가 들어선 6공화국 이후에도 크게 달라지지 않았고, 민주주의 수준은 나날이 높아지고, 정부와 공직사회의 권위주의는 점점 타파되어 갔지만, 공무원 접대골프 문제는 해결되지 않았습니다.

2) 6.29 선언 이후

6.29 선언 이후 6공화국 시대가 열린 1988년 이후에도 공직사회의 호화골프나 접대골프를 비판하는 언론 기사는 끝도 없는데, '공직자 골프장 출입 금지령이 내려진 지 얼마나 되었다고 금방 흐지부지되었다'는 비판, '골프장 건설에 단속 공무원들이 제대로 활동하지 않는다.'는 비판, '대한민국 골프장이 공무원과 재벌들의 로비 무대가 되었다'는 비판 등 레퍼토리도 다양합니다.

6공화국 시대에도 으레 골프 자제령이나 금지령이 내려졌지만, 금방 흐지부지되는 등 공무원 접대골프 문제는 21세기인 지금에도 현재진행형입니다.

한편, 1998년 김대중 대통령은 청와대 대변인을 통해 "김 대통령은 '대통령이 공무원들에게 골프를 쳐라. 말라 까지 간섭할 필요가 없다'는 입장"을 밝히고, 취임 직후라 펄펄 '살아있는 권력'의 정점인 대통령도 공무원이 골프를 치는 것 자체는 나쁘지 않다며 공무원 골프를 허용했고, 1999년 골프대중화 선언을 했습니다.

"공무원 윤리규정이 있는 만큼 근무시간에 치거나, 업무와 이해관계가 있는 사람들과 치는 일은 없어야 하며, 공무원 입장에서 접대할 필요가 있는 사람과 칠 경우 판공비 등 정부 예산으로 쳐선 안 된다"는 대변인 발언입니다.

대한민국은 자유 민주주의 국가이며 공무원 역시 법에 어긋나지 않는 한도 내에서 자유로운 여가를 즐길 권리가 있고, '공무원 골프 금지법'이라도 제정되지 않는 한 공무원이 골프를 치는 것 자체는 문제가 될 일은 아니며, 골프가 귀족 스포츠가 아닌 대중 스포츠가 된 지금은 더욱더 그렇습니다.

접대골프는 거액의 돈이나 선물을 직접 주고받는 것보다 훨씬 심리적 부담이 적을 수밖에 없으며, '김영란 법' 시행 이전에는 처벌 대상도 아닌 경우가 많았습니다.

국가공무원법 제63조는 '품위 유지의 의무'를 다루고 있으며, 이 조항에 따르면 '공무원은 직무의 내외를 불문하고 그 품위가 손상되는 행위를 하여서는 아니 된다.'라고 규정되어 있는바, 공무원들은 보통 사람들보다 좀 더 높은 윤리적 기준이 요구됩니다.

골프를 치는 행동 자체가 품위 손상이라고 볼 수는 없지만, 골프로 말미암아 품위 손상을 일으키거나 논란에 휩싸이는 행동은 피해야 한다는 것이라서, 과거부터 공무원 접대골프로 수많은 홍역을 앓은 대한민국에서는 더더욱 이 기준이 엄격할 수밖에 없고, '공무원 골프'가 아닌 공무원 '접대골프'에 초점을 맞춰야 합니다.

공무원은 보통 사람들보다 좀 더 높은 수준의 도덕적, 윤리적 기준이 필요하며 접대 문제는 더욱더 그렇고, 공무원 접대골프는 그를 즐기는 공무원 개인의 의도와는 별개로 공무원, 나아가 공직사회에 대한 불신감을 심어줄 수 있으며, 나아가 국가를 향한 불신으로 이어질 수도 있습니다.

3) 김영란 법(부정청탁 및 금품 등 수수의 금지에 관한 법률) 시행

2016년 9월 28일부터 김영란 법(부정청탁 및 금품 등 수수의 금지에 관한 법률)이 시행되며, 접대골프 역시 처벌 대상이 되었으며 법적으로도 심리적으로도 큰 부담을 느끼게 되었고, 이제는 '부담이 큰 행위'가 되면서 공무원 접대골프 문제도 조금씩 나아지기 시작합니다.

김영란 법이 시행된 지 5년 가까이 지났지만, 아직도 접대골프를 쳤다가 김영란 법에 의거해 처벌이나 징계를 받는 공무원들이 많고, 지금까지도 '접대골프가 횡횡하고 있다'고 볼 수 있는 만큼 공무원 접대골프 문제는 '뿌리 깊은 나무'입니다.

공무원 접대골프 문제는 오랫동안 쌓인 병폐와 그 때문에 생긴 접대골프를 향한 나쁜 이미지가 결합해 '공무원 접대골프 그 자체가 나쁘다'는 시각이 대세가 되었고, 지금은 그러한 시각에 손을 들어 줄 수밖에 없습니다.

공무원들이 자신의 신분과 그에 따른 의무를 생각해 접대골프는 깨끗이 손절하고, 자기 돈으로 정정당당하게 골프를 즐기는 문화를 정착시켜야 합니다.

21세기가 아닌 20세기에도 존재했던 시각인 공무원들이 골프를 치는 것을 나쁘게 볼 이유는 없으나, 김태연(2021. 6. 29. 골프저널) 님의 글 참조하여 '공무원 접대골프' 관련 소개했습니다.

2016. 10. 3. 자 "김영란法, 골프 대중화 앞당길 기회다"라는 사설을 보면 시사점도 있어서 아래 소개합니다.

김영란 법 시행 첫 주말을 맞아 그 전 주말 '풀 부킹'으로 북적였던 모습과는 대조적으로 전국 골프장 예약률이 평소에 비해 확연하게 줄었다고 하며, 일찌감치 예약을 취소한 회원들이 적지 않아 팀을 다 채우지 못한 골프장도 속출했다니, 김영란 법으로 골프 산업이 직격탄을 맞을 것이란 예상이 적중한 셈입니다.

'사치성 스포츠'라는 굴레를 쓰고 있던 골프는 1998년 박세리 선수가 미국여자프로골프(LPGA)투어 메이저대회 2승을 기록한 것을 계기로 대중적 관심이 높아졌으며, 국내 골프 시장은 2000년대 들어 매년 10% 넘게 성장하는 황금기를 구가했고, 골프장 수도 늘어나 2016년 현재 전국적으로 500개가 넘습니다.

국내 골프 산업은 12조~13조 원대의 시장을 형성해, 용품과 의류 등 관련 산업으로 확장하면 그 규모는 훨씬 커지며, 연간 골프장을 찾은 인구도 2016년 3,000만 명을 돌파했고, 골프장과 골프 연습장에 종사하는 인원이 5만여 명이나 된다니 일자리 창출과 내수 촉진에 골프는 무시할 수 없는 산업이 됐습니다.

현재 회원제 골프장은 취득세·재산세에 대한 중과세와 개별소비세 때문에 이용료(그린피)를 낮추기 어렵고, 골프장별로 수백억 원대 입회금을 반환해야 하기 때문에 대중제 골프장으로 전환하는 것도 한계가 있습니다.

정부는 이런 현실을 감안해 골프장 관련 중과세를 하루빨리 폐지하는 등 골프 이용요금을 내릴 수 있도록 해야 합니다.

2016. 9. 9. 보도에 따르면, 문화체육관광부가 2016년 2월 박근혜 대통령 주재 무역투자진흥회의에서 '스포츠산업 활성화 대책'의 하나로 골프 대중화를 적극 추진하겠다고 밝혔습니다.

회원제 골프장의 대중제 전환 요건을 회원 100% 동의에서 80% 이상 동의로 완화하는 동시에 값싼 자금을 지원하고, 대중골프장의 캐디·카트 선택제 확대로 요금을 낮춘다는 게 그 내용입니다.

대한골프협회에 따르면, 2014년 113만 명이 외국에 가서 골프를 치느라 3조원을 넘게 썼고, 이들이 국내에서 골프를 쳤다면 내수 진작에도 한몫 단단히 했을 것으로, 중국과 태국, 필리핀, 말레이시아 등으로 많이 나가지만 당시 일본도 많이 찾는다고 합니다.

호텔에서 먹고 자면서 골프를 실컷 즐겨도 하루 10만원이 채 안 드니 국내 골프장들은 경쟁이 안 된다는 것인데, 우리 정부는 아직도 '골프=사치성 스포츠'라는 인식을 바탕으로 내국인 카지노의 3배에 달하는 징벌적 개별소비세를 매기고 있고, 최고급 회원제 골프장은 차치하고 대중제(퍼블릭) 골프장에 대해서는 과감한 세율 및 세목 조정이 필요합니다.

국내 거주자가 외국에서 사용한 신용카드 금액은 2013년 105억 6,000만 달러에 이어 지난해 3분기 90억 달러를 돌파했고, 국외 골프 여행객은 2013년 기준 197만 명, 지출액은 3조 9,000억 원에 달했습니다.

4) 개별소비세 폐지 법안

강효상 새누리당 의원이 발의한 골프장 개별소비세 폐지 법안은 최근 전 국민의 관심을 끈 두 가지 사안과 맞닿아 있는바, 하나는 지난달에 열린 리우올림픽이고, 다른 하나는 오는 9월 28일부터 시행되는 '부정청탁 및 금품수수 금지에 관한 법률'(김영란 법)입니다.

여자골프가 116년 만에 정식 종목으로 복귀한 올림픽에서 박인비가 우승했고, 국민은 박세리가 1998년 US여자오픈에서 맨발 투혼을 발휘하며 우승컵을 거머쥐었을 때처럼 환호했습니다.

그러나 주말에는 1인당 20만 원을 훌쩍 웃도는 회원제는 말할 것도 없고 10만 원 안팎인 대중제(퍼블릭) 골프장도 영락없이 김영란 법에 걸리기 때문에 골프장들은 직격탄을 맞고 있습니다.

물론 자기 돈 내고 치면 상관없지만 웬만한 월급쟁이나 자영업자는 감당하기 어려워 접대 골프가 폭넓게 이뤄지는 현실에서 김영란 법은 그야말로 핵폭탄이나 다름없습니다.

미국, 일본 등에서는 학생들이 체육활동의 일환으로 배우고 택시기사도 취미로 즐길 만큼 대중적인 골프가 세계 최고의 골프 강국 한국에선 '귀족 스포츠'로 치부되는 현실은 역설적입니다.

그 주범의 하나가 개별소비세인바, 경마장이나 카지노 등과 달리 사행성과 관련 없는 골프장에 개별소비세를 물리는 것은 맞지 않고, 현행 세법이 제정된 1967년에 비해 비약적으로 발전한 경제 규모와 생활수준을 고려하면 시대에 뒤떨어진 낡은 처사일 뿐입니다.

골프의 경제적 측면도 감안할 필요가 있는데, 2013년 골프장을 찾은 인원은 모두 3,300만 명을 웃돌아 2020년에 5,000여만 명에 이르렀고, 골프 산업은 25조 원 규모로 전체 스포츠 산업의 절반을 차지합니다.

장기 불황으로 허덕이면서 뚜렷한 근거도 없이 골프를 규제하는 것은 이해하기 어렵고, 해마다 100여만 명이 골프를 치러 외국으로 나가 2조 원 넘게 지출하는 주원인이 비싼 요금 때문이라면, 국내 소비 활성화 차원에서라도 대책을 강구해야 합니다.

6 골프 현실

1) 골프에 대한 여론조사

한국갤럽이 2022년 4월 12일 발표한 '골프에 대한 여론조사' 결과, '골프가 사치스러운 운동'이라고 생각하는 비율이 36%로 30년 만에 절반으로 떨어졌고, 국민 10명 중 6명은 골프가 사치스러운 운동이 아니라고 생각하며 4명은 골프를 칠 줄 아는 것으로 조사됐습니다.

전체 응답자 1,004명 가운데 '사치스러운 운동'이라고 답한 비율이 36%, '사치스럽지 않다'는 59%, 모름 또는 응답 거절은 5%로 나왔고, 이는 1992년 같은 조사에서 응답자의 72%가 골프를 '사치스러운 운동'이라고 답한 것에 비해 절반 정도로 줄어든 수치입니다.

이 문항에는 2000년 조사에서 사치스러운 운동이라는 답변이 57%로 줄었고, 이후 2007년 43%에 이어 올해 36%까지 내려갔는데, 스키 종목과 비교하면 1994년 조사에서 '스키가 사치스러운 운동'이라고 생각한다는 응답 비율이 50%였으나 2013년 조사에서는 17%로 줄었습니다.

'골프를 칠 줄 안'다는 응답 비율도 1992년 2%에서 올해 조사에서는 34%로 급증했고, 2007년 조사에서는 응답자의 9%가 골프를 칠 줄 안다고 답했으며, 2013년 18%, 2018년 24% 순으로 계속 늘었습니다.

이 조사는 4월 5일부터 7일 사이에 무선전화 RDD 표본 프레임에서 무작위 추출(유선전화 RDD 10% 포함)해 전화 조사원 인터뷰 방식으로 진행했고, 조사 대상은 전국 만 18세 이상 1,004명이고, 표본오차는 ±3.1%포인트(95% 신뢰수준), 응답률은 11.5%였습니다.

현재 체육활동을 하고 있지 않은 사람 가운데 금전적인 여유가 생기면 할 체육활동으로 가장 많은 사람들(14.7%)이 골프를 꼽았습니다.

2) 골프장 호황

코로나로 모두가 어려워지자 임대업자들은 임대료를 인하해 주고 정부는 세금감면, 재난소득자금 지급 등으로 코로나 타개에 전력하고 있었으나, 대중 골프장에서는 사용할 수 없었던 '회원'이란 용어를 단골, 충성고객, 키맨이라는 고객과 릴레이션 쉽(Relationship) 마케팅을 통해 인터넷회원을 기반으로 하는 대중적 회원을 만들기도 했습니다.

2020년 골프장들의 영업이익률을 보면 대중제 골프장 40%, 회원제 골프장 18%였는데, 금년의 대중 골프장 이익률은 50%에 육박할 것으로 예상되는데,

골프장들은 과거 20년 가까이 어려운 영업환경을 경험했으므로 코로나 사태로 역사적인 호황을 맞아 합리적인 이익실현을 탓할 수만도 없습니다.

대중제(퍼블릭) 골프장들은 골퍼가 내는 그린피에서 납부해야 하는 개별소비세, 농어촌특별세, 교육세 등도 감면 혜택을 받아 골퍼 당 21,120원 정도의 세금을 절약하여 이익을 늘여가고 있는데, 500개가 넘는 골프장들이 금년에 벌어들인 순 이익은 어림잡아 2조원에 달할 것으로 추산됩니다.

우리나라는 올해 3월 22일부터 입국자 자가격리 제한을 해제한다고 하며, 출입국자수가 경상 수준을 찾기까지 시간이 걸리겠지만, 전후하여 해외 골프 수요가 늘어날 것이라 예상합니다.

"신규 유입된 2030과 소비력을 지닌 4050 골퍼들이 코로나 이후 근 3년 만에 여행이기 때문에 많은 지출을 할 것"이라고 내다봤는데, 여러 칼럼 읽으며 나온 의견도 소개합니다.

3) 골프 대중화 확대

앞으로의 골프산업 전망이 맑지가 않고, 이 위기를 극복하기 위해서는 대중화 확대는 필수 요소이며, 대중화의 확대란 단순히 회원제에서 대중제 골프장으로 전환하는 것이 아닌 일반 사람들도 골프장을 쉽게 접근할 수 있는 새로운 모델을 만드는 것입니다.

정부의 지원을 기대하고, 단순한 대중제로의 전환이 아니라 각 골프장 별로 경쟁력을 확보할 수 있는 자구적 수익 모델을 구축하는 것이 우선시 되어야 할 것인바, 대중화 확대의 기본적 절대 요소는 "친숙"이라서 친숙하게 골프장을 접할 수 있는 사업 모델을 만들어 일반 사람들이 생각하는 골프장에 대한 편견과 벽을 없애야 합니다.

현재의 위기를 극복하기 위해서는 수익 창출이 되는 자구적 사업 모델을 구축해야 하며, “골프장은 골프 치는 사람만 이용해야 하는가?”라고 되묻게 하면서, 골프산업의 대중화를 위해서 골프장 이용에 대한 경계를 없애야 하겠습니다.

골프장의 인프라를 활용하여 일반 대중이 쉽게 접할 수 있는 사업 모델을 개발한다면 대중화 확대에 앞서기 위한 방안도 될 수 있을 것입니다.

골프산업의 대중화 확대를 위해서는 골프장을 골프를 치는 사람만 이용하는 곳이 아닌 곳으로 탈바꿈해야 하겠고, 또한 골프장 유휴 부지를 활용하여 공원화하는 것도 방법이 될 수 있어서, 골프장 시설을 잘 활용한다면 새로운 수익 모델을 만들 수도 있습니다.

쉽게 예를 들면, 클럽하우스 레스토랑을 일반 고객에게 전면 개방하는 것도 하나의 방법이겠고, 골프장의 멋진 풍광과 고급스런 시설을 일반 사람들에게도 개방하게 되면 매력적인 수익 모델을 만들 수 있습니다.

물론, 입구부터 클럽하우스 까지 인도가 사라져 시설 보완도 필요하여 쉽게 적용하기엔 난점도 많습니다.

4) 미니투어 대회 개최

한국 남자 선수들은 정말 어려운 시간을 보내고 있습니다.

10년 가까운 세월 동안 한국프로골프협회(약칭 KPGA)만 바라보며 시합이 부족하다고 한탄과 불만을 쏟아냈지만 상황은 나아지지 않고, 일거리가 줄어 생존권을 위협받고 있다면 선수 스스로 대책을 찾는 것이 기본인데, 우리나라 프로들은 ‘온실 속의 화초’처럼 위기대응능력이 크게 떨어져 보입니다.

미국 PGA TOUR가 생긴 역사를 보고 우리 선수들도 가칭 KPGA TOUR라도 만들어서 직접 움직여야 하겠고, 도와주고 싶어 하는 골프팬들은 많지만 당사자가 침묵하는데 누가 나서겠으며, 무엇을 어떻게 도와주면 되는지 선수들이 방법을 제시해야 합니다.

대한골프협회가 한국여자오픈은 개최하면서도 한국오픈을 취소했고, 미디어들이 그 부당함을 지적했지만, 선수 대표자들이 대한골프협회를 방문하여 읍소를 하면서 사정을 하던지, 아니면 강력한 항의 성명을 발표하던지, 법적으로 선수들이 취할 수 있는 절차는 없는지 검토해야 하는데 정작 선수들은 조용합니다.

최근 양용은, 문경준, 홍순상, 장동규, 최민철, 허인회, 김형성 등 무게감이 있는 선수 24명이 포천의 샴발라CC에 모여서 미니투어 대회를 개최했습니다.

미니투어는 미국에서 선수들끼리 상금을 모아서 개최하는 대회를 본 따서 만든 것인데, 이번 대회는 한국프로골프협회(약칭 KPGA)와는 무관하게 선수들이 개최했습니다.

양용은 선수가 맏형의 역할을 하며 아이디어를 냈고, 후배들이 적극 호응하여 대회가 성립되었다고 하며, 우승자 장동규를 비롯 선수들이 자구책을 찾는 혁신적인 변화의 시작이고, 어려운 시기에 시합장소를 구했고 적은 상금을 쪼개서 기부금까지 마련한 선수들에게 격려의 박수를 보냅니다.

'스폰서가 있어야 대회를 개최할 수 있다'는 생각은 고정관념일 뿐이고, 스폰서나 상금이 없어도, 선수들이 출전비를 모으거나 작은 기부금을 받아서 대회를 개최할 수도 있습니다.

그래야 경기력을 유지하고 해외 선수들과 경쟁할 수 있고, 또 대회를 하다 보면 후원을 하겠다는 기업이 나타나기 마련이며 한국의 남자골프, 그리고 뜻있는 선수들을 '골프역사'를 빌어, 가슴으로 응원합니다.

7 좋은 골프장

1) 5천만 명 넘은 골프장 내장객

2022년 3월 28일 한국골프장경영협회(이하 '장협')는 "2021년 전국 505개 골프장을 이용한 내장객이 총 5,056만 6,536명으로 조사됐다"고 밝혔는데, 2020년 4,673만 6,741명으로 전년보다 약 8.2% 늘었습니다.

이번 조사는 전국에서 운영 중인 6홀 이상 505개 골프장을 대상으로 진행했고, 총 홀 수는 9,930개, 18홀 환산 기준 551.6개 골프장이며, 조사대상 골프장의 157곳은 회원제였고 내장객은 1,699만 2,820명, 대중제는 348곳에 3,357만 3,716명이 이용했습니다.

장협의 역대 통계(군 골프장 제외)를 살펴보면, 2020년은 대중제 코스가 341곳으로 회원제 160곳의 2배가 된 해였고, 신종 코로나 바이러스 감염증(코로나19)이 오기 전해인 2019년은 골프인구가 4,170만으로 4천만을 돌파했습니다.

2016년은 대중제 인구가 1,966만 명으로 회원제의 1,706만 명을 추월했고, 2013년은 국내 골프장이 460곳에 인구가 3,105만 명으로 3천만을 돌파했으며, 2007년은 국내 골프장 277곳에 2234만 명으로 2천만 명을 돌파했습니다.

경영 지표인 1홀 당 평균 내장객은 5,092명으로 2020년 4,776명과 비교해 316명 늘어 6.6% 증가했고, 회원제가 4,757명, 대중제는 5,181명으로 집계됐습니다.

18홀 환산 내장객 수도 회원제는 연평균 8만 5,608명, 대중제는 9만 5,058명으로 대중제 골프장 이용률이 더 높았고, 지역별 내장객은 경북이 1홀 당 6,131명, 18홀 환산 11만 358만 명으로 전국 1위를 기록했고, 제주도는 1홀 당 3,786명, 18홀 환산 6만 8,148명으로 가장 적었습니다.

장협은 지난해 골프장 내장객 중에 지역별로 구분해 수도권 지역은 코로나19의 확산으로 사회적 거리 두기 4단계가 지속되었고, 그에 따른 인원과 영업시간 제한으로 내장객이 주춤한 반면 비수도권 골프장 내장객은 증가했다고 분석했는데, 홀당 증감율에서 경기권은 증가율 1.6%에 그쳤으나 충북은 14.1% 증가했고, 전남이 13.4%, 제주가 11.8%로 높았습니다.

경북은 홀 당 6,131명(18홀 환산 11만 358명)으로 가장 높은 이용 수치를 기록했고, 최저 인원 지역은 제주도로 1홀 당 평균 3,786명(18홀 환산 6만 8,148명)으로 조사되었습니다.

또 하나의 특이한 점은 회원제 골프장은 2013년 228개소를 찍은 이후로 꾸준히 줄고 있으며, 2016년 한 해에만 24개소의 회원제가 대중제로 전환했고, 이에 따라 2015년 1,852만 명 정점을 찍은 뒤에 서서히 감소했습니다.

지난 2년간은 코로나19에 따른 수퍼 호황의 영향인지 회원제 골프장 숫자는 정작 9곳, 3곳씩 줄었으나 내장객은 오히려 소폭 늘어났고, 이것이 홀당 내장객의 증가로 이어졌으며 회원제 골프장 매출 증가의 큰 요인이었습니다.

2) 다이아몬드를 낳는 거위

한국레저산업연구소가 낸 〈레저백서2021〉에 따르면 2020년 대중제 골프장 167곳의 연 평균 영업이익은 40.4%였고, 90곳 회원제는 18.1%로 둘을 합치면 31.6%였고, 2019년의 22.5%에 비해서도 큰 폭으로 증가했습니다.

2011년의 15.4%에 비하면 10년 새 2배나 증가한 것이고, 반면 국내 제조업의 영업이익률은 10%를 넘지 않는 상황입니다.

또한, 2020년 군 골프장 이용객은 178만 명으로 집계되어서 이들을 포함하면 총 538곳의 5,234만 명에 달하는 반면, 한국의 지난해 말까지 인구는 5,163만 명이고, 2020년 말의 인구 5,183만 명에서 21만 명 정도 줄어든 것이라서 지난해부터 내장객은 한국 인구수를 넘어섰습니다.

코로나19 특수로 골프장이 역대 급 호황을 이루면서 골프장 업계에서는 "황금알을 낳는 거위가 아니라 다이아몬드를 낳는 거위다." 같은 말이 회자 되고 있습니다.

자산운용사 및 사모펀드 운용사의 골프장 투자는 2019년부터 시작돼 코로나19가 확산되던 2020~2021년 가장 활기를 띠었고, 코로나19로 수혜를 봤던 골프장이 종식 이후에도 지금과 같은 몸값을 구가할지 엇갈린 전망이 나옵니다.

골프장 이용료가 몇 년은 더 올라야 하는데 이용료도 고점인 데다 재매각으로 추가 수익을 내기에도 너무 비싸진 상황이고, 펀드 조성기간이 통상 3~5년인 점을 감안하면 향후 펀드 소유 매물도 지속적으로 시장에 나올 전망입니다.

골프장 M&A 시장이 달아오르면서 골프장 가격이 홀 당 100억 원까지 오르고 최근 2년간 약 30여 건의 주인이 바뀌는 현상이 있었는데, 주로 펀드를 활용해 고가에 대중제 골프장을 인수한 것입니다.

펀드의 특성상 조성된 약정기간이 일반적으로 약 5년임을 감안할 때 향후 3년 이후 펀드가 보유한 골프장이 매물로 등장할 가능성이 있습니다.

평가 논란도 나오는데, 특히 골프장은 코로나19 특수를 누린 만큼 향후 코로나19가 진정될 경우 가격 전망에 대해서는 시각이 엇갈려, 코로나가 해결되면 중장기적으로 객단가와 내장객의 하락으로 인한 수익성 감소로 현재 시세보다 다소 가치가 하락할 것입니다.

한편, 골프장의 품격이 아무리 좋다고 하더라도 매번 샷을 할 때마다 디 보트에 볼이 놓인 횟수가 잦거나 언듈레이션(고도차)이 유독 심하다면 라이 상태가 정상적인 상황으로 여길 수 없고, 골퍼는 라이 상태에 따라 클럽의 선택을 결정해야 하는 고민에 빠져들게 됩니다.

가령 벙커나 디 보트, 또는 깊은 러프 등도 모두 라이 상태로 간주되며 이는 클럽 선택뿐만 아니라 스윙의 방법도 변화무쌍하게 시도해야 하는 절대 조건이 되는 것입니다.

페널티 구역(헤저드)이 많거나 OB 구역이 좁거나 하는 외적인 상황도 중요하지만, 골퍼의 처지에서 가장 절대적인 외적 조건은 공이 놓인 라이 상태가 첫 번째로 꼽히는 사항임을 인식해야만 합니다.

3) 좋은 골프장

좋은 골프장은 아래 6가지를 거론하는바,

① 양호한 그린과 페어웨이. 즉 갑작스런 비나 작은 비에 빗물이 고이지 않고 잘 흡수가 되도록 물 빠짐이 좋아야 하며, 잔디가 잘 생장된 상태로 유지가 되도록 시공된 그린과 페어웨이가 되어야 합니다.

② 전경(View)이 좋아야 하는데, 인간의 뇌는 지속적으로 아름다움을 추구하고 있습니다.

③ 골프채를 고르게 쓸 수 있도록 각 홀의 길이가 적당한 거리가 유지되어야 하며, 드라이브를 치고 난 후 세컨 샷이 계속 피칭거리에 있게 해서는 좋은 골프장이라 할 수 없을 것입니다.

④ 잘 친 공과 잘못 친 공을 구분되도록 설계가 되어야 하고, 잘 친 공은 그만큼 유리한 위치에서 칠 수가 있도록 해야 하며 잘 못 친 공은 그만큼 불리한 위치에서 칠 수가 있도록 설계를 해야 합니다.

⑤ 골프는 안전 또한 중요한 요인으로, 골프장 홀 간에는 반드시 인접한 홀로 공이 넘어갈 수 없도록 안전 보호 장치가 있어야 하며, 홀 간에 설치된 보호수를 관상수로 알고 가지치기를 심하게 해 본래의 보호수 취지를 상실케 하지 말아야 합니다.

⑥ 파3 홀에서의 깃대 위치는 블라인드 홀로 만들어서는 안 되며, 반드시 깃대를 보고 티샷을 할 수 있도록 설계를 해야 하는데, 파3에서 깃대가 보이지 않은 상태에서 플레이를 하라는 것은 과녁이 안 보이는 상태에서 활을 쏘라고 하는 것과 같습니다.

8 골프장 현황

우선, (사)한국골프장경영협회에서 2022년 1월 1일 기준으로 낸 "전국골프장 현황" 자료에 의하면, 현재 운영 중인 회원제 골프장 159개소, 대중제 골프장 372개소로, 골프장 총계는 531개소입니다.

① 운영 중인 회원제 골프장 157개소, 대중제 골프장 348개소, 골프장 소계 505개소이며, ② 건설 중인 회원제 골프장 1개소, 대중제 골프장 19개소, 골프장 소계 20개소이고, ③ 미착공 경우는 회원제 골프장 1개소, 대중제 골프장 5개소, 골프장 소계 6개소로, 현황조사 기간에 따라 다르고 추세를 살피고자 아래 표를 소개합니다.

전국 골프장 지역별 분포 현황

구분	개소	비율	회원제	비율	대중제	비율	합계	비율
수도권	158	32%	1692	48%	1850	52%	3542	34%
강 원	54	11%	324	28%	833	72%	1157	11%
경 북	56	11%	315	31%	708	69%	1023	10%
경 남	57	11%	531	45%	641	55%	1172	11%
충 북	40	8%	118	15%	684	85%	802	8%
충 남	35	7%	117	19%	493	81%	610	6%
전 북	25	5%	63	13%	419	87%	482	5%
전 남	44	9%	153	18%	708	82%	861	8%
제 주	30	6%	351	48%	375	52%	726	7%
합 계	499	100%	3664	35%	6711	65%	10375	100%

KS레저개발(주)(대표이사 김기세)는 국내 골프산업 시장 전망을 위해 (사)한국골프장경영협회, (사)한국대중골프장협회, 문화체육관광부 등록체육시설업현황, 육·해·공군 체력단련장 등의 자료를 토대로 비교적 정확한 골프장 숫자 통계자료를 발표했습니다.

대한민국에서 현재 운영 중인 골프장은 전국 499개소(군·경 골프장 41개소 포함)로, 이를 18홀로 환산하면 총 576개(1만 375홀)로 집계됐습니다. 이 자료에 따르면 전제 499개소 골프장중 9홀 이하 22%, 18홀 39%, 27홀 27%, 36홀 9%, 36홀 이상은 3%를 차지했습니다.

또 지난 10년 동안 회원제에서 대중제로 전환한 골프장은 82개소(1774홀 : 18홀 환산 99개소)로 대중제 비율은 40%에서 65%로 회원제 숫자를 넘어섰습니다.

또한 현재 새롭게 골프장을 추진 중인 곳은 전국 37개소(18홀 환산 43개)이며, 이중 19개소에서 공사가 진행 중이고, 이중 미착공 골프장은 인·허가 절차 중이거나 사실상 사업포기 상태에 놓여있는 곳이 많습니다.

따라서 향후 신규 골프장은 토지수용불가 및 골프장개발관련 법 적용 등의 두터운 벽에 부딪혀 골퍼들이 바라는 대로 빠르게 골프장이 공급될 가능성은 낮을 것으로 전망됩니다.

1) 골프장 신규개발이 쉽지 않다

KS레저개발은 당분간 골프장 신규개발이 쉽지 않은 이유에 대해 크게 두 가지로 분석했습니다.

① 지금까지는 국토의 계획 및 이용에 관한 법률상 도시계획시설 중 하나인 체육시설로 골프장을 개발했으며, 그 당시 체육시설은 공공성이 있는 것으로 인정되어 있어서 토지수용이 가능했습니다.

하지만 2012년 12월 '공공필요성이 인정되는 체육시설'로 법이 개정되면서 민간이 시행하는 골프장은 국토계획법상의 도시계획시설의 체육시설에서 제외됨으로 인해 더 이상 일방적 토지수용이 불가능합니다.

② 상기 법률개정으로 골프장개발이 어려워지면서 최근에는 대규모 개발행위허가(토지의 용도가 100% 계획관리지역 또는 자연녹지지역의 토지는 사실상 전무함)는 관광휴양형 지구단위계획 또는 관광단지 등으로 추진을 하고 있습니다.

따라서 토지수용이 가능한 공익성시설을 설치하는 관광단지를 제외하고는 관광휴양형 지구단위계획으로 추진하기에 적합한 토지확보가 어려워 관광단지로 추진하는 경우가 가끔 있지만, 사업타당성이 낮아서 신규골프장 개발이 쉽지 않을 것으로 전망했습니다.

2) 문화체육관광부의 '제2의 골프대중화정책'

한편 KS레저개발은 최근 문화체육관광부의 '제2의 골프대중화정책'에 대해서 다소 부정적 의견을 피력했습니다.

① 체육진흥공단에서 투자비를 부담하고, 지자체에서 사업 부지를 제공하는 에콜리안 골프장 형태 확대는 나름 의미가 있겠지만, 적정 사업부지 확보가 현실성 높지 않다는 점을 들었습니다.

② 관광단지 조성 시 골프장 활용면적에 대한 규제를 현재는 전체 면적의 30~40% 범위 내에서 더 많은 비율로 확대 완화하겠다는 취지이고, 토지수용이 가능한 관광단지이기 때문에 나름의 효과는 예상됩니다.

하지만, 공공성이 담보되지 않고 골프장 목적이 너무 부각될 경우에 다시 헌법재판소의 토지수용의 위헌판결에 배치되는 측면이 있어서, 면적완화의 수준에 따라 유동적이라고 밝혔습니다.

KS레저개발은 이 같은 상황에 비추어 향후 10년 내에 18홀 정규골프장은 매년 5개소 정도씩 늘어난다고 가정할 때 9홀 이하 골프장을 포함 최대 550개소, 18홀 기준 현재보다 54개 정도 늘어난 630개 골프장에 달할 것으로 전망했습니다.

한국골프장경영협회에 따르면 2020년 18홀 기준 국내 골프장 수는 535개로, 서경대학교 골프산업연구소의 연구에서는 보수적으로 계산해도 2025년까지 필요한 골프장 수는 653개로 2020년 535개 보다 추가로 118개의 골프장이 더 공급되어야 하는 것으로 나타났습니다.

▲서비스업 사업용 토지 종부세 경감 : 관광호텔업·유원시설업·휴양업·스키장업·대중골프장업·유통단지·화물자동차공동차고지·도심지역 공장 등의 사업용 토지에 대해서는 공시가격 200억 원을 초과 시에만 0.8%의 종합부동산세 단일세율이 적용됩니다.

▲공유수면법에는 수도법에 근거한 수도세처럼 물 사용량에 따라 물 값을 책정하는 게 아니라, 사용량에 상관없이 관로 지름에 따라 계산하도록 돼 있고, 관로 지름이 100mm 초과에 200mm 이하는 월 12만 원, 200mm 초과 300mm 이하 구간은 월 16만 원 등의 공유수면 점용료·사용료 기준이 정해집니다.

18홀 골프장을 지으려면 800억~1000억 원이 소요되는데, 회원제와 달리 대중골프장 사업가는 사업 성패에 대한 모든 위험을 부담해야 하며 막대한 자금을 투자하는데, 골프장 추가 건설은 정부가 아닌 지방자치단체 시장이 판단하도록 맡겨야 합니다.

한편, 골프장 18홀을 건설하는 데 생산 유발 899억 원, 부가가치 유발 389억 원, 취업(고용) 유발 578명, 소득 유발 223억 원, 조세 유발 효과가 모두 42억 원이 된다고 합니다.

18홀을 운영하면 연간 생산 유발 162억 원, 부가가치 유발 90억 원, 취업(고용) 유발 176명, 소득 유발 37억 원, 조세 유발 12억 원의 효과가 발생한다고 합니다.

3) 매매가격이 홀 당 100억 원

투자 수익률 중심(홀 당 70억 원 수준)으로 매매가격이 홀 당 100억 원에 육박하니, 추가 개발을 위한 5부 능선, 생태등급, 수령 급, 경사도 등 인허가 조건의

실체 확인과 설계 변경 등의 기술적 대책 수립이 어렵고, 오래 걸리는 것이어서 일반적으로 그 가치를 놓치기가 쉽고, 그 다음은 투자자의 매수 전략 부실로 매수 타임을 놓쳐, 새 주인의 기회를 잃어버리는 것이 대부분입니다.

에이스회원권 지수(ACEPI)기준으로는 2008년 3월 최고점이던 1715.3 포인트에 비해, 2022년 1월 28일 지수가 1288.9 포인트로 약 24% 낮은 수준에 여전히 머물러 있습니다.

삼정KPMG 골프장 자문팀 관계자는 "국내 골프산업은 불과 2019년 이전까지만 해도 사양 산업으로 여겨지는 추세였지만, 코로나19로 인한 반사적 긍정 효과와 SNS(사회관계망서비스)를 통한 '골린이(골프+어린이)' 확산 등의 새문화가 등장하면서 업장의 가치 또한 재평가 되고 있다"고 설명했습니다.

그는 이어 "다양한 형태의 투자자들이 안전성이 높은 은행에 예금을 예치하듯이 안정적 수익을 추구하는 경향이 높아지면서 골프장 M&A에 대한 투자가 활성화 되고 있으며, 매력적인 골프장 매물에 대한 인수의향자들의 매수 경쟁이 가격 상승을 주도하고 있다."고 밝혔습니다.

18홀 기준 가장 높은 매매가를 보인 골프장은 경기도 이천에 위치한 사우스스프링스CC로, 지난해 거래가 성사된 이곳은 매매가 약 1,710억으로 홀 당 기준 95억 원에 팔렸습니다.

27홀과 36홀 골프장 중에는 강원도 홍천의 클럽모우와 스카이밸리CC(경기 여주)가 각각 홀 당 70억과 72억으로 가장 높은 가격대로 거래됐습니다.

예탁금 형식의 회원권이 일반적인 한국골프장과는 달리 미국이나 호주의 경우 연회비를 납부하는 연회원제로 운영하고 있고, 연회원이 되면 클럽이 제공하는 각종 혜택을 받을 수 있는데, 대표적으로 그린피 할인과 클럽에서 개최하는 다양한 행사와 대회를 참여할 수 있습니다.

회원제 클럽이란 수익을 창출해야 하는 사업적 목적이 아니라, 클럽이라는 울타리로 커뮤니티를 만들어 보다 나은 클럽 문화를 즐기는 것입니다.

참고로 주니어 회원권이란 아버지 또는 할아버지가 특정 클럽 회원일 경우 18세 이하 자녀들이 일반 회원비의 10% 정도 비용으로 해당 클럽의 회원 대우를 받는 것을 말합니다.

공공골프장은 지역 경제의 활성화도 고려해 모든 것을 판매하기 보다는 골프장은 가장 기본적인 것만을 공급하고, 대부분의 소비는 지역에서 이루어지게 하여야 하겠고, 또한 골프장과 지역 관광 등을 연계하여 골프장 내장객들이 골프장뿐만 아니라 지역에서 관광과 숙박을 함께하도록 유도하는 노력도 필요합니다.

9 회원제 골프장

근래 신설되는 골프장의 대부분이 대중제(퍼블릭) 골프장이지만, 국내의 이름난 골프장은 여전히 회원제 코스 골프장이고, 국내 회원권 시장은 지난 2008년 미국의 금융 위기 이후로 지속적인 하락 국면에 있었습니다.

당시 발효된 김영란 법을 계기로 골프장 회원권 가격이 다시 내려간다고 전망했으나, 골프장 500곳을 돌파하면서 이제부터 '본격적인 이용권 개념의 골프장 회원권 시장이 형성된다.'는 분석도 있습니다.

1) 회원권 용어 이해

골프장 회원권 운영 형태에 따라 3가지(입회금회원제, 사단법인제, 주주회원제)로 나뉘고 혜택의 정도에 따라 7가지로 분류되고 멤버십 납부 방식에 따라서도 구분됩니다.

서울한양 구 코스는 투 그린을 가진 국내 가장 오래된 현존 코스로 입회금제의 시초였습니다.

유럽에서 시작한 멤버십 골프클럽이란 회원이 돈을 걸어 시설을 만들고 공동으로 소유, 관리, 운영하는 형태이고, 사단법인제 골프장이 전통적인 구미의 회원제 클럽에 가장 유사하며, 서울CC, 부산CC, 울산CC 등이 그러합니다.

1964년 한양CC가 개장하면서 일본에서 일반적이던 입회금(예탁금)회원제 방식을 도입한 이래 국내 대다수 회원제 골프장이 이 방식을 채택했고, 예탁금은 골프장 이용권(채권)으로 골프장 사업주는 예탁금을 받아 골프장을 지었으며, 회원권 거래소를 통해 거래되는 회원권이란 바로 이용권을 의미합니다.

주주회원제는 1992년 개장한 신원CC가 시작이고, 1998년 골프장의 모기업인 신원그룹이 부도가 나자 골프장 회원이 이듬해 사업권을 인수하면서 주주가 됐으며, 이밖에 창원, 경주신라, 버드우드, 파미힐스가 주주회원제 골프장입니다.

한편, 골드, 코리아, 수원CC는 일반 회원과 주주 회원을 함께 보유하고 있고, 부곡의 아파트촌 사이에 놓인 안양 골프장은 프라이빗 한 운영에 분담금제로 운영되는 골프장입니다.

회원권 이용의 실질적인 혜택을 받는 사람이 정 회원이고 추가 혜택을 받는 제 2, 3 회원이 있는데, 이들의 혜택, 명칭은 골프장 별로 다릅니다.

지정, 준, 지명, 가족 회원은 같은 의미라 봐도 무방하고, 통상 정 회원 외에는 모두 준회원이라 총칭하며, 굳이 나누자면 개인 회원권의 경우 본인 이외에는 준회원, 가족 회원이라 부르고, 법인은 임직원이 입회하는 조건으로 그 밖의 이용객을 지정 회원, 지명 회원이라 부릅니다.

정 회원과 주중 회원은 주말 이용 혜택에 대한 차이에서 나온 구분입니다. 정 회원은 주중, 주말 상관없이 그린피 할인과 예약이 되지만, 주중 회원은 주중에만 회원 대우를 받는데, 혜택이 적기 때문에 회원권 가격도 저렴하고, 주로 명예퇴직자나 여성 골퍼와 같이 주중에 골프를 즐기려는 골퍼가 구입하고 있습니다.

정 회원이 특정인 한 사람에 한해 예약과 회원 대우를 해주는 반면 무기명 회원권은 골프장에서 발급한 무기명 카드를 지참하면 누구나 혹은 한 팀 모두 회원 대우를 받을 수 있는 특전이 있고, 개인보다는 비즈니스 접대 활용을 위해 법인에서 주로 매수합니다.

신규 개장 골프장에서 분양 활성화를 위해 가격대 낮은 무기명 회원권을 내놓으면서 기존 골프장도 무기명 종목을 VIP, VVIP 등으로 개발해 회원 유치에 나서기도 하지만, 김영란 법으로 인해 무기명의 수요는 얼어붙었습니다.

회원권 시세표에는 골프장 이름 뒤에 분담금, 주주, CP(Commercial Paper 기업어음) 등이 붙어 있는 경우가 있고, 분담금 회원권은 기존 회원이 분양 대금 이외에 추가적으로 회원이 들어갈 경우 골프장에 그 대금을 납입하는 것을 말합니다.

코스 리노베이션 등 대규모 자원이 투입되는 과정에서 발생하는 비용을 회원이 일정 비율 부담하는 형식이고, 분담금을 납입하면 그린피 할인, 예약 횟수 증가, 준회원 추가 등 회원 혜택이 늘어나는데, 캐슬렉스서울, 아난티클럽서울, 레이크우드 등은 골프장을 리모델링하면서 분담금 회원을 모집한 골프장입니다.

CP는 분담금과 비슷한 의미로, 특별 · 우대 회원권이라고도 하는데, 자금 투자에서 발생하는 비용을 기업어음 형태로 발행해 회원이 매입하는 형태로 리베라와 상떼힐 등이 있습니다.

특별 법인회원권은 비즈니스 접대를 목적으로 하는 법인을 위해 만들어진 종목으로 정 회원권과 무기명 카드를 포함하며, 비에이비스타와 강남300이 만들었습니다.

회원권이 시중에 유통되지 않는 프라이비트 클럽도 있는데, 리모델링을 마치고 2014년 재개장한 안양골프장은 연회비만을 받는 회원제입니다.

이밖에 트리니티, 웰링턴, 곤지암, 제이드팰리스 등 대기업 계열 골프장은 회원권이 거래되지 않고, 1992년 프라이비트로 개장한 남부는 2004년부터 회원제로 전환하면서 회원권을 시장에 내놓기 시작했습니다.

9억 원에서 시작된 회원가는 2008년 여름에 20억 원 이상 시세를 형성하기도 했지만 지금은 절반 이하로 내려갔습니다.

위 글은 남화영 기자님의 "회원권 용어 이해하기"(헤럴드경제 2016. 10. 18)를 참조 요약했고, 이어서, '회원제 골프장 관련 내인가' 부터 정치자금의 흑막이 일었다는 기사도 소개합니다.

2) 회원제라는 명칭

초창기 우리나라 골프문화가 일본을 통해서 들어오면서 경영행태는 위탁운영제가 그대로 도입됐고, 소위 말해서 그것이 회원제라는 명칭으로 불러졌는데 1964년 조봉구에 의해 원당에 만들어진 한양컨트리클럽으로부터 시작됐다고 할 수 있답니다.

5공화국까지는 골프장 건설이 당시 '내인가제' 라는 장치로 국가 최고권자와 인과가 있거나 측근에게 골프장 건설 허가가 떨어졌고, 내인가를 받은 자는 회원권을 팔아서 땅값과 건설비를 모두 변제하기 때문에 자기 돈을 거의 들이지 않고 거대한 골프장을 꿀꺽한 셈이었습니다.

그것이 일본에서 유입된 회원제라는 경영형태를 취하면서 한국골프 운영형태의 주도권으로 고착화 됐습니다.

우리나라 골프는 처음 도입될 때부터 귀족스포츠로 사치산업이었고, 선택된 몇몇 사람들이 즐기던 운동이어서 일반인으로서는 관심을 가지려야 가질 수 없는 스포츠 종목이었습니다.

초창기엔 일반인의 눈에 쉽게 띄지 않아 매도당하지는 않았고, 당시 국민들은 먹고 사는데 급급해 골프는 안중에도 없어 골프에 대한 반감은 거의 없었을 것으로 생각됩니다.

3) 골프장 내인가

1980년대에 들어와 청와대에 수십억 원씩을 내고 골프장 내인가를 받아야 허가를 딸 수 있었고, 또 내인가만 받으면 땅 짚고 헤엄치는 사업이었던 시절이 있었으며, '황금알을 낳는 거위'란 말까지도 들었던 시절이었습니다.

이런 상황에서 골프 대중화만 되면 골프에 대한 모든 문제가 해결될 것으로 낙관했으나, 돈이 많이 드는 골프 속성상 귀족스포츠를 일반인 눈높이로 맞추기엔 한계가 있었으며, 시설을 공급하는 자가 세제상의 배려 없이 누가 대중 골프장을 만들겠느냐는 우리 현실에서 골프 대중화는 말처럼 쉽지 않았습니다.

또 그렇다고 국민들의 눈치를 봐야 하는 정부가 쉽게 골프 대중화 정책을 내놓기도 힘들었고, 미적거리다 결국 6.29선언과 1988년 내인가 폐지로 골프장 규제책을 풀어버리는데, 우리나라 골프장 건설은 회원제가 주도적인 풍토로 이어졌습니다.

하지만, 정부에 세금을 내는 세수목적도 있지만, 골프장 산업의 특혜에도 반대급부가 분명 존재하기 마련이라 다분히 정권과 맞물려 당시 건설하던 골프장은 정치자금을 헌납하는 흑막에 휩싸이며 어두운 골프 역사를 물들이면서 사회문제로 비화하기에 이르렀습니다.

드디어 1988년 내인가 제도가 폐지되고 중앙정부에서 관할하던 인허가 권한을 즉 골프장 인허가 권을 각 시·도로 이양하기 시작했고, 동시에 누구든지 골프장을 만들고 싶거나 골프장 조성 조건만 충족하면 골프장사업에 진출할 수 있도록 물꼬를 터주었습니다.

그러면서 정립되지 못한 골프 문화는 골프장 산업이란 거대 담론에 휩쓸려 세수에만 초점이 맞춰져 각 시·도는 앞 다투어 골프장 건설을 유치하기 시작하자, 전국이 골프장 건설 열기로 들끓고 과열 현상을 불러오기 시작했습니다.

국내 경제의 활황으로 국민들의 소득이 높아지고 국민들의 여가 욕구의 확장으로 선진국 스포츠인 골프에 관심을 갖게 되다보니 골프 욕구는 많아지고, 골프장 시설은 부족해서 수요공급의 시장구조가 무너지면서 많은 정·관·군·재계 인사들이 골프장 건설에 뛰어들게 됐습니다.

내인가를 받고 일정 부분 공사 진척만 돼도 회원권을 분양할 수 있게 되어 회원권을 분양하면서 땅값과 건설비를 한꺼번에 다 충당해 버리는 특혜(?)를 누린 것입니다.

회원권을 사려는 이들이 몰려들자 급기야는 골프장에서 경찰관 입회하에 추첨을 하게 되는 진풍경도 벌어졌고, 운 좋게 추첨에서 당첨됐다면 그 자체로서 몇 배의 프리미엄이 뛰어서 아파트 분양권처럼 그 분양권을 팔고 사는 기현상까지 불러오게 됐던 좋은 시절도 있었습니다.

대중들은 골프를 향수할 수 있는 기회 박탈이란 정서적인 문제에 맞물려서 각종 생태·환경문제, 위화감 조성, 마을 공동체 파괴 등 온갖 문제들이 사회적 문제로 비화되면서 결국 호의적이 아닌 언론에 두들겨 맞게 되었습니다.

4) 1988년 내인가 제도 폐지

1988년 서울올림픽을 치르는 나라로서의 국격을 표명하고 국민들의 의식을 고양하고 스포츠 여가를 누구나 원하면 향유할 수 있도록 아세안게임이 열리던 해 1986년 6월, '6.29선언'이 발표됐습니다.

사회전반적인 규제를 대폭 풀면서 골프도 그 영향이 미쳤는데, 가진 자들이 구입한 회원권으로 특수층만 즐기는 골프가 아니라 다양한 운영방식을 도입해 일반 대중들도 즐길 수 있는 대중제(퍼블릭)를 만드는 정책을 당시 문화체육부에서 내놓았고, 동시에 대중제 건설에는 세금 감면이란 혜택도 주었습니다.

회원제를 만들기 위해서는 '회원제 18홀 당 6홀 규모 이상의 퍼블릭 코스를 병행해서 만들라'는 퍼블릭 병행코스 할당을 주면서 함께 만들게 한다는 일종의 강압적인(?) 방침이었습니다.

그러다보니 6홀 규모를 만들거나 또 6홀 규모에 드는 상응하는 돈을 출연해 여러 신설 골프장에서 한데 모아 정규 형태의 퍼블릭 코스를 정부가 만들기도 했고, 그런 정부 방침대로 회원제 코스에 만들어진 퍼블릭 코스가 현재도 남아있습니다.

비교적 회원제 홀보다야 질이 떨어지긴 하지만 그런대로 퍼블릭의 취지가 살려져 운영되기도 하지만, 일부 골프장은 처음의 의도와는 달리 그냥 27홀 규모로 수용해 회원들을 돌리기도 하고 편법 운영이 시행되기도 했습니다.

이에 힘입어 전국에는 병행 코스는 물론 정작 골프가 좋아서 만드는 간이형 코스나 퍼블릭 코스 즉, 회원제가 아닌 대중제 형태의 코스가 조성되기에 이른 것입니다.

퍼블릭 코스를 건설하거나 운영 중일 때는 회원제보다는 세금 감면의 혜택이 크지만 향후 사업성을 보장할 수는 없었고, 대중제는 자기 자본이 많이 들어가야 한다는 점 때문에 기피됐는데, 국내 퍼블릭 코스는 초창기엔 사업적인 발상과는 맞지 않는, 재미가 없는 것이었습니다.

또 한편에서는 자신의 재력을 충당해 정부에서 매기는 엄청난 중과세 감면혜택을 주는 퍼블릭 코스를 만들어 장래의 영업 전략이나 기업의 비즈니스 목적을 충당하기에 이르렀지만, 여기에서도 문제가 있기 마련입니다.

일부 퍼블릭 코스는 '회원을 모집하지 않는다'는 점에서만 비 회원제라는 측면이 강할 뿐, 그린피나 골프를 즐기는데 대한 제반 경비는 회원제와 비등할 뿐이고, 정작 골프 대중화와는 거리가 있는 코스가 된 곳도 많습니다.

골프장 문화는 대중성보다는 고급화 혹은 특별한 문화를 지향하는 속성을 갖게 되다보니 '돈 많고 백 있는 자'들만 누린다는 기회 박탈과 상대적 빈곤감으로 대중들은 걸핏하면 골프를 공격했고, 정부에서도 사회적으로 무슨 일이 생기면 골프를 빙자한 길들이기 식으로 동네북이 됐던 것입니다.

어쨌든 정부 정책과 세금 혜택 그리고 자기 땅을 가진 자들의 노력과 이 땅에 골프 실수요자들의 노력으로 퍼블릭 코스가 점진적으로 늘어가긴 했고, 특히 골프에 관심 갖고 건강·친교·비즈니스를 고려하던 대중들의 퍼블릭 코스 출입이 잦아지면서 국내에 퍼블릭 코스의 확충이 진행되고 있었습니다.

5) 박세리의 선전

무엇보다도 IMF 체제에 빠진 이 땅의 침울한 사회 분위기를 갈아 치우고 뭐든 하면 된다는 긍정적 의지와 민족적 저력을 보여준 '박세리의 선전(善戰)'은 골프에 있어서 대단한 기폭제가 됐습니다.

미국무대(LPGA투어)에서의 박세리의 선전에 힘입어 중소기업자들이나 많은 자영업자들 그리고 대기업 중간 간부들까지도 골프에 입문하게 만들면서 이 땅에서 골프 붐이 일게 됩니다.

이어 김미현, 박지은 등의 한국 낭자들이 미국무대 진출로 한국인의 기개와 의지로 세계 골프무대를 장악하면서 더욱 한국 골프계는 기운을 받게 됐습니다.

이런 분위기에 접한 한국의 새로운 정권들이 들어설 때마다 골프 권장정책 기대효과로 골프 붐은 활성화 조짐을 보였었지만 어떠한 정권도 골프를 권장하지 않았습니다.

골프를 순수 스포츠로 해방시키지 못했고, 정·관·재계 인사들의 정신적 해이감을 질타하는 동네북으로 삼아 결국 성장 동력인 골프산업 발전의 문턱을 넘지 못하게 스스로 막아 버리고 만 셈입니다.

당시 국민들은 박세리의 선전에 '골프는 싫지만 박세리는 좋다'라는 이중적인 잣대를 내보이기도 했습니다.

그런 와중에서도 급증하는 골프 인구로 수요공급이 무너진 한국골프산업은 부킹 비리나 청탁 등 온갖 부정적인 골프 문화를 창출하는 비리의 온상이 되면서 더욱 일반인들에게는 눈꼴사나운 장면이 연출됐습니다.

부족한 공급을 충당하기 위해 골프에도 시장 원리가 도입되면서 전국엔 숱한 골프장 건설 열기가 불붙기 시작한 결과, 현재 전국적으로 500여개가 넘는 골프장이 운영되는 기현상이 도래합니다.

골프장 과다 공급으로 증가세가 멈춘 골프 수요를 초과해버리게 됐으며, 시장원칙에 벗어나면서 골프산업은 또 한 차례 휘청거렸는데, 세계 경제 불황의 여파가 불어 닥쳤고, 여가부문 특히 골프장산업에 직격탄을 맞게 됐습니다.

이런 와중에 골퍼들은 한 푼이라도 싼 골프장에 몰려들기 마련이고, 물론 재벌골퍼들보다는 대중들 실수요자 골퍼들이 많이 늘었다는 이유도 반증되는데, 회원제 골프장도 경쟁에 들어가 이용료(그린피)와 옵션 부분이나 이벤트요금으로 호객행위를 하고 가격 할인하면서 회원제의 품격을 떨어뜨렸습니다.

특히 퍼블릭 코스는 그린피 인하와 노캐디, 새벽이나 밤 라운드 등 하루 3, 4부제 운영을 하는 등 갖은 이벤트를 내놓는 등의 이점으로 실속파 골퍼들을 퍼블릭으로 끌어 모으기 시작했습니다.

경쟁력에서 회원제가 밀리는데다가 각종 중과세로 인해 설상가상으로 회원제는 경영악화를 겪게 되면서 회원제라는 메리트가 자꾸만 떨어지기 시작했습니다.

제대로 고품격을 유지하는 회원제는 회원들만 받아 들여 모기업에서 계속 지원을 하거나 아니면 각 회원들이 부족한 운영비를 출연하면서 유지할 수 있고, 아니면 회원제를 유지하기 위해서는 회원들의 양해를 얻어 일반 비회원들을 받아서 그 부족분을 메우는 편법을 쓰는 게 우리 회원제들의 다양한 운영행태였습니다.

그러나 이런 문제는 시장 논리가 적용되는 자본주의에서는 맞지 않은 방식으로 평가되고 있고, 또한 한 푼이라도 싼 코스를 찾는 알뜰골퍼들이 늘면서 회원제보다는 손쉽고 비교적 이용료(그린피)가 싼 대중제로 발길을 옮기는 실속파 골퍼들이 대거 등장했습니다.

회원들과 협의해 회원권 구입가격의 일정 금액을 환원해준다는 조건으로 몇몇 골프장은 사업주 측과 회원 간에 잘 협의가 되어 몇 년 경과기간을 정해 성공적으로 운영해가는 골프장이 있는가 하면, 협의를 했지만 서로 틀어져 회원도 분양가를 날리고 사업주도 영업이 안 돼 도산에 직면한 곳도 더러 있습니다.

과거엔 회원권을 분양한다는 것은 재테크로서의 메리트가 있었던 적이 있었지만, 6.29선언 이후론 늘어난 골프장으로 인해 회원권 희소성이 떨어져 회원권 분양이 잘 안되어 억지로 호객행위를 하는 현실이 되고 말았고, 특이하게 회원들이 공동으로 운영하는 골프장 사례도 있습니다.

골프장이 추구하는 품위와 자격이 안 된 사람들도 대거 영입하면서 자기 골프장 품격도 떨어뜨렸다는 하소연도 많은 게 한국 골프장의 현주소이고, 그렇다고 원래 대중제로 출발했거나 회원제에서 대중제로 전환했다고 해서 모두 그린피가 월등히 싼 것도 아닙니다.

대중제라고 해서 만사형통은 아니고, 분명 대중골프문화 정립을 위해서라도 대중제가 개선해야 할 문제점은 있는바, 한국사회는 골프 문화면에서 아직도 골프를 대중이 즐길 수 있는 스포츠로 인식하는 흐름은 크게 개선되지 않은 듯하며, 골프가 보통사람들, 서민들과는 거리가 먼 이미지를 여전히 가지고 있습니다.

6) '무늬'만 대중제

세계적인 경쟁력을 유지하고 있는 국내 여자골퍼들을 중심으로 골프가 스포츠를 통한 국위선양에도 상당한 역할을 해왔음에도 대중적인 이미지가 좀처럼 바뀌지지 않고 있는 것이 한국골프의 현 주소입니다.

대중제 골프장이 많아졌다고는 해도 여전히 비싸게 인식되는 그린피, 골프장내 매장의 비싼 요금 등이 이런 인식을 만드는데 일조하고, 일부 대중제 골프장은 회원제보다도 그린피가 비싸, '무늬만 대중제'라는 불만도 있습니다.

대중제 골프장은 회원제에 비해 일반세율에서 큰 혜택을 보고 있고, 이런 혜택은 골프 대중화를 하라고 주는 것인데, 대중제 골프장의 그린피는 해당 지역의 골프장 평균 그린피보다 높아서는 안 되며, 혜택을 받는 만큼 이름에 걸맞게 골프 대중화를 위한 의무도 수행해야 합니다.

지방자치단체가 세수 절감을 감수하면서까지 주는 혜택이 골프장의 과대한 소득으로 연결되면 안 되고, 골프를 즐기는 실질 골퍼들에게 실질적인 도움이 돼야 골프에 대한 대중들의 시각을 쇄신할 수 있습니다.

시대적 상황이 플레이어들을 회원제보다는 대중제로 대거 흡입하고 있지만 대중 골프장의 편법 문제는 골프 대중화로 가는 길목에서 반드시 해결해야만 합니다.

10 대중제(퍼블릭) 골프장

대중제(퍼블릭) 골프장은 누구나 예약하여 이용할 수 있고, 회원제는 사용할 수 있는 고가의 이용권을 구매해 골프장 회원이 되어 라운딩 할 수 있으며, 무조건 회원 1명이 동반해야 하는데, 규모와 가격이 아닌 법적으로 나뉩니다.

골프 대중화로 인하여 나눈 것으로 18홀에서 9홀을 초과할 때마다 대중 골프장 3홀을 추가하도록 하고 있는데, 고가의 회원권을 구입해서 그 골프장의 회원대우를 받고 라운드의 예약이 가능하게 되는 등 혜택이 주어지는 회원제 골프장과 개념상 대비되는 골프장입니다.

1) 체육시설 설치 및 이용에 관한 법률(약칭 '체시법') 시행

체육시설 설치 및 이용에 관한 법률(약칭 '체시법') 시행령에 따라 골프장을 회원제 및 대중제(퍼블릭)로 구분하고 있으며 동시에 운영하는 골프장도 있는바, 법률에 따라 나뉘다 보니 퍼블릭 골프장의 경우 세금 감면 혜택도 주어집니다.

현행 '체시법'에 따라 체육시설업은 등록 체육시설업과 신고 체육시설업으로 구분되며, 골프장업은 스키장, 요트장, 빙상장, 승마장, 종합체육시설업 등과 함께 등록 체육시설 업에 속하고, 신고 체육시설업에는 골프연습장, 수영장, 볼링장, 체육도장, 테니스장, 에어로빅장업 등이 있습니다.

행정적으로 등록은 인허가에 있어 신고보다 훨씬 까다롭고 법령이 정하는 조건을 만족시켜야 하는데, 본 법률의 시행령에서는 골프장업을 다시 회원제골프장업과 대중골프장업으로 구분하며, 실제로 대중골프장 중에도 단독적인 대중 골프장과 회원제 골프장에 딸려있는 대중골프장이 있습니다.

이는 시행령이 골프 대중화를 위한 장치로 회원제 골프장에 대중 골프장의 병설을 의무화했기 때문이며, 즉 18홀인 회원제 골프장은 6홀 이상, 그리고 18홀을 초과하는 회원제 골프장은 기본 6홀에다 18홀에서 9홀을 초과할 때마다 대중 골프장 3홀을 추가토록 하고 있습니다.

예를 들어 회원제 27홀 규모의 골프장은 9홀의 대중 골프장을 설치해야 하며, 똑같은 방법으로 36홀에는 12홀 규모의 대중 골프장을 병설해야 합니다.

법령이 이렇게 정하고 있음에도 불구하고 모든 회원제 골프장이 대중 코스를 가지고 있지 않은 건, 병설이 부득이한 사정(공사비용, 부지)으로 곤란한 경우, 병설해야 할 홀의 수만큼 대중 골프장 조성비 명목으로 예치하도록 정하고 있기 때문입니다.

위 법률 시행규칙 제 14조가 정하는 이 예치금액은 1홀 당 현금 5억 원으로, 예를 들면 18홀 골프장이 6홀 규모의 대중골프장을 건설하지 않기 위해선 30억 원을 내면 됩니다.

이 조항에 따라 현실적으로 6홀을 건설하는 데에는 30억 원보다 훨씬 더 들기 때문이라서 대다수 회원제 골프장이 돈을 냈지만, 최근에는 상황이 다소 달라졌습니다.

태영, 태광 등에서 병설 퍼블릭 코스가 IMF를 맞아 호황을 누린 것이고, 그러자 에버랜드 내의 글렌로즈 등 퍼블릭 전용 골프장을 운영하거나 계획하는 곳도 생겨났습니다.

2) 대중제 골프장은 관할 시 · 도지사의 승인 · 등록

대중 골프장을 운영하려면 관할 시·도지사의 승인을 받아 시설을 설치해야 하고, 영업개시 전에 시·도지사 에게 등록을 마쳐야 하는데, 각 시·도에 등록된 대중 골프장은 1999년 말 전국에 37개이었고 이 가운데 24개가 경기, 강원지역에 편중되어 있었습니다.

이중 18홀 이상의 대규모 대중 골프장은 레이크 싸이드(36), 파크 밸리(18), 레익스빌(18), 천안 상록(18), 보문(18), 제이스(18) 등 6개소이며, 대부분 6~9홀로 돼 있습니다.

1999년 12월 현재 문화관광부 자료에 의하면, 건설 중인 대중 골프장은 23개 정도였으나 공사 진척률이 각각 크게 차이를 보였고, 이목을 끈 남여주 골프장은 경기도 지역 회원제 골프장들이, 대중 골프장 병설 대신에 예치한 1홀 당 5억 원씩의 대중 골프장 조성비로 마련된 약 4백억 원(현금 약 285억, 이자 포함된 금액임)을 기금으로 해서 건설된 곳입니다.

예치금을 납부한 회원제 골프장들을 주주로 하고 한국체육진흥공단이 경영하는 주식회사 형태로 운영될 예정이었고, 관(官)이 나서서 골프 대중화를 추진하는 첫 구체적인 결실이었습니다.

대부분의 골프장들은 대도시에서 그리 멀리 떨어져 있지 않고 비용도 생각만큼 많이 들지 않아 이미 많은 골퍼들 사이에 인기를 얻고 있는데, 일단 회원권을 소유하고 있어야 할 필요가 없게 되었습니다.

당시 규모에 따라, 그리고 위치와 여건에 따라 차이가 있지만 평균적으로 9홀 기준 그린피는 주중 3만~4만 원선, 주말엔 1만 원 정도 더 든다고 보면 되는데, 여기에 캐디 동반이 의무로 돼있는 곳이라면 1백(BAG)당 약 1만원의 캐디피가 추가되었습니다.

9홀 골프장에서도 2라운드를 돌면 18홀을 돈 것과 비슷한 운동량과 기분을 얻을 수 있는바, 18홀 미만의 퍼블릭 골프장은 입장료에 특별소비세가 부과되지 않고 있으나, 18홀 이상에는 1만 2천원의 특소세가 요금에 포함됩니다.

티 오프 타임은 대개의 대중 골프장들은 도착순에서 예약이 필수가 되어 사전에 해당 골프장에 대한 정보를 알아둬야 하겠고, 베어스타운이나 대명 홍천골프장 처럼 하절기 에는 대중 골프장으로, 동절기에는 스키장으로 운영되는 곳도 있습니다.

3) 상업형 골프장(회원제 / 비회원제), 대중형 골프장 3가지 체계로

이제는 골프 인구 5백만이라는데, 골프와 골프장을 '사치'와 결부시키는 생각이 뿌리깊이 박혀 있는 이상 대중화는 요원한 바람으로 그칠 것이라, 우선 정부 당국의 진정한 인식 전환이 요구됩니다.

골프장 수도 앞섰고 골프장 이용인구에서도 대중제가 추월 향후 대중제와 대중제 간의 그린피 경쟁도 예고되고 있는 이 땅의 골프지표는 지난해 대중 골프장 내장객이 처음으로 회원제를 넘어선 것으로 나타났습니다.

일부 대중제(퍼블릭) 골프장에서 세금 감면 혜택을 받으면서 편법으로 무기명 회원제를 운영하는 곳도 많아 정부는 골프장 분류 및 개편안을 개정하는바, 상업형 골프장(회원제 / 비회원제), 대중형 골프장 이렇게 3가지 체계로 바꿀 예정입니다.(대중형 골프장에서는 이용요금 상한선과 그늘집, 캐디 이용 선택제를 논의중이라고 합니다.)

한편, 국토의 개발이 아닌 훼손 측면만 강조하는 것이 건전한 국토사랑은 아니라는 주장도 있고, 미국이나 유럽, 일본 등 골프를 생활화하고 있는 강국들의 예는 골프망국론자의 염려가 기우(杞憂)임을 반증합니다.

사회주의 국가인 중국에서도 이제는 이른바 '골프 외교'라 하여 골프를 정책적 측면에서 이용하고 있고, 외화 벌이는 둘째 치고라도, 딱딱하게 각인된 국가 이미지의 순화라는 측면에서의 효과는 금전적으로 환산할 수 없을 만큼 큽니다.

지가가 싸다고 해서 무조건 산지에다 골프장을 건설하려 하기 때문에 무리한 토목공사로 공사비가 치솟고, 환경단체의 원성도 사게 되나, 골프를 즐기고 싶은 국민의 열망을 아직도 '참으라'는 설득으로 무마시킬 수 있다고 믿는 구태의연함을 버려야 할 때입니다.

골프장 사업자들도 '대중화의 의지를 가져야 한다.'는 목소리가 높은데, 일부 골프장은 퍼블릭 골프장으로 허가를 받았지만 자금난을 겪게 되자 회원모집을 할 수 있도록 허용해 달라고 요구하기도 했습니다.

또한 대중제 골프장이 수도권에 편중돼 있는 것도 해결해 나가야 할 문제로, 치는 사람이 없어서 짓지 않는 것인지 골프장이 없어서 못 치는 것인지를 신중히 조사해 지역마다 균형 있는 건설도 필요합니다.

향후 골프는 생활이요 사회전반에 파급되는 효과가 큰 하나의 산업으로 자리잡을 것이라서, 골프장의 격차가 지역의 격차를 말하는 시대가 곧 다가올 것으로 보는 시각이 많고, 골퍼들 자신이 대중화의 참뜻을 이해해야 할 것입니다.

진정한 골프 대중화는 '골프에 스며있는 긍정적 측면을 몸에 익히고 골프를 우리 생활과 문화의 자연스런 일부분으로 받아들이자'는 뜻일 것이고, 이제 막 골프 대중화 시대가 열리려 하는 시기를 살고 있는 사람들로서 올바른 골프문화를 조성하는 것은 무엇보다도 중요합니다.

여유 있는 마음으로 예약 선착순 라운드를 하고 순서를 기다릴 줄 아는 자세, 예약에 대한 건전한 인식과 투명성이 지켜지도록 모두가 노력하는 자세야 말로 진정한 '골프 대중화'를 앞당기고 다지는 길입니다.

4) 『전국 퍼블릭골프장 가이드 & 골프장 쿠폰북』

골퍼들에게 대중(퍼블릭) 골프장의 가이드 역할을 하고 새로운 대중 골프 문화를 선도하고자 '골프저널'이 창간 23주년을 맞이해『전국 퍼블릭골프장 가이드 & 골프장 쿠폰북』을 펴냈다고 합니다.

이 책에는 150여 개의 전국 대중제 골프장 안내와 그중 20여 곳의 특별 할인 쿠폰이 내장돼 있어 알뜰 골프 라이프에 도움이 된다고 하며, 또 57개소의 파3홀도 소개되어 주변에서 손쉽게 골프를 즐길 수 있게 됐습니다.

골프 보급 초기엔 상류층이 회원권을 사서 골프를 즐기는 형태가 주를 이룬 만큼 회원제 골프장이 대세를 이루었지만, 국민소득 증대로 골퍼들이 늘자 이제는 우리나라에도 수많은 골프장이 만들어졌고 골프 라운드의 성향에 따라 다양한 성격의 코스가 골퍼들의 필요에 부응하게 됐습니다.

각자 경제적 능력이나 조건에 맞게 즐길 수 있는 대중 골프장이 의외로 전국에 많이 산재해 있어서, 가이드 역할을 하고 '새로운 대중 골프 문화를 만든다.'는 의도에서 『전국 퍼블릭골프장 가이드 & 골프장쿠폰북』을 제작해, 골퍼들이 손쉽게 정보로 활용할 수 있도록 했답니다.

각종 할인혜택을 갖고 있는 대중 골프장에선 여러 가지 할인 마케팅을 실시하고 있어 쿠폰 북에 마련돼 있다는데, 대표적으로 아리지CC는 주중에 4명 입장시 1명은 무료 라운드, 중원GC는 카트비 면제 등 각종 할인혜택이 수두룩하게 주어진다고 합니다.

한편, 대중제 골프장을 짓는 데 보통 1,000억 원 이상 들어가고, 그 비용의 절반 이상이 은행대출인 경우가 많아서 영업이익률이 30% 이상 나와야 은행이자를 견뎌낼 수 있다는 태생적으로 고비용구조이다 보니 나타나는 어쩔 수 없는 현상입니다.

문화체육관광부는 강력한 처벌규정을 만들기 위해 2007년과 2010년 두 차례나 '체육시설의 설치·이용에 관한 법률' 개정을 시도했지만 무산됐었습니다.

11 회원제 골프장의 위험성

앞글에 이어 골프장을 제대로 아시는데 참고하시도록 2007. 10. 25. [신동아]에 게재된 소동기 변호사가 쓴 "회원제 골프장의 위험성" 글을 읽고서 요약해 게재합니다.

우리나라 '체육시설의 설치이용에 관한 법률'(이하 '체시법')은 골프장업을 회원제 골프장업과 대중 골프장업으로 크게 나눈 다음 대중 골프장을 정규 대중 골프장업, 일반 대중 골프장업, 간이 골프장업으로 세분하는데, 체시법은 회원제 골프장과 대중 골프장 사이에 아래와 같은 각종 차별을 두고 있습니다.

골프장 시설의 기준이 다른데, 체시법 시행규칙 8조는 골프장 시설 기준에 관해 '회원제 골프장업은 3홀 이상, 정규 대중 골프장업은 18홀 이상, 일반 대중 골프장업은 9홀 이상 18홀 미만, 간이 골프장업은 3홀 이상 9홀 미만의 골프코스를 갖추어야 한다.'고 규정해놓았습니다.

이 규정만 보자면 회원제 골프장은 3홀만 있어도 가능한데 현실적으로 3홀만으로 이뤄진 회원제 골프장이 세상에 존재할 없어서 탁상행정의 허구성을 떠올리게 합니다.

골프장 사업자가 영업을 하기 위해서는 관계법에 따라 등록세와 취득세를 납부해야 하며, 취득세의 경우 지방세법 112조 2항에 따라 회원제 골프장은 대중 골프장의 5배를 내야 합니다.

또한 골프장 사업자는 소유한 골프장 시설과 관련해 재산세 및 종합부동산세도 납부하는데, 지방세법과 종합부동산세법은 회원제 골프장(공시지가의 4%)과 대중 골프장(공시지가의 0.2%)을 구분해 세율을 적용합니다.

특별소비세법 1조 3항 4호는 골프장 입장행위에 관해 1인 1회 입장에 1만 2,000원의 특소세를 부과하도록 규정합니다만, 대중 골프장과 국방부 장관의 지도감독을 받는 골프장(소위 '군 골프장')을 출입하는 경우에는 특소세가 면세됩니다.

특소세법은 특소세 부과대상을 골프장 입장행위로 규정하면서도 특소세 납부의무자를 골퍼가 아닌 골프장사업자로 규정하고 있고, 형식적인 법조문상 규정만 보자면 특소세는 골프장 사업자의 부담처럼 보이나, 실제로는 골퍼의 그린피에 특별소비세가 포함되어 있으므로 결국 특소세는 골퍼가 부담하고 있는 것입니다.

특별소비세법은 골프장 입장행위에 대한 특소세 납부의무자를 골프장 사업자로 규정하고 있으면서도 특소세법 19조 2항(입장행위의 면세)에선 '특소세를 부과하지 않는다.'고 명시하고 있습니다.

우리나라에서는 체시법 뿐 아니라 산림청 고시 등 각종 법률에서 회원제 골프장과 대중 골프장을 차별하고 있으나 일본과 우리나라의 회원제 골프장은 프라이빗 골프장과는 다릅니다.

특히 일본과 우리나라에서 회원제 골프장의 거의 모두를 차지하는 예탁금 회원제 골프장은 영미의 프라이빗 골프장과는 전혀 다른 것이며 회원제 골프장은 골프의 발생지인 스코틀랜드와는 전혀 무관하게 일본에서 유래했습니다.

1) 비판 없는 답습

골프 회원제도는 골프장 조성자금을 조달할 목적으로 일본에서 창안된 것이고, 구체적으로는 임의단체에서 법인 회원제로, 법인 회원제에서 주주 회원제로, 주주 회원제에서 예탁금 회원제의 순서를 거쳐 발달해왔습니다.

특히 오늘날 회원제 골프장의 대명사로 일컫는 예탁금 회원제도는 1958년 도리테코쿠사이 컨트리클럽이 문을 열면서 처음 등장한 것입니다.

즉, 우리나라 최초의 정규 골프코스라고 해도 과언이 아닌 서울컨트리클럽 군자리 코스가 재건된 1954년이나, 해운대에 부산컨트리클럽이 개장한 1956년 무렵까지만 해도 예탁금 회원제 골프장은 지구상에 존재하지 않았던 것이어서, 모두 예탁금 회원제가 아니라 사단법인 회원제입니다.

반면 1960년 이후 최초로 생긴 골프장이라 할 한양컨트리클럽은 법인 회원제나 주주 회원제가 아니라 예탁금 회원제를 지향하면서 1964년에 개장했습니다.

이때는 일본에서 예탁금 회원제도가 탄생한 지 6년여가 경과한 시기이자 일본에서 1차 골프 붐이 시작됐다가 끝나는 시점으로, 골프장이 폭발적으로 증가했으나 하나같이 예탁금 회원 제도를 취하고 있을 무렵이었습니다.

골프 회원제도의 거의 전부를 차지하는 예탁금 회원제가 일본에서와 달리 아직 아무런 문제가 드러나지 않은 것은, 그 제도가 완전하기 때문이 아니라 회원권 시세가 예탁원금(또는 입회금)을 상회할 만큼 경제가 호황을 누리고 있기 때문입니다.

일본에서 예탁금 회원제 골프장이 안고 있는 다양한 문제, 즉 골프회원권과 골프클럽의 법정 성격, 골프회원권의 내용, 골프회원증서의 유가증권성, 골프회원권의 승계, 골프회원권의 소멸 등은 한국에서도 그대로 노출될 개연성이 충분히 있습니다.

2) 일본은 억제, 한국은 조장

하여 우리나라의 골프 회원제도는 일본의 그것을 아무런 검토나 비판 없이 답습한 것으로 판단되며, 이후 일본은 억제, 한국은 조장하게 됩니다.

정부에서는 '소관부처가 분산되어 있거나 관계법령이 미비된 체육시설에 관한 업무를 체육부 소관으로 일원화하고, 체육시설업을 건전하게 발전육성시킴으로써 국민의 건강증진과 여가선용에 이바지하게 하려는' 취지를 내세워 1989년 법률 제4106호로 체시법을 제정, 공포했고, 이후 오늘날까지 체시법은 골프장에 관한 특별법으로 자리를 잡았습니다.

제정 당시의 체시법은 회원제 골프장에 관한 아무런 규정을 두고 있지 않았다가 1994년 법률 제4719호로 체시법을 전면 개정하면서 비로소 회원제 골프장에 관한 규정을 두게 된 것입니다.

정부가 체시법에 회원제 골프장에 관한 규정을 도입하기 직전인 1992년 일본에서는 예탁금회원제 골프장과 관련해 희대의 사기사건이 터져 사회 문제로 부각되고 있었습니다.

1992년경 이바라키현에 새로 골프장을 조성하고 있던 한 사업자가 시설을 완성하기 전에 2만여 명의 회원을 모집해 골프장을 조성하던 중 입회비를 모기업에 전용했다가 부도가 나는 바람에 커다란 사회적 문제를 일으킨 사건입니다.

이 일을 계기로 일본에서는 예탁금 회원제 골프장의 병폐를 예방하기 위해 1993년 5월 '골프회원권 등 회원권의 적정거래에 관한 특별법'을 제정, 공포해 시행했습니다.

이 법의 형식적인 취지는 회원제 사업자들로 하여금 회원에 대한 입회금 내지는 예탁금의 반환을 확실하게 하고자 하는 데에 있지만, 실질적으로는 회원모집 요건을 강화함으로써 회원제를 억제하고자 하는 내용이었습니다.

사정이 이러했음에도 우리 정부는 예탁금 회원제 골프장의 병폐를 예방하기는커녕 오히려 1994년 체시법을 개정하면서 예탁금 회원제 골프장을 조장하는 취지의 규정을 신설했습니다.

체시법이나 지방세법, 특별소비세법 등 여러 법률이 회원제 골프장과 대중 골프장을 차별하는 것은 무엇보다도 일반 골퍼가 회원제 골프장과 대중 골프장을 차별해 인식하고 있는 게 주원인일 것입니다.

대부분의 골퍼는 대중 골프장은 질이 낮고 회원제 골프장은 수준이 높은 명문 골프장이라고 생각하는 경향이 있으나, 최근 세계 100대 골프장 가운데 세인트앤드루스의 올드 코스나 페블비치 같은 대중 골프장이 수위를 차지했다는 보도나 일본 굴지의 가와나 골프장도 대중 골프장인 점을 감안하면, 골퍼들의 이러한 일반적인 생각이 잘못된 것입니다.

3) 남의 돈으로 하는 사업

결국 회원제 골프장과 대중 골프장의 차이는 골프장의 질이 아니라 근본적으로 골프장 조성자금을 어떻게 조달 하느냐에서 기인합니다.

나아가 회원제 골프장의 사업계획승인에 관한 체시법이나 국토의 계획 및 이용에 관한 법률 등 관계법의 규정을 종합해 보면, 골프장 사업자가 사업계획 승인신청 당시 반드시 사업 부지를 소유하고 있어야만 하는 것은 아닙니다.

극단적으로 말하자면 회원제 골프장 사업자는 땅 한 평 갖고 있지 않은 채 회원모집이라는 수단을 빌려 오롯이 남의 돈으로 골프장사업을 할 수도 있는 것입니다.

자기 자본 한 푼 없이 시작하는 사업이 얼마나 많은 문제점을 안고 있을 것인지는 더 말할 나위가 없을 것이어서 너무도 막연하게 회원제 골프장과 대중 골프장을 구분해 차별하는 체시법 등 우리나라의 골프장 관계법은 하루빨리 시정될 필요가 있습니다.

12 친환경 골프장

세계의 많은 골프장들이 자연을 훼손시키지 않는 친환경 골프장의 형태로 매립지나 폐 채석장과 같은 버려진 땅에 조성해 플라스틱을 사용하지 않고 물의 소비를 줄이거나 재활용하며, 화학물질 사용을 줄이는 골프장으로 전환 중에 있습니다.

반면에 골프장 건설하며 무분별한 개발로 인한 산림훼손, 과다한 물의 사용으로 인한 수자원 고갈, 과다한 농약과 화학물질 사용으로 인한 토지 훼손 등도 발생될 수 있습니다.

산림이 없는 지역에 골프장이 조성되면 녹지가 만들어져 생태계의 복원 효과가 생기게 되며, 산업화로 인해 오염되거나 탄광과 같이 더 이상 산업적 가치가 없어 버려진 땅에 골프장을 신설하게 되면 토지의 재활용 및 지역 경제의 활성화를 도모할 수도 있게 됩니다.

폐 염전 불모지에 조성된 군산CC와 스카이72는 생태통로와 연못 등을 친환경 공법으로 조성해 각계 관심을 끌었고, 인천 드림파크CC는 아예 쓰레기 매립장 위에 골프장을 건설하면서 지역 혐오시설을 도처의 골퍼들이 찾는 명소로 탈바꿈 시켰습니다.

1) 문제는 비용

골프업계에서는 운영시점에서 지속 실천이 가능하고 친환경을 고려한 과제를 수행할 시점으로 인식해 볼 수도 있는데, 토양과 수자원의 보호, 탄소배출 저감 등의 주요 이슈를 해결할 가장 확실한 방법이나, 문제는 비용입니다.

일례로 농약사용은 각 지자체의 보건환경연구원을 통한 철저한 검증이 시행되고 있는 것과 별개로, 일부 골프장들은 이미 미생물제 농약을 대처하고 있으며 자체 수질정화시스템에도 상당수준의 투자를 실천하고 있습니다.

금액단위가 크지는 않지만 운영비를 줄여주는 친환경 경영도 있는바, 최근 양대 골프장협회 회원사들은 지난 10월부터 락커룸에 비치하던 비닐봉지(LAUNDRY BAG, 라운드리 백)를 더 이상 제공하지 않기로 했습니다.

당장은 골퍼들의 불편함이 예상되지만 협회는 연간 6,000만장 이상 사용되는 환경파괴 제품사용을 50% 이내로 줄어들 것으로 예측했는데, 이미 수개월 전부터 캠페인 활동을 벌여온 것으로 알려졌습니다.

또한, 대한민국은 골프장이 들어설 만하게 넓은 공터나 평지는 거의 남아 있지 않으며, 골프장을 건립하기 위해 필연적으로 미개발 지역인 산림을 훼손하게 돼 골프장이 들어서기 적합하지 않고, 잔디 관리를 위해 과도한 농약 등이 필요하며, 이러한 부분들이 환경 파괴로 이어집니다.

미국의 경우 옥수수 다음으로 큰 농장 산업이 잔디인데, 잔디의 병해·건조 피해를 알려주는 잔디예보시스템이나 그린·티·페어웨이 마다 잔디품질을 평가하는 시스템은 없습니다.

잔디상태 등을 점검하고 최적의 솔루션(해결방안)을 제공할 계획이라는데, 아무리 급해도 실을 바늘허리에 매 쓸 수는 없습니다.

코스 관리는 농부가 매일 잡초도 뽑고 잘 크고 있는지 지켜보면서 자식처럼 키워야 하듯이 코스도 똑같고, 기본적인 관리는 물론 전 직원이 코스에 애정을 갖고 매일 돌보아야 합니다.

잔디 켄터키블루그래스는 더위에 약하고 추위에는 강한 잔디라 하며, 겨울에는 잔디가 눈에 덮여 있어야 좋고, 눈에 덮여 있으면 보온·보습 효과가 있어 봄이 되면 파랗게 잔디가 올라올 수 있습니다.

골프장의 품격을 비롯해 잔디 생육의 건강성, 골프장의 비거리와 너비 정도 등이 포함되는 '외향적인 조건', 즉 골프를 하기 위해 방문한 골프장의 여러 가지 컨디션이나 코스 난이도 등을 일컬어 표현합니다.

과거 문광부의 개선 방안이 담고 있는 골프장의 환경관리 강화 내용은 ▲ 리사이클링 기술 및 무공해 천연농약 개발 지원 ▲ 무농약 사용운동 전개 ▲ 골프장 오염실태에 대한 「민관합동실태조사」 정기적 실시 ▲ 골프장 사업 승인 후 일정기간 착수 준공하지 않는 경우 사업승인 취소(현재는 그 기간이 6년이나 임의규정으로 실효성 없음) 등이었습니다.

골프장 정책 담당인 문광부 생활체육과 실무자들은 골프인구와 해외골프여행자수, 국부유출액 등 관련 통계수치를 자체 파악하거나 신뢰할 수 있는 통계학적 자료에 근거해 계산하기보다는, 별다른 검증 없이 골프장 사업자들의 이익단체인 한국골프장경영협회나 사설기관인 한국레저산업연구소에 의존하고 있다는 비판도 나옵니다.

2) 골프장 농약 사용

2021. 11. 30. 자 인천일보 사설에는 "골프장 농약 사용량 줄일 방안 세워야"를 냈습니다.

국내 골프장에서 농약을 지나치게 뿌려 각종 문제를 일으킨다는 지적은 꾸준히 제기돼 왔고, 골프장에 펼쳐진 잔디를 살리느라 농약 사용은 불가피하다는 주장은 차치하더라도, '농약이 인체에 미치는 악영향은 이루 말할 수 없다'며, 인천지역 골프장의 농약 사용량이 늘어나 근본적 대책을 세워야 할 것으로 보인다고 주장합니다.

환경부 토양지하수정보시스템을 보면, 2019년 인천지역 골프장 농약 총사용량은 실물량 2만 2,623㎏·성분량 7,330㎏으로, 2017년 총사용량(실물량 1만 9,424㎏·성분량 6,438㎏)에 비해 크게 증가했답니다.

2018년 농약 총사용량은 실물량 2만 1,201㎏·성분량 7,353㎏으로 집계됐는데, 몇 년 사이 계속 늘고 있음을 나타냈다며, 실물량은 시판되는 용기에 표기된 용량을, 성분량은 농약 유효 성분으로 환산한 양을 말합니다.

하지만 이는 얼마 전 인천시에서 발표한 골프장 농약 사용 조사 결과와는 대조적인바, 시 보건환경연구원은 올해 골프장 농약 사용량·잔류량 조사에서 고독성·사용금지 농약이 검출되지 않았다고 밝혔습니다.

토양 150건과 연못 수 57건을 검사한 결과이며, 물론 환경부와 인천시 조사에선 인체에 치명적인 고독성·사용금지 농약 검출에 대한 차이를 보입니다.

어떻게 골프장 잔디 보호를 위해 사용하는 농약이 이용자와 인근 주민 등에게 나쁜 영향을 미치지 않겠느냐 라며 농약 사용 자체에 '면죄부'를 안겨주지는 않는다고 주장합니다.

이 같은 악영향은 비단 인천만의 문제로 볼 수 없고 전국 곳곳에서 운영하는 골프장에서 겪는 일로 골프장마다 잔디를 유지·관리하기 위해 살충제와 제초제 등 다양한 농약을 뿌리지만, 골프장 농약 사용량과 횟수를 제한하는 법적 규제는 없는 형편이라고 주장합니다.

농약 안전 사용 기준은 농작물에 대해서만 적용되고, 식용이 아닌 골프장 잔디의 사용 횟수는 정해 놓지 않아서 토양과 수질 오염 등을 초래하는 골프장 농약 사용을 철저히 조사·관리하는 대책을 세워야 한다는 목소리도 많습니다.

3) 환경부 농약 사용 실태조사

2022년 3월 23일 환경부는 전국 골프장 541곳을 대상으로 2020년 기준 화학농약 사용 실태를 조사한 결과 '골프장 50곳은 화학물질로 된 농약을 사용하지 않았거나 적게 사용한 것으로 나타났다'고 밝혔습니다.

환경부 소속 국립환경과학원은 지방자치단체가 반기에 1회씩 관할 지역 골프장에서 2020년 농약 사용량과 토양·수질 잔류량을 조사해 보고한 내용을 검증했고, 이후 전문가 자문회의와 현장조사 등을 거쳐 '화학농약 사용 저감 우수 골프장' 50곳을 선정했습니다.

조사 결과 ▲경남 의령 친환경골프장 ▲제주 에코랜드CC ▲전남 에덴CC 등 3곳은 화학농약을 사용하지 않은 것으로 나타났고, 단위면적당 농약 사용량이 적은 45곳은 '화학농약 저사용 골프장'으로 선정됐습니다.

전남 나주CC, 충북 이븐데일CC, 전남 순천부영CC 등 3곳은 앞선 5년(2015~2019년)간 평균 사용량보다 많은 양을 감축해 '농약 감축 우수업체'로 뽑혔는데, 나주CC는 농약 사용량을 5년간 평균 16.46㎏/㏊에서 2020년 5.95㎏/㏊로 10.51㎏/㏊나 줄였고, 이븐데일CC는 화학농약 저사용 분야와 감축 우수 분야 중복 선정됐습니다.

이번에 선정된 골프장들은 지속적으로 현장 예찰을 통해 병·해충 발생 여부를 관찰했는데, 불가피하게 농약을 사용해야 할 경우에는 천연식물보호제나 유기농업 자재를 사용했고, 잡초는 직접 뽑기도 했습니다.

농약이 가장 많이 쓰이는 그린은 인조 잔디, 페어웨이는 병·해충에 강한 종을 각각 심었는데, '물환경보전법'에 따라 사용이 제한된 맹독성·고독성 농약을 사용한 골프장은 없는 것으로 조사됐습니다.

농약 잔류량 검사에서 사용이 금지된 농약이 검출된 곳도 없었고, 현재 '농약의 안전사용기준'에 따라 피프로닐, 디클로르보스, 포레이트, 디메토에이트, 에디펜포스, 포스티아제이트, 카바릴 등 7종은 사용이 금지됐습니다.

4) 선셋 파크 CC(?)

수도권매립지관리공사는 폐기물 매립이 완료된 인천시 서구 수도권매립지 제2매립장에 36홀 규모 골프장 조성을 추진하기로 했다고 4월 11일 밝혔는데, 지난 2000년 10월 운영을 시작한 378만㎡ 크기 제2매립장은 2018년 10월까지 폐기물 8천만t이 매립된 곳입니다.

매립지공사는 2026년까지 제2매립장에서 최종 복토 공사를 진행하면서 이곳에 농약을 사용하지 않는 생태형 골프장을 조성하기로 했고, 올해 공사의 추가경정

예산안에는 제2매립장 최종 복토 공사 실시설계비용 8억 3천 600만원이 편성됐습니다.

매립지공사는 인천시가 '2040 인천도시기본계획'과 '북부권 종합발전계획'에서 제2매립장을 생태공원과 스포츠 레크리에이션 단지로 검토하고 있는 점 등을 고려해 골프장 조성 계획을 마련했습니다.

제2매립장에 골프장 조성이 계획대로 추진되면 수도권매립지에서는 2개 골프장이 운영되고, 폐기물 매립이 종료된 수도권매립지 제1매립장 부지에서는 2013년부터 36홀 규모 '드림파크 CC'(Country Club)가 운영 중입니다.

드림파크 CC는 개장 후 9년간 입장료 1천 113억 원, 카트 대여료 221억 원 등 1천 402억 원의 수입을 거두고 1천 340억 원을 지출했는데, 지출 금액 중 12.7%(169억 원)는 주민 일자리 창출, 불우이웃 돕기, 주민체육시설 운영에 썼습니다.

매립지공사 관계자는 "제2매립장에서 보는 서해의 노을이 아름다워 골프장 이름은 '선셋 파크'로 부를 예정"이라고 했습니다.

2 골프 역사

2장 | 골프 역사

소련에서 골프는 야구, 승마, 요트와 함께 "인민의 신체적 단련과 건전한 여가활동을 방해하는 자본주의자들의 게으른 소일거리"로 지목된 대표적인 자본주의 스포츠였을 정도로 해외에서도 부자들의 스포츠란 인식이 강했습니다.

한국에서도 부자 스포츠라는 인식이 강했으나, 미국이나 유럽 등 평탄한 땅이 많은 곳에선 꽤 대중화된 스포츠로 웬만한 동네마다 골프장이 다 있으며, 짧은 골프채로 정원처럼 아기자기한 코스에서 하는 미니 골프는 온 가족도 즐깁니다.

골프의 원산지인 스코틀랜드를 비롯한 유럽은 서안 해양성 기후라 골프장을 지어도 환경에 큰 문제가 없어서 돈 없는 서민들도 골프치기 좋답니다.

최근 우리나라도 1990년대 후반 IMF 외환위기 당시 야구 박찬호와 함께 국민들에게 희망을 준 골프 박세리의 돌풍을 기점으로 골프(특히 여자골프)에 대한 관심이 높아지고, 그때부터 선수층도 두꺼워지며 2002년 스크린골프장도 나와 일반인들도 골프를 많이 치게 되었습니다.

고대 연원은 뚜렷한 계보가 없어 서로들 원조라고 주장하는데, 고대 로마인들이 즐겼던 깃털을 넣은 가죽 공을 끝이 둥근 자연목으로 쳐서 날려 보내는 '파가니카'라는 게임이 원조라고도 하고, 한나라 때 그려진 그림이 있는 책에 골프 비슷한 게 있어서 이쪽이 원조라고 주장하기도 합니다.

심지어 조선 시대에도 보행격구(步行擊球)라는 이름의 놀이가 있었으며, 세종대왕이 즐겨 했다고 합니다.

결국 '땅에 있는 공을 막대기로 쳐서 멀리 날리는 놀이'는 동서고금 흔한 것이다 보니 고대 연원을 따지는 건 좀 부질없어 보이고, 어쨌든 현대 골프의 이름과 규칙(룰)이 생긴 발상지는 15세기 스코틀랜드입니다.

1 골프의 기원

골프의 기원은 ① 네덜란드의 아이스하키와 비슷한 놀이가 스코틀랜드로 건너가서 골프로 변화되었다는 설(說)과 ② 스코틀랜드의 양치는 목동들이 지팡이로 돌을 쳐서 구멍에 넣던 것이 골프로 발전되었다는 설(說), 그리고 ③ 로마제국이 스코틀랜드를 정복하였을 때 군사들이 골프와 비슷한 놀이를 하던 것이 스코틀랜드에 남아 골프가 되었다는 설(說)들이 있습니다.

현재와 같은 골프 경기가 시작된 것은 15세기 중엽 스코틀랜드에서 비롯되었다 하고, 1575년 스코틀랜드의회는 '골프에 너무 열중하여 국방을 위한 활쏘기훈련을 소홀히 한다' 하여 골프 금지령까지 내렸으나, 점점 번성하여 왕후나 귀족들도 흥미를 가지고 골프를 즐기게 되었다는데 과정이 흥미롭습니다.

1) 골프 금지 포고령

1457년 3월 6일, 스코틀랜드의 왕 제임스 2세가 내린 골프 금지 포고령은 "지금 우리나라(스코틀랜드)는 잉글랜드의 침공 위협에 처해 있으므로 모든 남자들은 무술에 전념해야 함에도 불구하고 이를 태만히 하고 축구나 골프에 열을 올린다는 것은 심히 유감스러운 일이 아닐 수 없다. 따라서 왕명으로 이를 일체 금지시키는 바이다."였습니다.

1471년 5월 6일, 이어서 그의 아들 제임스 3세도 역시 국가방위를 이유로 금지령 내렸고. 왕명이 엄해도 이미 대중적으로 번져 있던 골프의 열기는 세월이 가고 탄압이 심해도 식을 줄 몰랐습니다.

1491년 5월 14일, 이어진 그의 아들인 제임스 4세는 더욱 가혹하고 엄한 골프 금지령을 내렸는바, "나의 왕국 어디에서든 축구나 골프, 기타 왕국의 공익과 방위에 해가 되고 반하는 쓸모없는 골프 같은 스포츠가 행해져서는 안 된다. 만약 이를 위반할 경우 당사자는 물론이고 그 토지를 제공한 자도 금고형이나 벌금형에 처한다."였습니다.

그런데 세 번째 골프 금지령을 내렸던 제임스 4세는 금지령을 내린 지 3년 후인 1502년 골프 금지령을 스스로 위반한 기록을 남겼고, 그해 9월 21일 궁정 회계부에 "왕이 궁사(弓師) 생 존스톤에게 골프클럽을 만들게 하고 그 대금으로 8실링을 지불케 했다"라는 기록이 남아 있습니다.

다음 해인 1503년 2월 3일자에는 "왕이 신하인 바즈웰 백작과 골프를 하고 내기에 져서 42실링을 지불하도록 한 후, 또 공을 만드는 대금으로 8실링을 지불했다"고 기록돼 있습니다.

뿐만 아니라 제임스 4세는 바즈웰 백작에게 번번이 져 화가 난 나머지 그 후 3년간 열심히 골프연습을 했고, 그 때문에 1505년 2월 22일에는 공 1다스의 대금으로 3실링, 1506년 7월 18일자에는 클럽 대금으로 2실링을 지불토록 한 기록도 남아 있습니다.

제임스 4세의 아들 제임스 5세 역시 열렬한 골프 애호가로 왕가로서는 처음으로 사설 골프장을 만들어 골프를 즐겼고, 그는 축구와 함께 골프를 국기로 정했을 뿐만 아니라 로열 스포츠로 격상시키는 데 앞장섰습니다.

제임스 5세의 딸 매리 공주는 제임스 5세에 이어 스코틀랜드의 여왕이 되었는데, 여왕이 되어서는 1567년 남편인 당리 경(卿)의 살인사건이 발생한 지 불과 며칠 되지 않아 장교와 함께 골프를 쳤고, 이 사건으로 교회와 충돌한 여왕은 끝내 교회의 분노를 누그러뜨리지 못하고 왕궁에서 쫓겨나 잉글랜드에서 오랜 유폐생활을 하다 형장의 이슬로 사라졌습니다.

1618년, 골프 때문에 형장의 이슬로 사라진 매리 여왕의 아들인 제임스 6세는 일요일 골프금지 조치에 국민들의 불평이 높아지자, "일요일 오후 교회의 예배가 끝난 후에는 골프를 쳐도 좋다"는 완화령까지도 내렸습니다.

2) 13개 항목의 골프 규칙 성문화

그 뒤 1754년 22명의 귀족들이 모여서 세인트앤드류스 골프클럽(Saint Andrews Golf Club)을 형성하였고, 1834년 윌리엄 4세가 세인트앤드류스 골프 클럽에 로열앤드에인션트 골프클럽(Royal and Ancient Golf Club)이라는 명칭을 붙여 줌으로써 이 기관은 영국 전역의 골프 클럽을 통합하게 되었는데, 여기에서 처음으로 13개 항목의 골프 규칙이 성문화되었습니다.

1860년 처음으로 전 영국 오픈 선수권대회가 프레스트 위크 코스에서 개최되었고, 19세기 후반부터 20세기 초에 걸쳐 골프는 영국에서만 성행했는데, 그 뒤 미국을 비롯한 유럽 각국과 일본, 한국 등지에도 보급되어 오늘에 이르고 있습니다.

특히, 미국의 경우 1888년 스코틀랜드 출신인 레이드가 뉴욕의 욘커스(Yonkers)에 처음으로 세인트앤드류스 골프클럽을 만든 뒤, 1894년 미국 골프협회가 설립되면서 1930년대에는 영국을 압도하는 우수한 선수들을 배출하게 되었습니다.

1857년 영국왕립골프협회(R&A)가 골프 경기의 한 라운드를 18홀로 규정한 이후 1900년 초까지 전 세계적으로 첫 번째 골프 붐이 일었고, 이때부터 18홀로 '라우팅(Routing, 연속된 홀의 흐름)'된 코스가 유럽 본토와 러시아, 호주, 북미 지역에 조성됐습니다.

특히 1910년부터 1930년대 후반까지를 '골프의 황금기'로 부르는데, 더내셔널 골프링크스, 페블비치, 파인밸리, 사이프러스포인트, 오거스타내셔널 등 불후의 골프 코스가 조성됐습니다.

위와 같이 1457년 스코틀랜드의 왕 제임스 2세는 골프를 법으로 금지시켰고, '골프금지법'은 제임스 3세와 제임스 4세까지 계속되다가 1500년경 폐기되어 다시 자유롭게 즐길 수 있게 되었다는데, 당시 그가 '골프의 재미를 인정하였다'는 추측이 가능합니다.

골프는 발상지인 스코틀랜드에서부터 국가적인 논란거리가 되었고, 수차례에 걸친 골프 금지령이 왕명으로 내려지기까지 했으나, 골프에 대한 대중의 열광적인 사랑을 차단하지는 못했고, 골프 금지령을 내린 왕마저 그 마력 앞에 무릎을 꿇게 한 골프는 '지상의 스포츠 중 가장 불가사의한 스포츠'라는 꼬리표를 달고 무서운 속도로 골프 애호가를 넓혀갔던 것입니다.

2 한국 골프 시작

한국에 골프가 전래된 것은 1897년 무렵으로 알려져 있고, 1880년 함경남도 원산항이 개항하면서 한국의 해관 관리로 고용된 영국인들이 해관 안 유목산 중턱에 6홀 규모의 간이 코스를 만들었다는 것입니다.

훗날 시가지를 확장하느라 외인촌을 철거할 때 다락방에서 클럽세트 등 골프 용구가 쏟아져 나왔으며 이후 그들이 골프를 즐겼다는 이야기가 입에서 입으로 전해졌고, 특히 이 골프클럽을 포장한 신문지가 1897년도 판이어서 국내에 골프가 도입된 시점이 그 이전임을 추정케 합니다.(다카히다, 1940년 발행 〈조선골프소사〉)

그 뒤 1919년 5월 효창공원에 미국인 댄트(Dant,H.E.)가 설계한 전장 2,300야드의 9홀 코스가 착공되어 1921년 6월 1일 개장했는데, 이 코스는 조선호텔 이용객을 위한 부속시설로 만들어져 처음엔 7홀만 사용됐으나 외국인 내장객만으로는 적자를 면하기 어렵자 법인체인 경성골프구락부를 조직하게 됩니다.

1921년 개장한 효창원 코스가 우리나라 최초의 골프 코스인바, 효창원 코스는 남만주철도주식회사의 한반도 내 철도를 위탁 경영하던 조선총독부의 조선철도국 직영 조선철도호텔의 부속 호텔로서 관광객 유치뿐 아니라 투숙객 서비스 제공을 위한 목적으로 개발되었습니다.

국유지인 효창원 인근 약 5만 8,000평을 임대해 골프장을 건설하고 조선철도국이 관리하는 구조였으며, 현재 부동산 개발 방식에 비춰보면 '국유지 임대형 공공개발 사업' 형식이라 할 수 있습니다.

한국 최초의 골프 코스는 소나무 숲속의 '회원제 파크랜드 코스'였는데, 등고선이 정확하지 않고 요즘처럼 주요 지점별 계획 레벨을 표시하지 않아 전반적인 홀 경사를 파악하기는 어렵고, 골프 코스의 타구 안전성 확보는 설계의 가장 우선적인 고려 사항인 것 같습니다.

1918년 5월 골프장 설립 허가 후, 공사는 1919년 9월에 착공하고 공사비는 6,000엔이었다(강인구, 2020)는데, 1919년 5월 13일 설계자 댄트의 환영연이 열릴 자리에서 설계안을 발표했고, 철도국 공무과에서 공사를 감독했으며, 1921년 6월 1일 준공했습니다(손환, 〈한국 골프의 탄생〉).

경성골프구락부는 효창원코스가 공원으로 편입되며 폐장되자 청량리 골프코스를 개장했고(1924년), 이 코스가 폐장되자 다시 군자리 골프코스(1930년)를 개장합니다.

이 무렵 서울뿐 아니라 지방에서도 골프코스가 만들어졌고, 1923년 대구 골프코스가 9홀 규모로 개장했으며, 1928년 평양 골프코스, 1929년 원산 송도원 골프코스, 1932년 부산 골프코스가 각각 9홀로 개장했다가 모두 제2차 세계대전 와중에 폐장했습니다.

군자리 골프코스 역시 제2차 세계대전으로 폐장됐다가 이승만 대통령의 지시에 의해 1950년 5월 복원됐지만, 불과 한 달 만에 6·25전쟁이 발발해 다시 폐장됐습니다.

휴전 후 군자리 골프코스 복원이 재개됐고, 1953년 사단법인 서울컨트리구락부가 창설되면서 1954년 18홀(파72)의 국제규모를 자랑하는 골프코스로 개장했습니다.

서울컨트리구락부는 1972년 군자리 골프코스를 어린이대공원 자리로 내주면서 고양시에 있는 36홀의 한양골프장 주식을 인수해 이전했고, 지방 코스로는 1956년 부산해운대에 부산컨트리클럽이 개장했으며, 부산컨트리클럽은 2,610야드 9홀 규모였으나 1971년 7월 동래구 노포동에 18홀 6,402야드 규모로 재조성됐습니다.

1960년 비약적인 경제발전에 힘입어 골프인구가 증가하자 민간자본으로서는 국내 처음으로 1964년 9월 한양컨트리클럽이 문을 열었으며, 이어서 1965년 제주컨트리클럽이 개장했고, 1966년 태릉과 뉴코리아, 1967년 관악, 1968년 안양컨트리클럽이 개장했습니다.

1970년대에 들어서서는 용인과 인천국제가 개장했고, 1971년에 부산과 동래, 남서울이 개장하는 등 1970년대 말에 모두 22곳의 골프장이 문을 열었습니다.

1980년 프라자를 비롯해 1989년 개장한 중문 등 10년간 모두 20곳의 골프장이 건설되면서 한국의 골프장은 1989년 말 42곳으로 증가했습니다.

우리나라 골프가 본궤도에 오르기 시작한 것은 영친왕(李垠)이 골프장 대지로 군자리(성동구 능동, 현 어린이대공원) 땅을 무상으로 대여해 주고, 경기장 건설비로 2만 원을 하사하여 만든 전장 6,500야드의 18홀 서울컨트리클럽이 1929년 개장되면서부터입니다.

일반인에게 골프가 보급된 것은 1924년 경성골프구락부가 결성되면서부터인데, 이때 골프를 가르칠 지도자가 없어 1933년 일본에서 진청수(陳淸水)·나카무라(中村兼吉) 등을 서울에 초청하여 경기 지도도 받고 시범경기도 하였으며, 그 때 우리나라 사람으로는 박용균(朴容均)·장병량(張秉良) 등 약 50여 명의 골퍼가 있었습니다.

그 뒤 1937년 조선골프연맹이 결성되었고 1941년 우리나라 사람으로는 처음으로 연덕춘(延德春)이 일본 오픈대회에서 26세의 나이로 우승하였고, 그 뒤 광복 및 6·25전쟁으로 침체되었던 골프는 1953년 서울컨트리클럽이 재건되면서 본격적으로 보급되어, 1986년 서울아시안게임에서 정식 종목으로 채택되었습니다.

한편, 외환보유고가 바닥나고 산더미 같은 외채를 안은 경제적인 약자였던 한국은 세계 최강국 미국이 주도하는 국제통화기금(IMF)의 구조조정에 일방적으로 끌려갈 수밖에 없었던 금융위기로 온 국민이 생존을 걱정하며 한 치 앞을 내다보기 어려운 시절 모든 게 암울했습니다.

야구의 박찬호와 골프의 박세리가 미국에서 기적 같은 승전보를 전해주며 나락으로 떨어진 국민들의 기를 살려주고 재생의 원동력이 돼 난파 위기에 희망의 방향타를 다시 잡게 해준 것은 스포츠였습니다.

지난 1998년 미국여자프로골프(LPGA)투어 메이저대회인 US여자오픈 연장전에서 박세리가 맨발로 물에 들어가 샷을 하고 끝내 대망의 우승을 차지한 것은 한국 스포츠 사에 길이 남을 명장면이었고, 박세리의 우승은 국민들에게 삶의 기쁨과 열정을 선사했습니다.

미국을 위시한 강대국의 '머니게임'에 끌려가던 당시 한국의 상황에서 박세리의 우승은 건국 이래 국민들에게 가장 큰 영향을 미쳤습니다.

금융위기 여파로 부도나 실직을 당한 국민 대다수들은 박세리의 쾌거를 보고 '할 수 있다'는 자신감을 갖게 됐으며 훗날 US오픈을 석권한 박인비, 최나연, 유소연 등 이른바 '박세리 키드'는 그의 영향을 받아 골프에 입문하게 됐습니다.

박세리는 골프를 통해 한국의 위기를 탈출케 한 '잔다르크'였으며, 세계 최강국으로 성장한 한국골프의 전설이 됐고, 박세리가 차지하고 있는 시대적, 사회적, 스포츠 적 의미를 높이 평가한 정부는 애국가 영상에 박세리의 US오픈 경기 장면을 집어넣기도 했습니다.

US오픈 우승을 통해 세계적인 선수로 성장한 박세리가 18년 동안 미 골프무대에서 25승을 올리며 2007년 한국선수로는 처음으로 LPGA 명예의 전당에 가입하는 등 많은 영감을 주었고 최고의 선수였던 그였지만 최근 올해 US오픈 2라운드 경기를 마치고 오랫동안 참았던 눈물을 흘렸습니다.

3 한국인 1호 프로골퍼 연덕춘

불모지나 다름없던 한국 남자골프는 일제의 압제하였던 지난 1941년 국내 1호 프로골퍼 연덕춘(1916~2004) 선수가 일본 PGA선수권에서 우승하며 태동을 알렸고, 최경주로 꽃을 피웠으며 양용은의 메이저 제패로 찬란한 금자탑을 쌓아 올렸습니다.

1941년 5월 10일 일본 호소가와 골프장. 일본프로골프 투어 메이저대회 마지막 날 챔피언조로 출발한 25살의 연덕춘 선수가 18번 홀에서 마지막 퍼팅을 마치고, 4라운드 합계 2오버파 290타로, 2위와는 3타 차이였습니다.

일제의 창씨개명에 따라 '노부하라'라는 이름으로 출전한 것으로 알려져 있지만, 당시 지켜본 문 씨는 "그는 창씨개명을 하지 않았다"고 전했고, 어떤 이름으로 출전했던 한국인이라는 사실은 당시에도 널리 퍼져 있어서 그의 우승은 일본에서도 연일 화제가 됐습니다.

1) 연덕춘은 '골프계의 손기정'

특히, 불과 5년 전에는 손기정(1912~2002)이 베를린올림픽 마라톤에서 금메달을 목에 건 때였고, 한국 프로골퍼 1호 연덕춘은 '골프계의 손기정'이었으니, 연덕춘 탄생 100년 맞은 2016년에 한국 골프를 되새겨 봅니다.

연덕춘은 16살인 1932년 자신보다 나이가 많은 조카가 서울 군자리 골프코스(서울 성동구 어린이대공원 자리)에서 캐디 마스터(대표 캐디)를 하고 있었는데, 조카로부터 캐디 마스터실 보조역을 제안 받고 골프와 연을 맺습니다.

그는 1934년 골프를 배우러 일본 유학길에 올랐고, 그 해 12월 도쿄 가나가와현에 위치한 후지사와골프클럽에서 본격적으로 수업을 받게 되었던바, 1956년부터 1965년까지 한국 프로골퍼 1호 연덕춘의 레슨을 받은 한장상 선수는 이후 31년 만인 1972년 일본 오픈에서 우승을 거머쥐었습니다.

한국프로골프협회(KPGA) 제6대 회장(현 고문) 한장상(82)은 한국 선수 최초로 '명인열전' 마스터스에 출전한 '전설'이며, 한국 오픈(1964~1967년)과 KPGA 선수권(1968~1971년)에서 각각 기록한 4연패는 지금도 깨지지 않고, 한 선수는 1972년 일본오픈에서 우승 뒤 이듬해인 1973년 한국인으로는 처음으로 마스터스 대회에 출전했습니다.

한 선수는 국내 무대에서 19승을 했는데 그가 주로 활동하던 시기에 연간 대회 수는 고작 2개였으니 대단한 업적이 아닐 수 없고, 1976년에서야 연간 대회가 3개로 늘었는데 호적으로는 1940년생이지만 실제로는 1938년에 태어났습니다.

연덕춘의 한국 골프 'DNA'는 이후 최경주 선수와 함께 세계무대 진출이 본격화하는 데에도 심어졌고, 1999년 PGA 투어에 도전했다가 높은 벽을 실감했으나 최경주 선수는 17년이 지난 지금까지도 미국 무대에서 활약 중입니다.

호적보다 2년 앞선 1968년생이라는 최경주(52)는 완도에서 고1 때 골프에 발을 디뎠고, 한국 선수 최초로 미국프로골프(PGA) 투어에 진출해 아시아 선수 최다승(통산 8승)을 쌓았습니다.

최 선수는 2002년 컴팩 클래식에서 우승을 시작으로 2011년에는 제5의 메이저 대회라 불리는 PGA 플레이어스 챔피언십에 이르기까지 통산 8승을 올렸습니다.

최경주의 뒤를 이은 양용은 선수는 2009년 메이저 대회인 PGA챔피언십에서 아시안 최초로 우승을 차지하기도 했고, 여기에 배상문(30)과 노승열(25)도 각각 2승과 1승을 기록하는 등 PGA투어에서 통산 13승을 올렸고, 김민휘(24), 김시우(21), 강성훈(29) 등도 우승에 도전합니다.

일본에서는 김경태(30) 혼자서만 통산 10승을 올렸고, 배상문과 황중곤(24) 등도 우승컵을 들어 올렸는데, 연덕춘이 처음 우승한 일본 오픈은 1972년 한장상 선수에 이어 2010년 김경태, 2011년 배상문이 우승하며 대를 잇고 있습니다.

미국여자프로골프(LPGA)에서는 1988년 구옥희의 스탠더드레지스터 대회 우승을 시작으로 한국 선수들이 우승을 휩쓸고 있습니다.

한국 남자골프의 메이저 도전사는 1973년으로 거슬러 올라가지만 초창기 성과는 미미했는데, 당시 한장상 한국프로골프협회(KPGA) 고문과 김승학 전 KPGA 회장이 각각 마스터스와 브리티시오픈에 출전해 컷오프 됐습니다.

미국 PGA투어 개척자로 나선 최경주 선수가 1998년 PGA챔피언십에 첫 출전해 공동 29위에 오르면서 본격적인 도전이 시작된 후로도 여전히 벽은 높았지만, 최 선수는 PGA투어 통산 7승을 거두며 신기원을 이뤘으나 메이저 최고 성적은 2004년 마스터스 단독 3위였습니다.

2) 1998년 US여자오픈 때 '맨발 샷'을 한 박세리

1992년 9월. 국내 프로골프대회 사상 처음으로 중학생 선수가 쟁쟁한 프로 선수들을 제치고 우승컵을 들어 올린 한국 골프계에 커다란 '사건'이 일어났는데, 주인공인 '골프여왕' 박세리(36·KDB금융)로 훗날 한국 골프, 아니 세계 여자프로골프를 뒤흔든 '전설'이 됐습니다.

박세리 선수는 미국 진출 후 첫 우승을 한 맥도널드 LPGA 챔피언십에서 양말을 벗고 연못에 들어가 공을 쳐 냈던 마지막 18번 홀로 유명하며, 당시 전 패널티로 1점을 잃는 상황이었고, 치기 어려운 연못가 밑에서의 그 샷은 국민들도 잊을 수 없이 환란도 극복했습니다.

중요한 상황이다 보니 도전 정신으로 해보자 했으며, 실제로 당시 박세리 선수의 경기가 IMF로 힘들었던 국민들에게 큰 위로를 주었고, '상록수' 음악이 깔린 이 장면의 공익 광고도 만들어져 모두 감동했습니다.

1998년 US여자오픈 때 '맨발 샷'을 한 박세리는 '미국여자프로골프(LPGA) 무대 개척자', '한국 여자골프계 맏언니' 등 수많은 수식어를 달고 있는데, 박세리의 맨발 샷은 그녀의 인생뿐만 아니라 오늘 한국 골프가 있게 한 계기입니다.

그 '맨발 샷'으로 수많은 '세리 키즈'가 탄생해 그들은 박세리 뒤를 이어 전 세계 골프장을 휩쓸고 있고, 116년 만에 올림픽에서 골프 종목이 부활했고, 박세리는 2016년 은퇴를 함과 동시에 올림픽 감독이 됐습니다.

1999년 10월 골프를 치지 않았던 김대중 대통령이 "골프는 특권층의 스포츠가 아니며 국민 누구나 즐길 수 있어야 한다." 는 골프 대중화를 선언했습니다.

그는 야당 시절부터 '골프장을 없애 논밭을 만들자'는 언동을 한 바 있고, IMF 사태 이후 취임을 한 그인지라 '사치 스포츠 추방' 등의 명분으로 골프를 탄압할 수도 있었지만, 취임 이후 공무원 골프 금지령도 해지시켰습니다.

지난 2000년 1월부터 정부는 골프 대중화를 촉진하고자 일반 골퍼의 그린피 부담을 덜어주기 위해서 대중(퍼블릭) 골프장에게 개별소비세 면제와 재산세 등 각종 세금 감면 혜택도 주어왔습니다.

또한, 효창원 개장 후 100년이 흘렀고, 한국의 골프장 수는 500여개로 늘었으며 한국은 전 세계에서 가장 골프를 좋아하는 국민이라 할 만하고, 인구 대비 골퍼가 가장 많고 한국 여자 프로 골퍼는 세계 랭킹 100위 중 32명을 점유하고 있습니다.

여성 캐디, OB 특설 티, 욕탕 등은 골프 종주국인 영국엔 없는 문화로 일본의 영향을 받았는바, 전통주의자들이 생각하는 골프의 의미와 에티켓을 기반으로 한국 특유의 골프 문화도 만들 때가 됐습니다.

한국은 스크린골프를 창조했으며 국내 자본이 타이틀리스트, 테일러메이드 등 메이저 용품사의 주인이 됐고, 최근엔 IT 기업들이 골프에 관심을 가지고 있습니다.

미국여자프로골프(LPGA) 투어와 일본여자프로골프(JLPGA) 투어는 이미 한류 골프 스타들이 그 중심에 서있는바, 박세리, 김미현, 박지은을 시작으로 고진영, 박인비, 김세영으로 이어지는 수많은 한류 여성 골프 스타들의 활약은 이제 대한민국을 상징합니다.

4 우리나라 골프 역사

1) 1966년 한국골프협회(대한골프협회 전신) 창립

우리나라 골프 역사는 연덕춘(1916~2004)으로부터 시작하고, 한국 최초의 프로골퍼인 연덕춘은 1934년 일본으로 건너가서 1935년 2월 일본 관동프로골프협회에서 프로자격증을 획득했으며, 1941년 5월 '일본오픈골프선수권대회'에 참가하여 우승을 하였습니다.

1953년 서울컨트리구락부 창설과 1954년 서울컨트리구락부 코스 개장 그리고 1954년 대통령배 한국아마추어골프선수권대회, 1958년 제1회 한국프로골프선수권대회로 이어졌습니다.

1965년 한국골프협회 정식 설립해 1965년 아시아태평양골프연맹(A-PGC) 가입하고 1968년 한국프로골프협회를 창립하여 1968년 세계아마추어골프연맹(WAGC)에도 가입했으며, 1969년 한국대학생골프회가 발족했고, 1969년 경희대학교에 최초 대학 골프부 창설과 1969년 이화여자대학교에서 최초 여자대학 골프부가 창설되었습니다.

1966년 5월 30일 '대한골프협회'의 전신인 '한국골프협회'가 창립된 이후 프로골프회는 '프로골퍼의 독자적인 기구'의 필요성을 인식하였고, 1968년 11월 12일 '한국프로골프협회'도 창립되었습니다.

프로골프대회의 시초는 1958년 6월 개최된 '한국프로골프선수권대회'로 서울컨트리클럽에서 3명의 프로선수와 함께 프로지망생 14명이 참가하여 4일간 진행되었고, 이 대회의 우승자는 연덕춘으로 기록되었습니다.

1970년 군자리 골프 코스 폐쇄 결정과 1974년 한국골프장업협회가 창설되었는데, 한국프로골프협회 주관으로 1978년 두 차례에 걸쳐 8명의 프로골퍼가 탄생하였고, 같은 해 9월 20일 한양컨트리클럽에서 최초의 여자프로골프선수권대회인 'KLPGA선수권대회'가 개최되었습니다.

1980년 한국여성아마추어골프협회 발족, 1982년 골프장 회원권 기준시가가 공포되었고, 1982년에 구옥희·강춘자·배성순·안종현·한명현 등이 일본프로대회에 진출했으며, 1984년 구옥희가 최초로 일본프로대회에서 우승을 시작으로 지금까지 JLPGA통산 23승이라는 대기록을 달성하였습니다.

2) 1986년 서울아시안게임 정식 종목 채택

1984년 대학골프연맹 창립, 1986년 대한골프협회 대한체육회 정회원 가입, 1986년 '서울 아시안게임' 남자 단체전 금메달도 수상했는바, 1980년대는 동해오픈골프선수권대회, 매경오픈대회가 신설되었고, 프로골퍼 왕중왕을 가리는 챔피언 시리즈와 시니어 골프대회도 창설되었습니다.

또한 프로골퍼의 세대교체가 이루어진 시기로 1977년에 프로에 입문한 최상호는 1978년 여주오픈에서 첫 우승을 시작으로 1996년 영남오픈 우승까지 42승을 기록하며 독주체제를 구축하였고 한국 프로골프의 '간판스타'로 명성을 날렸습니다.

2005년에는 9년 만에 매경오픈에서 우승하며 생애 43승의 대업을 달성하였고, 현재까지도 정규투어와 시니어투어에 출전하면서 승수를 쌓아가고 있습니다.

한편 1990년대는 한국여자골프의 성장기라고 할 수 있는데, 1990년 '북경아시안게임' 여자 개인 단체전 금매달, 1994년 골프장 이용요금 자율화, 1996년 17회 세계아마추어골프 선수권 대회 여자팀 우승도 했습니다.

이 시기 한국여자프로골프협회에서는 한국여자프로골프 투어 중 하나인 삼성월드챔피언십을 1995년 파라다이스 골프클럽에서 최초로 개최하였습니다.

1998년 박세리는 LPGA 프로데뷔 첫해에 메이저대회인 '맥도널드 챔피언십(McDonald's Championship)'에서의 우승을 시작으로, 최고의 권위 있는 대회인 'US여자오픈(U.S. Women's Open)'에서 20홀 연장이라는 기록적인 승부를 통하여 우승함으로써 IMF 시기 우리 국민들에게 큰 기쁨과 희망을 안겨주었습니다.

또한 1998년 외국인 골프장 투자 허용, 1999년 골프장 취득세 인하(회원제 신설 15%〉10%/운영 중, 대중제 : 15%〉2%), 1999년 최경주가 한국인 최초 PGA 투어 자격에 통과했는데, 1999년에는 한국과 일본의 스포츠교류 및 우호증진을 목적으로 한·일 여자프로골프 국가대항전이 신설됐고, 제주도 핀크스 골프클럽에서 첫 대회가 열린 이후 2010년 까지도 꾸준히 이어지고 있습니다.

한편 2000년대 초반은 많은 선수들이 일본 및 미국 무대로 활동무대를 넓히면서 선수들의 해외진출이 본격화된 시기였고, 김종덕·강욱순·최경주·허석호 등 많은 선수들이 아시안투어와 일본투어에서 좋은 성적을 거두었습니다.

특히 최경주는 2002년 미국 PGA 투어 컴팩클래식(Compaq Classic)에서 우승하면서 전 세계에 한국 프로골퍼의 우수성을 알렸고, 대한민국 골프의 가능성을 세계무대에 보여주었습니다.

연덕춘이 프로골프에 입문한 이후, 1968년 12명의 창립회원으로 시작한 한국 프로골프는 40년 동안 꾸준히 성장하여 현재 정회원 952명, 준회원 3,829명, 티칭회원 550명의 프로골퍼들이 활동하고 있습니다.

한편 한국여자프로골프도 현재 정회원 745명, 준회원 678명, 티칭회원 95명으로 구성되어 있으며, 그 수는 지속적으로 증가하고 있습니다.

한국여자골프계의 '살아있는 전설'인 구옥희는 국내대회 20승, 해외대회 24승의 위업을 달성하며, 2004년 설립된 'KLPGA 명예의 전당'에 헌액된 1호 선수로 입회하는 영예를 안았습니다.

2007년 박세리는 미국 LPGA 25승을 이루며 최연소, 최초의 아시아인으로 '미국 LPGA 명예의 전당'에 입성하는 동시에 'KLPGA 명예의 전당'에도 헌액되었습니다.

현재, 최나연·지은희·박인비 등 이른바 '세리 키즈(Seri Kids)'로 불리는 많은 선수들이 미국과 일본에서 두각을 나타내고 있으며, 특히 신지애는 2009년 LPGA 신인왕·상금왕·다승왕을 석권했습니다.

2010년 5월 세계랭킹 1위에 등극했는데, 지금까지 한국의 여자프로골퍼들은 통산 LPGA 87승, JLPGA 100승의 큰 성과를 거두고 있습니다.

남자 프로골프에 있어서 최경주는 PGA 7승, EPGA 1승을 거두면서 한국을 대표하는 세계적인 선수로 자리매김하였고, 양용은은 2009년 8월 17일 PGA 챔피언십에서 타이거 우즈를 꺾고 우승하면서 아시아인 최초로 메이저 타이틀을 획득했습니다.

한국프로골프는 SBS 코리안투어의 시작으로 대회 수와 상금 규모가 증가하였고, 미국프로골프 투어, 유럽프로골프 투어, 일본프로골프 투어에 이어 세계 4대 투어의 기틀을 마련하는 비약적인 발전을 이루었습니다.

선수의 경기력 향상과 유망주 발굴을 목적으로 2부 투어와 3부 투어가 창설되어 플레잉 프로와 세미프로, 티칭프로들이 폭넓게 활동하고 있습니다.

1997년 10월 제1회 '한국시니어프로골프선수권대회'가 개최된 이후 현재까지 1년에 10개 이상의 시니어 투어가 열리고 있으며, 또한 '한국 프로골프의 세계화'를 위해 「해외 Q스쿨제도」를 도입하였고, 해외공동주관대회를 활발히 개최하고 있습니다.

※ 이제까지는 "한국프로골프협회 연혁". 한국프로골프협회. 그리고 이지연(JTBC골프, 2018. 12. 31.)의 "[KPGA의 어제] 공식 대회의 시작과 협회의 창설"을 요약해 소개해 드렸고, 강인구(2021. 10. 25. 오마이뉴스)의 "한국 최초의 골프 전문잡지는?"도 소개합니다.

한국골프장경영협회(KGBA)가 2020년 기준으로 집계한 국내 골프장은 494개, 회원제 골프장이 169개, 대중제가 325개나 됩니다. 한국 골프 시장의 규모는 연 13조 원을 넘어섰고, 골프 산업도 골프용품, 골프장 운영, 시설관리, 방송 및 중계, 홍보 마케팅, 회원권 분양 및 연단체 전문기업, 골프 예능 등 다변화하고 있습니다.

한국 내 골프인구는 이미 500만 명을 넘어섰고, 골프장 회원권은 사고파는 데 1억 원 이상을 호가하며, 골프 패션산업 시장만도 연 5~6조 원대로 급성장하고 있는데, 특히 한국 골프계의 저변확대에 한몫하고 있는 골프 전문잡지의 성장도 괄목할 만합니다.

현재 출간되고 있는 골프 월간지는 〈골프다이제스트〉 〈골프먼스리〉 〈골프매거진코리아〉 〈골프앤이코노미〉 〈골프저널〉 〈골프포위민〉 〈골프헤럴드〉 〈월간골프〉 〈탑골프〉 〈jtbc 골프매거진〉 등 10여 종이 넘습니다.

골프 대중화에 '약방의 감초' 역할을 해온 골프 전문잡지에 눈을 돌리면, 1973년 처음으로 출간된 〈한국골프총람〉에서도 한국 골프계 미디어의 효시를 1968년 3월에 창간된 월간지 〈코리아 골프 다이제스트〉라고 기록합니다.

1969. 4. 11. 자 〈동아일보〉는 "1960년대 말 당시 정부에 등록된 월간, 격월간, 계간지는 130여 종에 불과했고, '한국잡지협회' 추산으로 이들 잡지의 총 발행부수는 100만 부를 넘을 정도였다"고 합니다.

1967. 10. 17. 자 〈조선일보〉는 "개척기 국내 골프장 현황은 수도권에 서울cc, 한양cc, 뉴코리아cc, 태릉cc, 관악cc, 안양cc 그리고 부산과 제주도에 각각 1곳씩 문을 연 형편이었고, 전국에 다해봐야 골프장 8개가 전부였는데, 당시 골프장 등록회원이 4천여 명이었고, 비회원 골퍼들까지 합치면 약 7~8천여 명에 이르렀다"고 합니다.

골프 전문잡지 〈시사골프〉는 1979년 6월호로 통권 100호를 기록했는데, 그 이후부터 잡지명을 〈월간골프〉로 바꿔 현재 'since 1970 월간골프'로 지금도 이어오고 있어서 현존하는 가장 오래된 골프 전문잡지라 할만 합니다.

'시사통신사'는 전두환 독재정부 때 언론기관 통폐합조치에 따라 해체되어 새로 설립된 '연합통신사'(현 연합뉴스)에 흡수됐습니다.

※ 다음 글은 1989년 잡지 〈골프저널〉 등이 탄생하면서 이후 연도별로 소개된 글을 참조하여 소개합니다.

1989년 신설 골프장의 퍼블릭 코스 병설 의무화가 논의되기 시작했고, 1989년 8월 '한국 골프의 올바른 발전과 골프 대중화를 선도한다.'는 이념으로 골프계의 저널리즘을 내세우며 〈골프저널〉 잡지도 탄생했습니다.

골프 대중화를 제도적으로 정착시키기 위한 대안으로 채택된 것이었는데, 1989년 체육시설 설치 및 이용에 대한 법률 개정안에서 '퍼블릭 코스의 이용도 도착순이 아니라 예약제로 전환한다.'고 하여 비판을 받았습니다.

당시 퍼블릭(대중제) 골프장들은 도착순 운영규정이 있는데도 주말에는 예약제로 운영하면서 회원제 골프장들이 안고 있는 부킹 부조리를 똑같이 드러냈기 때문에, 예약제가 아예 명문화되면 더 많은 폐단이 발생하지 않을까 하는 우려에서였습니다.

1990년대만 해도 회원제 골프장을 지으면서 의무사항으로 대중제(퍼블릭) 골프장을 지어야 했는데, 퍼블릭이 회원제에 비해 세금 혜택을 누리게 되면서 아이러니하게도 2017~2020년 사이에는 40~50여 곳의 회원제를 대중제로 전환하는 현상이 나타나기도 했습니다.

3) 골프계 스포츠 마케팅 전개

1990년을 국내 골프계 스포츠 마케팅의 첫 시작이라고도 볼 수 있는데, 대기업의 골프용품 사업 참여가 두드러지면서 골프계에 전속 계약 붐이 일어나기 시작했고, 본격 프로골프화의 시대가 도래 했습니다.

골프 인구가 늘어남에 따라 기업 이미지 제고와 선전 효과의 일거양득을 노린 각 메이커의 프로골퍼 전속 계약이 활성화됐고, 당시 계약금액은 평균적으로 약 1천 5백만 원 선이었습니다.

1991년, 일제 골프클럽 수입금지 조치 : 2021년 현재에 비해 오히려 국산 클럽 점유율이 높은 것이 이례적으로 느껴지는데, 1991년 3월 국내 아마추어 골퍼들을 대상으로 한 골프용품 사용에 대한 설문(앙케이트) 결과를 보면 당시 유행했던 골프채의 흐름을 알 수 있습니다.

조사결과 우드는 테일러메이드가 24%, 혼마가 19%, 국산이 9%로 나타났으며, 아이언은 핑이 27%, 벤호건이 17%, 국산 제품이 6%의 점유율을 나타냈고, 퍼터는 핑이 82%로 최고의 인기를 보였습니다.

골프용품 업계의 가장 큰 사건은 5.13 일제 클럽 수입금지 조치로 당시 국내 골프용품 시장은 일본 브랜드 제품이 70%를 상회할 정도였던 상황이라 그 파장은 엄청났고, 내용은 원산지가 일본인 것과 선적지가 일본이면 일체의 물품이 수입규제 된다는 것이었으나, 이러한 조치도 일본 골프채의 국내 진출을 막지는 못했으며, 대만을 통한 우회적인 수입으로 여전히 국내에 소개됐습니다.

1992년, 90년대 초중반 골프계 황제 최상호 : 1992년 골프계를 천하 통일한 인물은 '최상호의 독주를 중단시킬 골퍼가 나올까' 하는 의문이 생길 정도로 그는 그야말로 국내 골프계의 황제로 군림했었습니다.

최상호는 1996년까지 단연 국내 골프계 1인자로 불렸지만, 1996년부터는 최경주, 박노석 등 신진 세력에게 다소 밀리기 시작했으나 1990대 후반에도 여전히 상위권을 유지했고, 그는 1978년 여주오픈에서 첫 승을 한 뒤 2005년 KT&G 매경오픈까지 총 43승을 거두며 역대 KPGA 코리안 투어 최다 우승 기록을 보유하고 있습니다.

1990년대 국내 골프계 황제로 군림했던 최상호의 현재는 국내 시니어 프로골프 투어인 챔피언스 투어에서 활동하며 후배들의 귀감이 되고 있습니다.

KPGA 챔피언스투어의 만 50세 이상이 참가하는 시니어 부문에서 15승, 만 60세 이상이 출전하는 그랜드 시니어 부문에서는 11승을 작성하며 총 69개의 공식 대회 우승 트로피를 수집했고, 통산 70승에 1승만을 남겨두고 있습니다.

1993년, 공무원 골프 금지령 : 김영삼 대통령이 골프 중단을 선언하고 공직자 사정 한파가 계속되면서 골프가 도마 위에 올랐고, 골프 회원권 매물이 쏟아지고 공매처분의 위험에 처한 골프장이 생겨났습니다.

당연히 골프장들 또한 울상이었고, '공직자 청탁성 부킹 압력, 각종 사치, 퇴폐풍조'를 몰아내고 건전 체육장으로의 정착을 시도할 좋은 기회라는 평가도 있었으나, '공무원 골프와 일반인 골프를 차별화하는 것은 사리에 맞지 않는다.'는 비판 또한, 그에 못지않았습니다.

공직자 사정 한파로 골프장 출입이 자제된 이후 찾아온 또 하나의 시련은 금융실명제 실시 여파로 골프용품 업계는 유례없는 불황을 맞이하기도 했습니다.

1994년, 외제 밀수 골프채 저가 신고 파동 : 5월 말에서 6월 초순까지 골프계를 떠들썩하게 만들었던 사건은 외제 밀수 골프채 저가 신고 파동이었는데, 실제로는 60만 달러에 달하는 수입채의 총 가격을 2~3만 달러로 신고하는, 골프채 수입에 붙는 높은 세율의 관세, 특별소비세를 피하기 위한 불법 골프채 수입상들의 비정상적 유통은 '세관원과 유착된 것이 아니냐.'는 의혹을 불러일으키기도 했습니다.

이외에도 1990년대만 해도 골프채 밀수 관련 기사가 걸핏하면 신문을 장식했는데, 2021년에 이르러서는 과거와 비교해 골프채 불법 유통은 크게 줄어든 양상을 띠고 있고, 또한 1994년에 골프장 이용요금 자율화도 실시됐습니다.

1995년, 골프채 특소세 대폭 인하 : 1995년 1월 1일 자로 제1종 사치품목으로 분류되어 60%라는 거대한 세금이 붙었던 골프채 특소세가 25%로 대폭 인하되었고, 골프용품업자들에게는 즐거운 한 해였습니다.

그간 턱없이 높은 세율은 국산 골프채의 가격 경쟁력 열세를 가져왔을 뿐 아니라 불법 수입 골프채 유통의 주요인이 되기도 했는데, 어차피 과도한 세금으로 불법 유통이 등장한 것이기 때문에 특소세 인하가 골프채 불법 유통을 근절시키는 효과와 함께 골프용품산업 전반에 걸친 활성화를 가져오지 않을까 하는 기대를 모으기도 했습니다.

1996년, 티타늄 드라이버의 등장 : 1990년대 초반 티타늄 클럽의 개발을 시작으로, 국내에서는 1995년에 티타늄 바람이 본격화되었고, 그 이후 티타늄 아이언, 티탄 믹스 볼에 이르기까지 골프용품 전반에 걸쳐 큰 영향을 미친 소재로 존재감을 드러냈고, 티타늄 드라이버의 아성은 2021년 현재까지도 이어지고 있습니다.

한편 사회적으로 가장 이슈가 된 사건은 '골프장과 노태우 비리 관련설'. 전두환, 노태우에 이르며 골프장 허가와 비자금 관련설이 이슈화되면서 파문을 일으켰습니다. 1996년 17회 세계아마추어골프 선수권 대회에서 여자팀 우승도 있었습니다.

1997년, 남녀 골프계 1위 최경주, 김미현 : 국내 남자 프로골프계에서는 최경주가 1996년에 이어 2년 연속 상금 왕을 세우며, 최상호에 이어 '리틀 최' 로서의 명성을 확인시켰으며, 1996년 랭킹 1위 박세리가 미국으로 진출한 국내 여자 프로골프계에서는 김미현이 1위 자리를 차지했습니다.

1997년에 있었던 골프계 주요 사건으로는 박세리 LPGA 프로테스트 본선 1위 통과, 쇠징-고무징 골프화 논쟁, 톱 골퍼들 몸값 자존심 경쟁 등이 있었고, 박세리의 LPGA 프로테스트 본선 1위통과는 우리나라 프로골퍼들의 아메리칸 드림의 시작이었던 셈입니다.

4) 1998년 박세리 LPGA 무대 점령

1998년 박세리 LPGA 맨발 샷 : 사회 전체적으로 IMF의 여파가 영향을 미쳤던 한해, 골프계도 경제 위기의 상황 속에서 위축된 가운데, 저렴하게 이용할 수 있는 골프장, 골프연습장 정보, 실속파를 위한 골프용품 정보가 주요 기사로 잡지에 실려 IMF를 살아가는 골퍼들을 위한 알뜰 작전, 알뜰 골프로 10배 더 즐기기 등을 기획으로 다루었습니다.

골프장 내장객도 급격하게 줄어들고, 골프용품에 대한 구매도 줄어드는 등 위축된 골프와 IMF 하의 우리나라에 신나는 소식도 물론 있었는데, 바로 미 LPGA 무대 데뷔 첫해를 맞은 박세리의 우승입니다.

국내 프로골퍼의 메이저 무대 진출도 처음 있는 일이었지만, 메이저대회 우승은 사상 처음 있는 쾌거였고, 박세리는 미 LPGA 무대를 점령한 최초의 동양인이기도 하며, 1998년에는 외국인 골프장 투자가 허용되었습니다.

1999년 7월 6일 〈중앙일보〉 기사는, "박세리가 지난 7월 4일 (한국시간) 미국 오하이오주 실바니아 메도우스 골프 코스(파 71)에서 끝난 제이미 파 크로거 클래식에서 합계 8언더파 276타를 기록, 캐리 웹(호주) 등 5명과 동타를 이룬 뒤 연장 첫 홀에서 버디를 잡아 대회 2연패와 함께 올 시즌 2승째를 따냈다. 연장 첫 홀 박세리의 4미터 버디 퍼팅이 홀 컵으로 굴러 떨어졌다. 그러나 박은 덤덤한 표정이었다. 갤러리들의 환호성이 터진 뒤에야 혼자 버디를 잡은 사실을 안 박은 그린 위에서 펄쩍펄쩍 뛰며 극적인 우승을 기뻐했다." 고 보도합니다.

1999년, 여자프로골프 시드제 도입 : 여자프로골프에 시드제가 도입된 건 20여 년 전인 2000년부터로, '바늘구멍만큼 통과하기 어렵다'는 국내 여자프로골프 시드전의 명성은 많이들 들어보았을 것이지만, 여자 프로라면 누구나 대회 참가가 가능하던 시절이 있었다니 격세지감이 느껴집니다.

1999년에는 골프장 취득세 인하(회원제 신설 15%〉10%/운영 중, 대중제 : 15%〉2%)조치가 있었고, 1999년 최경주 한국인 최초 PGA 투어 자격 통과도 일어났습니다.

2000년, 본격 골프방송시대 도래 : 박세리의 메이저대회 우승 이후 골프위성 생방송이 본격화됐으며, 골프를 전문으로 하는 케이블TV 골프채널도 생겼고, 골프에 관한 관심이 늘어나면서 골프방송도 활기를 띠었습니다.

공중파 방송 3사에서도 골프방송에 더욱 관심을 기울이기 시작했으며, 케이블 채널인 HBS, 한국스포츠TV 등도 정규 골프방송을 편성하기 시작했고, 2021 현재에 이르러서는 골프의 인기가 높아지면서 골프중계, 골프방송은 기본이고 방송사마다 다양한 골프 예능을 선보이고 있습니다.

2000년에는 대중제 골프장에 대한 특별소비세(개별소비세)가 폐지되고, 입회금 반환 기간 5년 규제도 폐지되었습니다.

2001년, 박세리, 아니카 소렌스탐, 캐리 웹의 대결 구도 : 박세리가 시즌 5승으로 미국 여자프로골프(LPGA) 데뷔 4년 만에 최고의 성적을 일궈냈고, 8승을 올린 아니카 소렌스탐에 이어 다승 2위였습니다.

김미현 등 다른 선수들이 1승도 챙기지 못할 때 시즌 개막전인 유어라이프 바이타민스 LPGA 클래식 우승을 시작으로 브리티시 여자오픈, 제이미 파 크로거 클래식, 아플락 챔피언스 등 5개 대회를 휩쓸며 세계 여자골프계에서 소렌스탐, 캐리 웹에 이어 명실상부한 '빅3'로 자리 잡았습니다.

또한, 박세리는 시즌 상금 162만 3,009달러를 기록해, 210만 5,686달러를 기록한 아니카 소렌스탐에 이어 2위에 올랐고, 153만 5,404달러를 획득한 캐리 웹은 3위를 기록했습니다.

2002년, 해외 골퍼 상금 100억 시대 : 2002 시즌 해외 무대를 누비고 있는 국내 선수들은 총 22명이며, 이들이 벌어들이는 상금액은 100억에 이르렀는데, 박세리, 김미현 등 미 LPGA 투어 멤버가 10명, 구옥희 등이 버틴 일본여자프로골프 멤버가 9명이며 최경주(PGA), 허석호, 김종덕(JGTO)도 짭짤한 외화벌이를 했습니다.

2002년에 PGA 뉴올리안스 컴택 클래식에서 최경주 우승(한국인 최초 PGA 우승)과 함께 제주지역 골프장에 대한 특별소비세(개별소비세) 폐지도 있었습니다.

2003년, 23년간 골프용품 수출입 현황 점검 : 골프장갑, 골프채, 골프공 등 1980년부터 2003년까지 골프 관련 제품 수출입 규모 및 연도별 증가율에 대해 잡지사가 다뤘는데, 놀라운 사실은 무역통계가 잡히기 시작한 '1977년 이후 골프 관련 제품은 1994년까지 무역수지 흑자품목이었다'는 점, '1995년을 기점으로 무역적자 품목'이 되었으며, 1998년 외환위기 이후 골프용품 수입이 급감했다가 2000년 이후 외환위기 이전 수준으로 회복되었습니다.

2004년, 비제이 싱 세계랭킹 1위 등극 : 피지의 흑진주 비제이 싱이 9월 7일 PGA 투어 도이치뱅크 챔피언십(총상금 500만 달러) 대회에서 타이거 우즈를 누르고 세계랭킹 포인트 1위로 올라섰는데, 당시 싱은 합계 16언더파 268타를 기록하며 우즈를 3타차로 제치고 우승하며 세계랭킹 포인트 12.529를 기록, 우즈(12.498점)를 따돌리고 왕좌에 올랐습니다.

이날 우승으로 싱은 2년 연속 상금 랭킹 1위를 확정한 것은 물론이고 길고 길었던 황제 우즈의 독주를 막아냈고, 또한, 2004년 한 해 동안 29개 대회에 출전한 싱은 9승을 올려 1천 90여만 달러를 상금으로 챙겼는데, 이는 우즈가 기록했던 918만 8천여 달러를 훌쩍 뛰어넘는 것으로 'PGA 투어 사상 한 시즌 첫 1천만 달러 돌파'라는 대기록을 작성했습니다.

2005년, 남한과 북한 골프로 한마음 되다 : 2005년 8월 KLPGA 평양오픈이 평양골프장에서 치러졌고, '자본주의의 상징적 스포츠인 골프대회를 북한에서 열었다'는 것은 아주 상징적인 사건인데, 여러 제약 조건이 있지만, 북한은 조금씩이라도 개방의 길로 가고 있는 셈입니다.

이 대회는 남북교류를 확대하고 민족화합을 이끌어내는 상징성이 있는 대회였고, 2021년 대한골프협회 이중명 회장이 2025년 금강산 골프장 세계 골프선수권대회 유치 공약을 내세우면서 골프가 남북관계에 기여할 수 있을지에 관해 관심이 집중되고 있는데, 세계 골프선수권대회 금강산 유치를 위해서는 넘어야 할 산이 많았고, 그 중 가장 큰 문제는 유엔의 대북제재로 인한 대회 유치의 어려움이었습니다.

2005년에 골프장 및 콘도 회원권 분양 제한 완화도 이뤄졌습니다.

2006년, LPGA 투어 시즌 통합 11승 : 한희원이 혼다 LPGA 대회에서 우승을 차지하면서 한국 여자골프는 10승 문턱에서 10번이나 고배를 마셨던 지긋지긋한 아홉수 불안에서 한국 골퍼들의 응어리를 풀어주는 시즌 통합 11승을 일궈냈고, 이는 합작 최다승이었던 지난 2002년 9승을 넘어서는 기록입니다.

이 대기록은 세계무대에서 코리안 파워를 보여줌과 동시에 선수층의 확대라는 의미가 있고, 1998년 박세리가 우승했던 당시만 해도 반짝 유명세라던 주위의 비아냥은 10년이 채 안 돼 바뀌었으며, 2021년에도 여전히 한국 여자 선수들은 LPGA 투어에서 큰 축을 이루고 있습니다.

2007년, 미셸 위 열풍 : 미셸 위(당시 18세)가 2006년 총 2,023만 5,224달러(약 190억 원)를 벌어들여 전 세계 여자골프선수 중 가장 많은 수입을 올린 것으로 조사됐는데, 남녀 합쳐서도 6위, 여자선수가 남자들을 제치고 수입 TOP10에 오른 것은 미셸 위가 처음이었습니다.

미셸 위는 "딸을 낳은 뒤 아기와 가정에 집중할 계획이었지만, 루돌프 줄리아니 전 뉴욕 시장이 자신에게 성희롱 발언을 한 것을 듣고 여성에 대한 불평등에 맞서야 한다는 확신이 들어 복귀했다"고 밝힌 바도 있습니다.

5) 2002년 스크린골프 출현 이후 발전

2008년, 스크린골프 바로 보기 : 국내 순수 기술로 개발된 스크린골프 제품이 나오기 시작한 시기는 2002년부터로, 우리나라 골프 역사에 한 획을 긋는 최대 사건은 스크린골프의 등장입니다.

초기 스크린골프가 '골프인가? 아니면 게임인가?'에 대해 의견이 분분했던 것과 달리 2022년 현재에 이르러 스크린골프는 골프를 즐기는 또 하나의 방법으로 확실히 자리매김했습니다.

2008년에 LPGA 브리티시 오픈에서 신지애 우승도 있었습니다.

2009년, 양용은 동양인 최초 PGA 챔피언십 제패 : 2009년 8월 17일 미국 미네소타주 채스카의 헤이즐틴 내셔널 골프장에서 열린 PGA 챔피언십에서 양용은은 타이거 우즈를 꺾고 워너메이커 트로피를 들어 올린 양용은이 동양인 최초로 메이저대회를 제패하면서 세계 골프계에 새로운 신화를 만들었습니다.

이전까지 우즈는 대회 최종일 선두를 달리다 패한 적이 단 한 번도 없었는데, 동양의 양용은 앞에 무릎을 꿇고 말았습니다.

2009년 8월 17일 기사는, "세계 4대 메이저 대회 중 하나인 PGA 챔피언십 마지막 날, 제주에서 태어난 바람의 아들 양용은 선수는 그의 골프 인생 최고의 순간을 만들었다. 그와 함께 우승을 다투던 타이거 우즈는 그때까지 단 한 번도 선두를 지키던 일요일에 역전을 허용한 적이 없었다. 17번 홀까지 한 타 차 선두를 유지하던 우즈에 맞선 양용은 선수는 기적 같은 샷으로 우즈를 압박했다. 18번 홀, 깃대까지 206야드 남은 상황에서 유틸리티 우드를 꺼내든 그는 아슬아슬하게 나무를 넘겨 홀 컵 3미터 지점에 공을 붙였다. 우즈는 이에 화답하지 못하고 계속 실수를 범했고 버디 퍼트를 성공시킨 양용은 선수에게 우승컵을 내주었다." 고 보도합니다.

2010년, 황제 타이거 우즈의 두 얼굴 : '골프 황제' 타이거 우즈가 '밤의 황제'로 전락한 우즈의 외도 사건은 전 세계 골프팬들의 경악을 금치 못하게 했는데, 2009년 연말부터 이어져 온 우즈의 사건을 두고 많은 골프팬들은 큰 충격에 빠졌었습니다.

2017년엔 마약성 진통제에 취해 운전석에서 자다가 음주운전 혐의로 또다시 구설에 올랐고, 긴 슬럼프에 빠졌던 타이거 우즈는 2018년 페덱스컵 플레이오프 최종전인 투어챔피언십에서 2013년 WGC 브리지스톤인비테이셔널 우승 이후 5년여 만에 PGA투어 80승을 챙기며 기량을 회복했고, 2019년엔 마스터스에서 우승하며 황제의 귀환을 선언했습니다.

아쉬운 점은 어렵게 부활한 타이거 우즈가 2021년 2월 교통사고를 당하면서 부상의 늪에 빠졌다는 사실! 우즈가 이번에도 위기에서 탈출할 수 있을지 관심을 모으고 있습니다.

2011년, 미래에셋-휠라코리아, 아쿠쉬네트 인수 : 세계 최대 골프용품업체를 미래에셋과 휠라코리아가 12억 달러에 인수했는데, 아쿠쉬네트는 전 세계 최대 골프용품 업체로 '타이틀리스트', '풋조이' 등의 대표 브랜드를 보유하고 있었던 휠라코리아 인수 후보였던 나이키, 아디다스 등 글로벌 스포츠 기업을 따돌리고 아쿠쉬네트를 인수하며 화제를 모은 바 있습니다.

2021년 코로나19로 거리두기가 가능한 스포츠인 골프가 반사 이익을 얻은 가운데 아쿠쉬네트의 주가는 상승세를 이어가고 있고, 지주사 휠라홀딩스의 2021년 1분기 매출은 9,883억 원으로 2020년 1분기 7,900억 원 대비 25% 가량 증가했으며, 특히 아쿠쉬네트의 2021년 1분기 매출은 4,585억 원으로 2020년 1분기 3,213억 원 대비 142% 성장했습니다.

2011년에도 LPGA US오픈에서 유소연 우승과 LPGA 사임다비 말레이시아 최나연 우승 그리고 LPGA 한국인 누적승수 100승을 달성됐습니다.

2012년, 오거스타 내셔널 여성회원 탄생 : 2012년 8월 20일 마스터스 개최지로 유명한 오거스타 내셔널 골프클럽에서 여성인 전 미국 국무장관인 콘돌리자 라이스와 개인 투자 회사 레인워터사의 부사장인 달라 무어가 클럽의 회원으로 가입했다고 공식 발표했습니다.

금녀의 집으로 불렸던 오거스타 내셔널이 정식 여성 회원을 받은 것은 1932년 클럽 설립 후 80년 만의 일이었고, 2002년 미국 여성단체협의회 회장인 마크 버크의 항의를 시작으로 오거스타 내셔널의 여성차별 정책에 대한 반대 여론이 계속 되어왔고 결국 변화를 이루어낸 것입니다.

2013년, 공직자 골프 금족령 : MB 정권에서도 어김없이(?) 공직자 골프장 금족령이 내려졌는데, 이는 한창이던 골프 산업의 불씨를 꺼버리는 결과를 가져왔고, 또 무슨 일만 터지만 구태의연하게 골프 금지령을 내린다는 것이 골프업계의 가장 큰 불만으로 다가왔습니다.

사회적 분배의 한 방법으로 무조건 혈세를 퍼주는 분배보다는 가진 자들이 축적한 부를 순기능적으로 나눌 수 있는 기회를 만들어 주어야 한다는 칼럼을 통해 공직자 골프 금족령에 대해 비판했던 글도 많았습니다.

또한, 하나의 산업이자 스포츠이면서 여가적인 측면을 두루 가진 부가가치의 중심적인 골프를 규제한다는 것은 사회 균형 발전의 한 축을 무너뜨리는 우를 범하게 된다는 것입니다.

2014년, 노 캐디 골프장 바람 : 경기불황으로 골프장들이 몸살을 앓고 있는 가운데 2014년 당시 퍼블릭 골프장 중 33개소가 노 캐디 또는 캐디 선택제를 시행하고 있었고, 회원제 골프장 2개소가 주중에 한해 캐디 선택제를 도입했었습니다.

한국소비자원에 따르면 2021년 5월 기준 노 캐디, 마샬 캐디 등 캐디 선택제를 도입하고 있는 골프장은 164개소였고, 캐디 선택제를 시행하는 골프장은 대중골프장이 119개소로 압도적으로 많고, 회원제 골프장은 26개소로 회원에 한해 주중에 운영 중입니다.

군 골프장은 18개소로 군 골프장 전체(36개)의 절반에 달하고 노 캐디제를 전면 도입하고 있는 골프장은 대중 골프장이 42개소로 대부분 9홀 규모인데, 18홀 이상 골프장 중 노 캐디제를 시행하고 있는 곳은 사우스링스 영암, 군산, 골프존카운티 구미CC 등이었습니다.

2015년, 프레지던츠컵 한국 개최 : 10월 인천 송도 잭니클라우스GC에서 미국 대표팀과 세계 연합팀의 골프대항전 제11회 프레지던츠컵이 개최됐는데, 프레지던츠컵은 PGA 투어가 주관하는 대회로 12명의 미국 선수와 12명의 비유럽 출신 세계 최고 골퍼들이 각각 팀을 이뤄 승부를 가리는 대회로 미국과 유럽의 골프대항전인 라이더컵과 번갈아 가며 격년으로 열립니다.

아시아 최초로 개최된 한국 대회에는 세계랭킹 1위 조던 스피스, 2위 제이슨 데이 등 세계적인 골프 스타들이 총출동해 골프팬들을 즐겁게 했고, 미국 팀 단장은 제이 하스가, 인터내셔널 팀 단장은 닉 프라이스가 맡았습니다.

2016년, 박인비 최연소 명예의 전당 입성 : LPGA 명예의 전당에 입성한 2007년 박세리에 이어 골프여제 박인비가 입성하였는데, 한국은 물론, 아시아 여자골퍼로는 두 번째 명예의 전당 입성이며, 27세 10개월 28일만으로 역대 최연소 기록이었습니다.

명예의 전당 입성 후 그녀는 "수도 없이 명예의 전당에 들어가는 꿈을 꿔왔지만, 막상 실현되니 현실감이 없는 것 같다. 스스로 너무너무 자랑스럽고 행운이 있는 골퍼 같다. 많은 것을 이루고 많은 사랑을 받았는데, 그런 것을 돌려드릴 수 있는 기회가 많았으면 좋겠다."고 소감을 밝힌 후, "저를 보면서 많은 주니어 선수들이나 동료 선수들이 많은 영감을 받고 새로운 세대의 선수들이 더 큰 꿈을 향해 나아갔으면 하는 바람이다"라고 덧붙였습니다.

2017년, 박성현 39년 만의 LPGA 3관왕 달성 : 박성현이 LPGA에서 신인상, 상금왕, 올해의 선수 3관왕을 달성했고, 그녀의 3관왕은 LPGA 역사상 39년 만의 대기록입니다.

한편, KLPGA 투어에서는 시즌 4승을 거둔 이정은6이가 대상, 상금왕, 다승왕, 평균 타수 등 개인 타이틀을 독차지했고, 앞서 전관왕 기록을 세운 선수는 신지애, 서희경, 이보미, 김효주, 전인지가 있습니다.

2016년 우승 없이 신인상의 주인공이 돼 아쉬움을 남겼던 이정은6는 2017년 27개 대회에 출전해 모두 본선에 진출하고 톱10에 20회 오르며 최고의 한해를 만들었습니다.

2018년, 하나금융그룹 LPGA와 이별 : 2006년부터 국내 유일의 LPGA 투어 대회를 표방하며 10년 넘게 대회를 개최해온 하나금융그룹이 2019년부터 KLPGA로 옮겨 국내 투어 최대 상금 규모의 하나금융그룹 챔피언십을 창설했습니다.

또 하나금융그룹은 한국과 중국, 대만, 태국, 베트남, 브루나이 등 아시아 국가의 투어를 아우르는 레이디스 아시안 투어(LAT)를 주도적으로 추진했으며, 올해 첫 LAT 대회로 한국여자오픈이 열렸습니다.

LPGA 투어에서는 한국과 일본을 주축으로 중국, 태국 등 신흥강자를 포함한 아시아권 선수들이 선전을 펼치고 있는데, LPGA 투어 편중 현상에서 탈피해 아시아 지역 골프의 균형적인 발전의 필요성이 대두되면서 나온 결과입니다.

2019년, 임성재, 이정은 PGA, LPGA 신인상 동반 수상 : 임성재가 PGA 투어에서, 이정은6가 LPGA 투어에서 신인상을 수상했습니다. 특히 임성재는 PGA 투어 역사상 최초로 아시아 국적 신인상 수상자로 의미를 더했습니다.

임성재는 2018-2019 시즌에 35개 대회에 출전해 우승을 거두진 못했지만 25위 이내에 16번 오르는 등 꾸준한 성적을 거두며 주목을 받았고, 이정은6는 한국 선수로 역대 13번째 신인상을 받았으며, 2015년 김세영, 전인지, 박성현, 고진영에 이은 5년 연속 한국 선수의 신인상 수상으로 큰 화제를 모았습니다.

6) 2020년 코로나19 속 골프업계 호황

2020년, 코로나19 속 골프업계 호황 : 코로나바이러스 감염증(코로나19)으로 전 국민과 경제가 꽁꽁 얼어붙은 최악의 상황 속에서 골프계는 호황이었고, 타 종목에 비해 비교적 코로나19로부터 안전하다는 인식으로 인해 골프장은 골퍼들로 인산인해를 이뤘습니다.

2020년 골프장 경영실적 분석을 발표한 한국레저산업연구소에서는 코로나 호황의 이유로 코로나 사태 확산 속에서 ① 비교적 안전한 골프장의 이용 증가, ② 해외여행 제한으로 20~30대의 국내 골프장 이용 증가, ③ 주 52시간 근무제와 재택근무 확산 등을 꼽았고, 또 입장료와 카트피 등의 인상 역시 영업이익률 증가에 기여했다고 보았습니다.

2021년, 골린이 열풍 : 골린이(골프+어린이, 골프 초보자를 어린이에 빗댄 말)는 2020년 골프업계가 코로나 사태를 이기고 호황을 누리게 만든 이유 중 하나였는데, 물론 골린이가 2020년에 갑자기 등장한 건 아니며 과거에도 존재했지만, 다른 양상은 MZ세대(밀레니얼+Z세대)를 중심으로 골프 입문자가 크게 늘어났다는 점입니다.

이들이 골프장과 스크린골프장을 찾고, 골프용품을 구매하면서 '골린이가 2020년 골프업계를 살렸다'는 말이 나올 정도로 골프업계의 한 축이 되었으며, 이러한 흐름은 2022년에도 이어져 여전히 골린이 열풍이 식을 줄 모르며 골프업계 안팎에 훈풍을 일으키고 있습니다.

5 골프장 이름들 분석

〈골프매거진코리아〉 2022년 4월호에서 국내에 9홀 이상 독립된 500곳(9홀 미만 코스나 동일 이름의 병설 퍼블릭은 제외) 골프장에서 가장 많은 이름은 '힐(스)'인 것이고, 다수가 산악에 조성된 이유로 '밸리'를 쓰는 골프장도 28곳으로 조사했다고 밝혔습니다.

골프장 이름에 제주와 안성이 붙는 곳은 8곳씩으로 지역 명을 넣은 곳이 204곳에 이르는데, 서울은 7곳, 용인은 5곳의 골프장도 쓰고, 지명 외에 지형적 특징 중에 가장 많은 단어는 계곡(Valley)이나 언덕을 뜻하는 힐스가 19곳, 힐이 16곳으로 조사되어, 언덕을 합치면 모두 35곳이나 됩니다.

소나무(Pine)는 자연이 우거진 코스라는 상징성 때문에 11곳이나 해안가(Beach)라는 이름은 현재 8곳에 이르고, 호수(Lake)가 7곳, 바다(Ocean)가 7곳 숲(Wood)이 5곳, 언덕(Dale)은 4곳이었으며, 계류(Creek), 강(River), 돌(Stone) 등은 3곳씩 쓰였습니다.

부유함을 상징하는 골드 혹은 골든이 붙는 이름은 6개로 많고 손만 대면 황금으로 변했다는 그리스 신화 속 인물인 마이다스(Midas)도 3곳이었고, 성(Castle), 에덴(Eden), 왕(Rex) 등의 부유함과 귀족스러움을 상징하는 단어도 3곳씩이었습니다.

방위 중에서는 남쪽(South)을 뜻하는 이름이 8곳에 달했고 동쪽(East)은 7곳으로 많았지만 북과 서는 1곳씩에 불과했고, 봄을 뜻하는 스프링은 6곳이나 되는데 함께 온천이라는 두 가지 의미를 가진 스프링데일은 봄 언덕, 사우스 스프링스는 남쪽 온천을 뜻합니다.

군에서 운영하는 골프장으로 '체력단련장'이 붙는 곳은 31곳이고, 기업 브랜드로 통일된 골프존카운티는 14곳, 에콜리안은 5곳, 클럽디와 아난티는 4곳씩이고, 이밖에 삼성의 베네스트, 롯데, 태영의 블루원, 블랙스톤, 오펠, 한화의 플라자가 3곳씩이었습니다.

이 잡지는 한국의 골프장 이름이 변천한 트렌드도 분석해, 초창기 들어선 골프장들은 지명을 썼으며 서울컨트리클럽에서 시작해 부산컨트리, 태릉, 대구, 안양, 유성, 동래 등이 그렇고, 1980년대 말까지는 전국에 50곳을 넘지 않을 정도로 골프장이 드물던 시절이어서 지역 명을 붙이고 그 뒤로 컨트리클럽(CC)을 붙였습니다.

1988년 서울올림픽 이후로 청와대가 아닌 지자체에서 골프장 인허가를 내주는 방식으로 바뀌면서 골프장이 부쩍 늘고 이름도 개성을 띄기 시작했으며, 동시에 회원제 골프장들이 우후죽순 생겨나면서 회원권을 더 비싸게 팔기 위한 이름도 나왔습니다.

1993년에 충남 천안에 개장한 우정힐스는 골프장의 새로운 이름 짓기(네이밍)가 시작되는 계기였고, 천안 지역 명을 넣거나 기업 이름을 넣지 않고 골프 코스의 이미지를 넣은 네이밍은 그 이후로 대세로 자리 잡았습니다.

과일을 이름에 붙인 골프장은 오렌지듄스, 영종오렌지, 애플밸리, 포도CC이며, 동물로는 타이거(호랑이), 시그너스(고니), 블루헤런(청학), 사자체력단련장, 베어(곰)크리크와 베어스타운 등이 있고, 강으로는 한탄강과 금강을 골프장에 넣었고 산은 7곳(내장산, 덕유산, 무등산, 속리산, 어등산, 선운산, 한라산)이나 활용되었습니다.

소나무인 솔이 들어가는 골프장도 제법 있는데, '소나무 군락지'라는 의미의 경기도 여주 솔모로는 1991년 개장한 한일CC에서 바뀌었고, 이밖에 충남 아산의 18홀 퍼블릭 아름다운CC, 경기 여주의 27홀 퍼블릭 아리지CC는 아름다운 강이라는 의미로 붙여졌습니다.

6 골프와 대통령

한국의 대통령들은 공개적으로 라운드에 나가는 것을 꺼려했지만 골프를 즐겼던 대통령들은 여러 명 있었고, 박정희 전두환 노태우 노무현 이명박 대통령은 열성 골퍼였지만, 골프를 부정적인 시각으로 보았던 국민 정서를 감안하여 비공개적인 라운드를 즐겨야 했습니다.

문재인 대통령도 집권 초기에 골프에 대한 거부감이 없으며 '공직자라도 업무시간 외에는 골프를 치는 것이 자유'라는 견해를 밝힌 바 있으나, 고위 공직에 임명되면 일단 재임 기간에는 골프를 포기하는 것이 상식화되었으니 그 아래 공직자들의 위축된 골프 분위기를 짐작할 수 있습니다.

골프 인구가 500만 명이 넘는 상황에서 골프에 대한 인식이 변해 대통령과 공직자의 골프를 비난할 사람은 별로 없겠으며, 국제 비즈니스에 필요한 필수 항목인 것을 감안하면 공직사회의 경직된 골프 문화를 해결해서 근무시간 이외에는 어떤 공직자라도 자유롭게 골프를 즐길 수 있도록 해야 합니다.

또한 지난 19명의 미국 대통령 중에서 16명이 재임 중 골프를 즐겼는데, 대부분의 대통령 선거에서 골프를 치는 후보가 안치는 후보를 누르고 당선되었습니다.

현재의 바이든 대통령을 포함하여 거슬러 올라가 보면 트럼프, 오바마, 부시, 클린턴 등 골프를 안치는 대통령을 찾기 어려운데, 루즈벨트 대통령은 재임 중 250개 이상의 공공 골프장을 건설하여 대중들에게 오픈해 그 유명한 뉴욕의 퍼블릭 골프장 베스페이지도 당시 건설되었습니다.

아이젠하워 대통령은 8년 재임 중 800 라운드를 플레이 했으니까 3-4일에 한 번씩 친 셈이고, 클린턴, 부시, 오바마, 트럼프, 바이든 까지 모두 골프 매니아였으며, 트럼프는 사비 5만 달러를 들여 백악관에 스크린골프를 설치했을 정도였습니다.

골프 시대를 연 이승만, 골프에 부정적이었던 윤보선과 장면, 골프를 독려했던 박정희, 전두환의 골프 자제와 내인가 비리의 이중성, 6.29 선언 이후 노태우가 연 골프 공화국의 시작, 김영삼과 골프 암흑기, 유연한 정책으로 골프대중화를 편 김대중, 제2의 골프 붐을 일으킨 노무현 대통령 등을 소개합니다.

1) 이승만 대통령 때

전국의 모든 골프장이 농경지나 비행장 등으로 전용되어 해방 직후에는 제대로 된 골프장이 하나도 없는 상황이었던 이승만 대통령 때, 미국과의 외교 및 고위층의 사교를 목적으로 골프장 건설을 명령했습니다.

6·25 이전에 해방 후 최초의 골프장이 만들어졌고, 6·25 전쟁 후에도 미군 기지에 골프장 건설을 허용하며 '한국 아마추어 골프대회를 창설'해 직접 시상을 하는 등 골프 발전에 이바지했습니다.

한편, 이승만의 비극은 헌법을 고쳐 종신 집권을 꿈꾸면서 시작됐고, 제헌국회 유진오가 만든 제헌헌법의 대통령제를 국회 간접선거에 따른 4년 중임제로 결정되었습니다.

'간선제'라는 장애물 때문에 재선이 어렵다고 본 이승만은 6.25 전쟁 통에 대통령 직선제 개헌안을 국회에 제출했고, 이것이 부결되자 국회의원들을 구금하고 한밤중에 국회를 열어 기립 표결로 통과한 헌법이 이른바 '발췌개헌'입니다.

'이승만의 정당'이 자유당인데, 종신 대통령을 향해 폭주하게 된 이승만은 당시 헌법에 있던 연임 제한 규정까지 바꾸려 했고, 노골적인 부정선거로 1954년 5월 국회의원 총선거를 치렀으나 개헌 가능성인 2/3 확보에 1표가 모자라 실패했는데 이른바 '사사오입 개헌'이 나왔고, 헌법 무시하고 스스로 왕이 되려 했던 이승만이 었습니다.

2) 윤보선 대통령, 장면 총리 때

윤보선 대통령, 장면 총리는 골프에 관심이 없거나, 부정적으로 생각했다는데, 윤보선 대통령은 직접 시상하던 한국아마추어골프대회에 참여하지 않고 별다른 지원책도 내놓지 않았으며, 2공화국은 긍정적이든 부정적이든 골프 정책을 전개할 시간도 없었습니다.

4.19 혁명 이후 실시된 총선에서 2/3 가량 의석을 확보한 민주당은 헌법 개정을 통해 권력구조를 내각제로 바꾸었고, 우유부단의 극치였던 윤보선-장면 정권의 집권 기간은 딱 1년이었습니다.

어쩌다 대통령이 된 윤보선은 1960년대 들어 미국이 대외지원 방식을 원조에서 차관으로 바꾸었기에 '경제개발 5개년 계획'을 수립했습니다.

3) 박정희 대통령 때

1961년 7월 4일 동아일보에 '그(박정희)는 미군이나 다른 유엔군 장교들과 골프를 한 번도 치지 않은 한국군 장교다'라고 보도했다는 박정희 대통령은 1962년 남자프로골프 1세대 한장상(당시 육군 일병)에게 레슨과 청와대 연습 등으로 실력을 키워나가 능동 서울CC를 즐겨 찾고, 스스로 골프를 즐긴 건 물론 주변 사람들에게도 적극 독려했습니다.

'윤필용 사건'처럼 골프장에서 본격적으로 촉발된 정치 사건도 있었고, '나는 새도 떨어뜨리는' 권력자였던 김형욱이 '한국프로골프협회(KPGA)를 창설'하는데 주된 역할을 한 것입니다.

박정희 정권 때인 1971년 이름을 딴 대회로 만들어진 '박스컵(Park's Cup)'은 개막전에 참석해 시축을 하곤 했고, 기념우표도 나왔던 걸로 정치적 수단으로 이용했습니다.

한편, 1972년부터 유신헌법에 의지해 오로지 긴급조치로 국가를 통치했고, 집권 말기에는 막무가내 식으로 부가가치세 신설을 추진해 물의를 빚었는데, 1964년 수출 1억 불 달성과 1차 경제개발 5개년 계획의 가시적 성과를 보였습니다.

근로자재형저축이나 사회의료보험 도입 과정에서 리더십을 발휘하고, 특히 복지연금보다 의료보험을 먼저 실시하라는 지시를 내렸기에 우리 국민의료보험이 성공했습니다.

4) 전두환 대통령 때

1981. 4. 18. 매일경제 기사처럼, 전두환은 '일부 재무구조도 좋지 않은 중소기업가가 골프도 치고 비싼 자가용을 사며 요릿집에 가는 전염병 같은 부실 풍조가 시정되지 않고서는 이들 기업의 국제 경쟁력은 절대로 강화될 수가 없다'며 직접 비판하기도 했다 는바, 전두환이 '나는 골프를 자제하겠지만 다른 사람들은 골프를 쳐도 좋다'고 말했다는 일화도 있습니다.

'청와대에 뇌물을 바치지 않으면 골프장 건립이 어렵다'는 내인가에 관한 소문도 돌아, 5공화국의 대표적인 부정부패 사건 중 하나로 기록되었고, 퇴임 후 본격적으로 골프를 즐겼는데, 5.18 광주 민주화운동 탄압과 추징금 미납 등 숱한 논란에도 자숙하지 않고 골프장을 드나들며 더 큰 비판을 받았습니다.

한편, 프로야구(1982년)와 프로축구(1983년) 등 프로스포츠의 출범을 시켰지만, 1980년 전두환과 노태우는 일본 우익계 거물 故 세지마 류조와 만나 정치적 조언을 받고 스포츠와 성(性), 영화 산업을 통치 도구로 활용하는, '3S(Sports · Sex · Screen·영화) 정책'으로 스포츠가 정치 도구화됐습니다.

이른바 '3S'로 대표되는 우민정책의 대명사는 제5공화국에서 대중의 정치적 자기 소외, 정치적 무관심을 유도하고자 한 것일 터, 프로야구에 열광하고 영화에 울고 웃으면서도 독재 타도를 외치며 분연히 일어섰고, 독재를 밀어냈습니다.

저금리 저유가 저달러의 3저 호황을 활용해 경제가 잘 움직일 수 있도록 만들었다는데, 금융실명제 역시 친인척인 장영자-이철희 어음 사기 사건을 무마하고 여론을 호도하기 위한 것이었고, 야간 통행금지, 학생 교복 자유화, 대학 학도호국단 폐지 등의 자율화 조치, 과외(사교육) 금지조치도 내렸습니다.

5) 노태우 대통령 때

노태우도 개인적으로 골프를 즐기는 건 물론, 골프 발전에도 기여해 6. 29 선언 이후 악명 높은 '내인가'를 폐지했으며, 대신 골프장 건설 권한을 시장이나 도지사에게 위임했고, 골프장 건설에 대한 부담이 줄어들며 '골프장 붐'도 일어났습니다.

그 때 인가된 골프장은 무려 139개였고, 덕분에 노태우야말로 대한민국을 골프 공화국으로 만든 인물이라는 평가까지 나오지만, 악명 높은 '노태우 비자금 사건'이 불거지며 그의 친 골프 정책 역시 논란이 되었습니다.

한편, 일산과 산본, 평촌, 분당 등에 1기 신도시를 건설했고, KTX와 인천공항 건설 기반을 닦았으며, 러시아 등 사회주의 국가로까지 우리 경제 영토를 넓혔던 북방정책을 펼쳤습니다.

3당 합당 흔히 '보수대연합'이라고 했지만, 노태우 김영삼, 김종필이 내각제 합의문에 서명한 것이 알려지면서 '내각제=권력 나눠먹기 음모'라는 그릇된 고정관념이 생겨 버렸고, 임대차 보호법을 개정해 전세 계약기간을 1년에서 2년으로 늘렸습니다.

6) 김영삼 대통령 때

김영삼 대통령 때는 '골프 암흑기'로 일단 본인이 골프를 썩 잘 치지 못했고 좋아하지도 않았으며, 1989년 김종필과 '골프 회담'을 가졌다가 티샷 실수로 엉덩방아를 찧었던 장면이 언론에 포착돼 망신을 당하기도 했습니다.

김영삼은 집권 후 국민 위화감 조성, 청와대 쇄신 등의 명분을 내걸고 스스로 ‘골프를 치지 않겠다’고 공언함은 물론 청와대 골프연습장도 철거시키며 골프 금지령까지 내렸으며, 공직 사회는 물론 재계에서도 골프를 자제해야 했습니다.

또한, 1993년 7월 클린턴 당시 미국 대통령이 방한했을 때, 클린턴 측은 골프 회동을 원했지만, 김영삼이 골프를 치지 않겠다는 국민과의 약속을 이유로 거절했고, 결국 두 사람은 청와대 내에서 2.9km를 달리는 ‘조깅 회동’을 가졌으며, 골프장 회원권 값이 폭락해 회원권 투매까지 벌어진 시기였습니다.

한편, 기업 성장을 위한다는 명분하에 금융·투자규제를 풀어줘 중복투자와 문어발식 확장이 이뤄졌고, 결국 유동성 문제로 외환위기가 와서 민생을 후퇴시킨 유일한 대통령 김영삼입니다.

금융실명제로 과세 형평성이 실현된 것도 아니고 세정 운영이 체계화되지도 않았는데, 군대 하나회 척결도 결국 권력투쟁의 암수를 숨기려는 목적이 곁들여 있었고, 금고지기 측근과 국정에 과도하게 개입한 둘째 아들의 전횡 등 군사정부와 다를 게 없었습니다.

7) 김대중 대통령 때

김대중 대통령은 야당 시절부터 ‘골프장을 없애 논밭을 만들자’는 주장을 한 바 있고, IMF 사태 이후 취임을 한 그인지라 ‘사치 스포츠 추방’ 등 명분으로 골프를 탄압할 수도 있었지만, 취임 이후 공무원 골프 금지령이 해지되었고, ‘골프 대중화를 강조’하며 대중제 골프장 건립도 활기를 띠었습니다.

김대중 대통령은 다리가 불편해 스트레칭과 체조를 주로 했다는데도, 박세리, 김미현 등 ‘국민 영웅’의 활약도 이 시기 골프 대중화 정책에 큰 힘이 되었고, 재임 기나 퇴임 후에도 특별히 골프 논란을 만들지는 않았습니다.

한편, 김대중의 업적으로 평가되는 IMF 외환위기 극복과 역사와 화해를 시도하며 스스로 모범을 보였는데, 업종 전문화와 부실기업을 정리했으나 되살아난 기업이 다시 재벌에 흡수되어서 비판도 나왔습니다.

한일관계도 과거에 집착하지 않고 당당하게 풀어나갔고, 일본문화 개방은 우리 내부의 역동성을 높였으며, 오늘날 K-컬쳐를 창조하는데 소중한 원천이 되었으나, 그 역시 세 아들 모두 험한 꼴을 당하는 등 측근 관리에 실패했습니다.

8) 노무현 대통령 때

노무현 대통령은 자전거, 낚시, 골프가 취미로, 노태우에 이어 '제2의 골프 붐'을 일으킨 대통령으로, '전국 골프장 230개 건설 및 대폭적인 규제 완화'로, 노무현 자신도 골프를 즐긴 것입니다.

노무현 본인은 재임 시기나 퇴임 후에도 특별히 골프와 관련된 문제를 일으키지는 않았지만, '책임총리'로 불리며 막대한 실권을 쥐었던 이해찬 총리가 숱한 골프 논란 끝에 물러나기도 했습니다.

한편, 노무현 정부가 하필이면 삼성경제연구소를 택했다는 게 역사의 아이러니였고, 당시 종합부동산세를 새로 만들고, 보유세와 등록세 취득세 양도세 등 모든 부동산 세금을 올려 버렸는바, 거래는 뚝 끊기고 아파트 가격은 폭등했습니다.

수도권 과밀 현상을 해소하겠다며 행정도시, 혁신도시, 기업도시를 남발해 전국 땅값이 들썩였고, 설상가상으로 골프장 건설을 권장하며 각종 환경규제도 대폭 완화했습니다.

총선 직전 공식 기자회견에서 열린우리당에 압도적 지지를 호소하는 등 일부러 탄핵을 유도하는 듯한 행위를 일삼았고, 한미 FTA를 노무현이 시작했으며, 이라크 파병 역시도 강행했습니다.

9) 이명박 대통령 때

이명박 대통령도 비교적 친 골프 정책을 펼쳤는데, '서비스산업 선진화 방안'을 통해 골프장 세금을 인하하고, 골프장 건립의 각종 규제를 더욱 완화하는 정책을 수립했고, 본인은 골프보다는 테니스를 즐겼지만, 친 골프 대통령으로 분류할 수도 있습니다.

한편, '비즈니스 프랜들리'라는 슬로건도 문제였던 이명박은 임기 중에 경제성장률을 7%대로 올리고, 국민소득 4만 달러에 세계 7위 강국으로 도약시키겠다며 '747' 공약을 내걸었지만, 4대강 사업을 강행하고 기업과 친했으나 국민과는 멀었던 이명박은 외교적 파장을 고려않고 갑작스럽게 독도를 방문함으로써 한일관계를 파탄 나게 했습니다.

10) 박근혜 대통령 때

박근혜 대통령은 취임 후 한동안 골프를 마뜩 잖게 보았고, 재임 초기에 북한의 핵실험으로 안보 위기가 불거진 가운데 현역 군 장성들이 군 전용 골프장에서 골프를 쳐 논란이 불거진 후, 한동안 골프에 비판적인 언동을 했습니다.

공직 사회는 이를 '골프 금지령'으로 받아들였지만, 이후 내수 활성화 등의 명분으로 국내 골프를 독려하는 등 친 골프 행보를 보여주기도 했습니다.

한편, 박근혜가 경제민주화라는 용어를 선점하더니 당선이 되자마자 이를 버리고 '창조경제로 바꿔 탔고, 정부 부처를 통합해 미래창조과학부 만들고, 대기업을 압박해 전국에 창조기업혁신센터를 만든 게 대기업과 유착해 부패의 연결고리만 만들어졌습니다.

문고리에 휘둘린 '식물 대통령' 박근혜는 당내 경선 후부터 '인의 장막'에 갇히고 이미 권력을 얻은 사람처럼 눈빛부터 달라졌다는데, 선대위 산하에 수많은 위원회가 중복되어 생겼고, 측근들을 의심하지 않아 권력은 사유화돼 탄핵 당했습니다.

11) 문재인 대통령 때

문재인 대통령은 개인적으로는 골프를 즐기지 않는 것으로 알려졌지만, '일만 잘하면 공직자가 골프를 치는 것은 문제없다'는 사고방식을 가진 것으로 알려졌습니다.

촛불을 이용하고 촛불을 배반한 문재인 정부는 국민들이 가장 기대했던 것이 '공정'인데, 이를 져버렸다고 내로남블로 평가받고 정권 교체를 당했습니다.

위 글은 김상현의 "골프와 정권의 상관관계"(2022. 3. 7. 골프저널)를 많이 참고했고, 역대 정권에서 골프를 어떻게 바라보고, 나아가 어떤 영향을 주었는지도 살폈습니다.

추가해서, 박노승 골프칼럼의 "대통령과 골프"(2022. 1. 24. 헤럴드경제)에서 1999년 10월 김대중 대통령의 골프 대중화를 선언하는 업적을 추가 소개합니다.

김대중 대통령이 골프 대중화를 선언한 이후 일반 골퍼의 그린피 부담을 덜어주기 위해서 대중 골프장에게 개별소비세 면제와 재산세 등 각종 세금 감면 혜택을 주어왔는데, 최근 문체부는 "제2의 골프 대중화 선언" 행사를 주최하면서 '우리나라 골프산업을 두 번째 도약의 단계로 발전시킨다.'는 청사진을 제시했습니다.

그로부터 22년이 지난 현재 골프인구가 500만 명, 골프장이 500개 이상이므로 두 배 이상 성장하는 양적인 성공을 거뒀지만, 라운드 1회당 필요한 비용은 15만 원에서 30만 원 이상으로 두 배나 비싸지게 돼, 골프대중화 제2선언 정책이 나왔습니다.

2022년 1월 발표한 제2의 골프대중화 선언에서 골퍼들이 가장 큰 관심을 갖는 항목은 이용료(그린피) 인하인데, 문체부가 공들여 만든 대책이 있지만 정상적인 방법으로는 골프장 공급을 늘리는데 시간이 걸리기 때문에 단기간에 그린피가 인하될 가능성은 크지 않아 보입니다.

기영노 편집위원의 '대통령들의 스포츠'(2021. 5. 18. 뉴시안) 라는 글에서도 "5.18 배후 인물로 사형선고 받은 김대중 대통령, 취임 후 모두 용서하고 골프 장려하였다"고도 소개합니다.

김영삼 때 '골프 중단'을 선언하면서 그의 재임 동안 골프계가 암흑기에 빠졌었다면 김대중 때(1998-2003)는 골프가 엘리트 스포츠와 생활 스포츠로 비약적인 발전을 이룬 시기였습니다.

김대중은 몸이 불편해서 비록 골프를 하지 않았지만, 골프를 스포츠로 인정했고, 특히 IMF 외환위기 때 국민에게 희망을 준 박세리는 물론, 최경주와 박지은, 김미현 등 미국 남자프로골프 PGA와 미국여자프로골프 LPGA에서 맹위를 떨친 선수들을 청와대로 초청해 오찬을 베풀고 훈장을 수여하기도 했습니다.

김대중의 "골프 대중화를 위해 퍼블릭 골프장을 늘려야 한다"는 말은 골프계에 구원과도 같은 말이었는데, 재임 시절에 정부 내의 체육 기구가 더 축소돼 체육 업무는 문화관광부 속으로 흡수됐고, 부처 명칭에서도 아예 '체육'이라는 말이 빠졌으며, 체육 담당 부서도 1개국으로 줄었던 건 아이러니입니다.

대법원 1997. 4. 17. 선고 96도3376 전원합의체 판결은 "전두환 등을 중심으로 한 신군부 반란세력 즉, 5 · 18 내란행위자들이 1980. 5. 17. 24시를 기하여 비상계엄을 전국으로 확대하는 등 헌법기관인 대통령, 국무위원들에 대하여 강압을 가하고 있는 상태에서, 이에 항의하기 위하여 일어난 광주시민들의 시위는 국헌을 문란하게 하는 내란행위가 아니라 헌정질서를 수호하기 위한 정당한 행위였다."고 판시하였습니다.

1997년 대법원에서 내란 목적 살인, 뇌물 수수 등의 혐의로 각각 무기징역과 17년 형을 받았고, 내란 수괴 전두환은 2,205억 원의 추징금이 확정됐으나 일부만 갚고 25년을 버텨 남기고 간 미납 추징금은 약 956억 원에 달하는바, 특별사면과 복권을 발표해 내란주요임무종사죄인 노태우와 함께 둘은 2년 남짓의 수형 생활 후 석방됐으나, 참회가 생략됐습니다.

1979년 12월 12일과 1980년 5월 18일을 전후하여 발생한 전두환과 노태우 군사반란 신군부 폭력과 헌정질서 파괴범죄행위에 맞서서 정당한 행위를 한 '광주 민중항쟁'은 오늘도 계속되고 있습니다.

03 골프 정책과 산업

3장 | 골프 정책과 산업

1 골프정책

사회와 시대의 변화상이 스포츠에 그대로 드러나기 때문에 '스포츠는 사회의 거울'이라고 하며, 서구에서 산업혁명으로 현대 스포츠가 본격적으로 시작했듯이 우리나라 스포츠는 산업의 성장과 함께 고락을 함께 했습니다.

1960, 70년대 수출경제를 국가정책으로 내세웠을 때 스포츠는 올림픽과 아시안게임서 국위 선양에 앞장섰으며, 1980,90년대 세계화에 주력했을 때, 골프, 야구 등이 미국무대에 본격 진출했고, 박세리, 박찬호는 스포츠에서는 세계화의 최대 상품이었다고 할 수 있습니다.

2000년대 들어 삼성, 현대자동차, 포스코 등 글로벌 기업을 탄생시킨 한국 경제가 2008년 미국 발 금융위기로 위한 세계적인 경제침체로 인해 지난 수년간 성장률 저하로 많은 어려움을 겪고 있습니다.

한편 정부는 골프 대중화를 촉진하기 위해 지난 2000년 1월부터 대중 골프장의 세율을 대폭 인하했지만, 코로나19로 신규 골프인구의 유입이 늘었고 골프장이 호황을 누리면서 이용료는 급상승했고, 세제 혜택을 받는 대중제 골프장의 이용료(그린피) 폭등으로 골퍼들의 원성을 사고 있습니다.

코로나19 직후인 2020년 5월 이후로 라운드 1회당 필요한 비용은 15만원에서 30만 원 이상으로 두 배나 비싸지게 되었다고 합니다.

대중 골프장의 주중 그린피는 26.8%, 토요일 그린피는 20.6% 상승했는데, 회원제 골프장이 주중 13.7%, 토요일 11.3% 오른 것에 비하면 차이가 납니다.

회원제는 그린피 인상을 할 때 회원들로 구성된 운영위원회에서 심의하지만, 대중제는 사주의 자의적인 판단으로 가격 인상이 결정되면서 대중제의 그린피가 더 가파르게 올랐습니다.

회원제·대중제의 1인당 세금 차액(3만 7.000원)을 감안해 비회원제 대상 골프장수를 추정한 결과, 전국 236개 대중골프장(18홀 이상) 중 73.7%인 174개소가 비회원제 대상 골프장으로 조사됐는데, 회원제 비회원 평균 그린피(토요일, 최고가 기준)를 초과하는 대중골프장이 69개소로, 236개 대중골프장의 29.2%에 달했습니다.

지역별로는 수도권은 61개 대중제 중 52개소로 가장 많았고, 다음이 충북 27개소 중 25개소, 경북 20개소, 전남 16개소 등으로 나타났으며, 제주도는 17개소 중 9개소로 절반이 넘습니다.

공공기관이 운영하는 골프장으로서 순수한 상업주의보다는 생활 스포츠로서 복지 및 보건의 개념으로 접근되어야 하고, 빛이 있으면 그림자도 있는 법입니다.

우리나라 골프 정책은 전두환의 골프장 '내인가' 탓에 멈칫거렸으나 1986년 6.29 선언 이후, 1988년부터 시·도지사에게 인가권을 넘기고 법으로 강제시켜 대중제 골프장 건설을 많이 세워 사치성 스포츠를 벗어나게 되면서 골프 대중화란 커다란 전환점을 맞았습니다.

1999년 10월 김대중 대통령의 골프 대중화 선언과 함께 공무원 골프장 출입도 허용되었고, 정부는 2000년부터 '국민 레저형 스포츠' 육성 명분으로 퍼블릭 골프장을 공공재인 체육시설로 간주해 세금을 대폭 인하했으며, 취득세 12%를 4%로 내리고 골퍼들이 부담하는 개별소비세는 전액 감면해 주는 파격적 조치가 이뤄졌습니다.

또한, 대중제 골프장 추진을 장려했으나, 2008년 국제 금융위기로 휘청 거렸는데, 스크린골프 출현으로 만회하다가 최근 김영란 법 시행으로 우려도 일었고 코로나19 탓에 호황을 맞고 있지만, 그린피 인상에 반발이 커 2022년 1월 발표한 제2의 골프대중화 선언에 이르렀습니다.

2 제2의 골프 대중화 선언

2022년 1월 문화체육관광부(이하, 문체부, 장관 황희)는 "제2의 골프 대중화 선언" 행사를 주최하면서 '우리나라 골프산업을 두 번째 도약의 단계로 발전시킨다.'는 청사진을 제시했습니다.

지난 1월 20일 국정현안조정점검회의 안건으로 '골프장 이용 합리화 및 골프산업 혁신 방안'을 발표했고, 최근 정부의 '대중골프장 편법운용 방지' 정책에 따라 골프업계는 물론이고 회원권시장도 새로운 국면 전환이 가속화되고 있습니다.

서울 송파구 스포츠산업종합지원센터에서 열린 '제2의 골프 대중화 선언식'에서 문체부는 오는 2026년까지 골프 인구 600만 명, 시장 규모 22조원 달성을 목표로 실질적 골프 대중화와 지속가능한 산업 혁신을 양대 정책 방향으로 제시했습니다.

1) 회원제·비회원제·대중형의 삼분 체제

문체부는 일부 대중골프장이 세제 혜택을 받으면서도 과도한 이용료, 캐디·카트 강제 이용 등을 요구하는 대중적이지 않은 영업을 이어가는 문제를 해결하기 위해 체육시설의 설치·이용에 관한 법률을 개정해 기존의 회원제·대중골프장의 이분 체제를 **회원제·비회원제·대중형의 삼분 체제**로 개편한답니다.

여기에서 말하는 '비회원제'는 고가 및 고급화 전략을 고수하는 대중제 골프장을 뜻하고, 비회원제 골프장으로 분류된 곳은 현행 세제의 적절성을 재검토할 예정입니다.

대중형 골프장은 비회원제 골프장 중 국민체육진흥을 위한 요건을 충족하는 곳을 의미하고, 이 요건은 이용료와 캐디·카트 선택 여부, 부대 서비스 가격 등을 고려해 하위 법령 등으로 정할 예정입니다.

기존 대중골프장 가운데 고가·고급화를 고수하는 곳은 대중형 골프장이 아닌 비회원제 골프장으로 분류해 현행 세제의 적정성을 재검토하고, 반면 대중형으로 지정된 골프장에 대해서는 세제 합리화, 체육 기금 융자 우대 등의 지원 방안을 마련하기로 했습니다.

또 정부는 전국 170개 골프장을 대상으로 이용 실태를 조사하고 그 결과를 바탕으로 문제 업체에 대한 직권 조사와 시정 조치를 할 예정이고, 아울러 골프장 이용 표준약관 상 캐디, 카트, 식당 이용 강요 금지 규정을 신설하며, 취소 위약금도 합리화합니다.

정부는 쓰레기 매립장 등 유휴 부지를 활용해 국민체육진흥공단이 설치·운영하는 공공형 '에콜리안' 골프장도 현재 5개소에서 더 늘리는 등 주말 18홀 기준 이용료 10만 원 이하가 가능한 공공형 골프장을 확충할 계획입니다.

대중제 골프장의 편법 운영, 그리고 공공형 골프장에 대한 사안도 먼저 비회원제 골프장이 유사회원 모집이나 운영을 할 경우 '등록 취소'까지 할 수 있도록 위법 및 의무위반에 대한 행위를 명확하게 규정하고, 적극적인 행정조치를 위한 기반을 마련합니다.

또 체육시설법령을 개정해 코스 설계나 안전시설 설치를 통해 안전이 확보되면 코스 간 거리를 현행 20m 규정에서 탄력적으로 조정할 수 있도록 할 예정이고, 이를 통해 골프장 사업자가 부지를 확보해야 하는 부담을 줄여 생활권 인근에 저비용, 소규모 골프장을 확충할 수 있을 것으로 예상합니다.

이밖에 안정적 캐디 수급과 전문성 강화를 위해 민간 협회를 중심으로 체계적 캐디 양성 및 평가 체계를 구축하고 교육을 지원하고, 캐디의 단계적 4대 보험 가입과 캐디 요금 카드 결제를 추진해 해당 직종에 대한 사회적 인식을 개선하고 이용자 불만을 해소할 계획입니다.

문체부는 어린이·청소년들이 손쉽고 흥미롭게 골프를 즐길 수 있는 방안을 마련해, 초·중교 체육교과와 방과 후 활동에 골프 체험 추가, 골프장 청소년 할인이나 우대 이용시간대 도입을 장려할 계획입니다.

골프를 접대 수단으로 표현하는 각종 법령과 규정도 고쳐 골프가 사치 활동이나 접대 수단이 아닌 누구나 즐길 수 있는 스포츠라는 공감대도 확산해 나가기로 했습니다.

황희 장관은 “이번 방안이 소비자에게 더 저렴한 가격으로 다양한 형태의 골프장을 이용할 기회가 되고, 업계에는 혁신적인 서비스 개발을 통해 새로운 시장을 창출하는 계기가 돼 ‘제2의 골프 대중화’가 이뤄지기를 바란다.”며, “코로나19 이후에도 지속적으로 골프 인구를 확보하고 관련 산업을 고도화해 우리나라가 아시아 최대 골프시장으로 도약하도록 지원을 아끼지 않겠다.”라고 밝혔습니다.

2) ‘대중 스포츠’란 구호

이미 골프가 대중화되고, 대중 스포츠로 인정받고 있는 상황에서 정부가 새삼 ‘대중 스포츠’란 구호를 다시 꺼내고, 문화체육관광부장관이 직접 ‘제2의 골프 대중화 선언식’에 참여한 건 그 의미가 큽니다.

문체부는 일부 대중골프장이 각종 세제 혜택을 받으면서도 과도한 이용료를 받는 문제를 해결하기 위해 ‘체육시설의 설치·이용에 관한 법률’(약칭 ‘체시법’)을 개정해 기존의 회원제·대중골프장 이분 체제를 회원제·비회원제·대중형의 삼분 체제로 개편할 계획입니다.

골프장 문제, 특히 대중제 골프장 문제에 정부가 오랫동안 고민하고 다듬은 끝에 발표한 정책이라 볼 수 있고, 제2 골프 대중화 선언을 계기로 국민 누구나 생활 속에서 부담 없이 골프를 쉽게 치고 즐길 수 있게 되면 좋겠습니다.

‘제2 골프 대중화 선언’에 참석했던 유명 골퍼 최경주는 “제2 골프 대중화 선언을 계기로 국민 누구나 골프를 쉽게 치고 즐길 수 있게 되면 좋겠다.”고 말했고, 박인비도 “생활 속에서 누구나 즐겁고 부담 없이 골프를 즐겼으면 좋겠다.”며 기대감을 드러냈습니다.

한편, 대중제로의 골프장 운영 전환에 대한 심사와 허가는 자치단체가 맡고 있지만, 막대한 지방세를 깎아 주면서도 심사는 별 규정이 없다는 이유로 형식적인데, 대중제 골프장은 건축물과 토지에 대한 취득세를 회원제보다 70%, 재산세는 최대 95% 감면받아 왔습니다.

정부로서는 대중 골프장들의 골프장 이용료(그린피) 등의 요금 폭리로 소비자들의 권익과 진정한 골프의 대중화를 위한 조치의 일환이었으나, 대중 골프장들이 발행하던 편법 회원권이 금지되자 파급효과는 회원권시장으로도 확대됐습니다.

이미, 2008년 미국 발 금융위기 이후 67개가량의 회원제 골프장이 대중제로 전환되면서 회원권 개체 수의 22% 수준이 사라진 터입니다.

대중 골프장들이 분양했던 저가의 이용권과 채권·투자형 상품들은 시장의 틈새 역할을 자처했으며 결국, 비싼 회원제 골프장의 회원권의 수요를 감소시키는 효과도 있었습니다.

하지만, 올해부터 대중 골프장들 회원권 분양이 어렵게 됐으니 폭등한 그린피도 부담스럽고, 소비자로서는 정통 회원제 골프장의 회원권을 매입할 수밖에 없게 돼 수급 여건은 항시 매물이 부족하다는 분석이 나올 법합니다.

정부안에 따르면, 비회원제 골프장 중 이용료, 캐디나 카트의 선택 여부, 부대서비스 가격 등을 고려한 뒤 해당 요건을 법령으로 정해 '대중형 골프장'을 따로 구분할 계획입니다.

즉, 그린피나 관련 비용이 비싼 대중제 골프장은 '대중형'이 아닌 '비회원제'로 분류돼, 세금 부담이 늘어나는 등 불이익을 당할 것입니다.

골프장이 내는 세금은 크게 개별소비세와 재산세로 구분되고, 개별소비세는 골퍼 개개인이 내는 세금을 골프장이 모아서 국세청에 내는 국세이며, 재산세는 골프장이 보유한 토지나 건물 등 재산을 기준으로 부과하는 지방세인데, 그린피에 보다 직접적인 영향을 미치는 건 개별소비세입니다.

비회원제 골프장에 개별소비세를 내도록 하면 골프장이 택할 방법은 세금을 이용자들에게 부담시키거나, 골프장이 직접 부담하는 두 가지인데, 이용자에게 부담하게 한다는 건 그린피 상승을, 골프장이 부담하는 것은 골프장의 수익성 저하를 의미합니다.

정부안이 예정대로 시행되면 비회원제로 전환될 상당수의 대중제 골프장의 그린피는 지금보다 더 오를 것이고 이 때문에 이용객이 줄어들겠지만, 중장기적으로는 그린피 인하를 기대할 수도 있을 것입니다.

코로나19 사태 이후 골프의 인기가 높아지고 세제 혜택까지 누리는 와중에 대중제 골프장이 지나치게 높은 그린피, 각종 서비스 강제 이용, 편법 운영 등 여러 문제를 일으킨 가운데, '체시법'에 금지된 유사 회원 모집을 하다 적발된 대중제 골프장이 2020년에만 11곳입니다.

해마다 20억 원가량 각종 세금을 감면받는 대중제 골프장은 2016년 290곳에서 2020년 341곳으로 4년 만에 50여 곳 늘어났습니다.

또한 비회원제 골프장을 대상으로 재산세율을 회원제처럼 중과세하면 골프장의 세금부담이 1인당 1만 6천 원 정도 늘어나 지방세(재산세) 확충 효과도 기대할 수 있는데, 비회원제가 100곳 생기면, 1,460억 원의 세원이 확보됩니다.

3) 코로나19 사태 이후 그린피 폭등

코로나19 사태 이후 그린피가 폭등한 책임이 대중골프장 사업주들에게 있기에 비회원제 골프장에 개별소비세를 부과하기보다는 재산세율을 회원제 수준으로 중과세하자는 주장도 있으나, 사치 스포츠가 아닌 대중제(퍼블릭) 골프장을 활성화 시키려는 골프 대중화도 고려해야 합니다.

추가로 납부된 세금은 골프 꿈나무 육성이나 공공골프장 확충 등 골프 대중화를 위한 재원으로 쓰여야 하는데, 지금의 사태에 대중제 골프장의 책임도 적지 않으니 어떤 방식으로든 책임을 지게 할 필요도 있습니다.

2021년 12월 31일에는 김승원 의원이 대표 발의한 '체육시설의 설치 이용에 관한 법률(이하, 체시법) 개정안'이 국회 본회의를 통과했는데, 주요 내용은 대중제 골프장이 회원을 모집하거나 이용 우선권을 제공하는 행위를 금지하는 것이고, 시행시기인 금년 6월부터는 유사회원을 모집한 대중골프장들을 관계부처와 지자체에서 일제 단속할 것으로 알려 지고 있습니다.

이는 대중제 골프장들의 그린피 폭리와 아울러 회원제 골프장에 비해 세금면제 혜택을 받고 있기에, 형평성 차원에서 기존의 '체시법'을 바탕으로 처벌을 보다 강화하겠다는 의지로 해석해 볼 수 있습니다.

또한, 문체부에서는 지난 1월 '골프장 이용 합리화 및 골프산업 혁신 방안'을 발표하면서 새로운 정책을 들고 나왔는데, 이중 회원권시장에서 가장 눈에 띠는 부분은, 회원의 개념을 '우선이용권'이 있는 사람으로 보다 구체화 했다는 것입니다.

원래 '체시법' 법률 제2조에는 회원의 정의를 "일반 이용자보다 우선적으로 이용하거나 유리한 조건으로 이용하기로 체육시설업자와 약정한 자를 말한다."고 포괄적인 명시하고 있습니다.

동시에 문체부는 이를 바탕으로 현행법상 허용 여부가 불투명했던 '우선 이용권'이 없는 각종 할인과 마케팅은 활성화시키는 쪽으로 방향을 선회하면서, 골프장들 입장에서 연회원제 회원권, 선불카드, 쿠폰과 골프 상품권 형태 등의 다양한 방식들을 선택할 수 있는 여지는 남겨뒀습니다.

다만, 공통점이 있다면 향후 변동이 있을 수 있더라도 아마도 모두 소멸성 회원권으로 한시적 사용하는 형태에 초점을 맞췄을 듯하고, 회원제에서 골프장 조성 및 시설투자 등의 공사비에 해당하는 분양상품과는 별개의 사안으로 봐야 할 것입니다.

그러자 골프장들은 대체로 아직 여유가 있는 모양새지만, 이미 신규 사업을 진행 중이거나 분양을 계획하던 업체들은 해당 조치들에 대한 유 불리(有不利)를 따지느라 부산하고, 물론, 대중제 골프장들은 그동안 다양하게 편법적으로 회원을 모집하던 과거의 상품들은 향후 쉽지 않을 전망입니다.

그러면 문체부가 제시한 내용에서 상품구성을 고민할 터인데, 가장 익숙한 것은 선불카드 형식으로 다수의 골프장들이 선택할 개연성이 높아 보입니다.

문제는 '문체부'의 의도대로 '우선 이용권'이 없더라도 이외의 금액조건이나 혜택들을 활용한 상품구조를 모두 용인할 수 있는 것인지는 아직 미지수고, 이 부분에 대해서는 '좀 더 구체적인 지침이 필요하다'는 지적들이 나오고 있습니다.

가령, 선불카드라도 금액 단위가 과거에 비해 높아지고 있고, 물론 그에 걸맞게 소비자에게 혜택과 골프 후생을 부여하는 것은 당연하니 발행 숫자가 커지면 골프장들의 수익성도 하락할 가능성이 있긴 합니다.

어쨌거나 선불카드 발생 초기에는 500만 원 미만 대부터 최근 비싼 상품은 1~2억 원 단위의 상품들이 나오기도 했기에 무기명 혜택을 활용하거나 선호도가 떨어지는 골프 텔 및 일부 콘도 복합 상품 등으로 연계하면 금액 단위가 이보다도 훨씬 높게 책정할 수 있습니다.

이 경우, 골프장 조성금이나 운전자금을 충분히 마련할 수 있기에 소비자 후생 외에도 골프장들의 편법회원권 발행에 오히려 면죄부를 부여하는 격이 될 수도 있습니다.

그리고 정부가 대중제 골프장 제재(制裁)에만 주목하고 있는 나머지 회원제 골프장들과 다단계식 유사회원권 업체 간의 폐단에 대해서는 눈을 감고 있는 것도 짚고 넘어 갈 문제입니다.

상당수 유사회원권은 소멸성 또는 선택적으로 예탁금을 취하기도 하나, 골퍼들의 선호도가 높은 일부 회원제 골프장들과 부킹 약정을 맺고 정규시장의 회원권 인양 아직도 성행하고 있습니다.

더구나, 자율경영이라는 시장경제의 시스템과는 별개로 골프장들의 부킹 공정성에 대한 시비는 최근 더욱 증폭되고 있기에, 이에 대한 해법의 일환으로 일부 주주회원제 골프장에서는 아예 모든 예약현황을 부분 실명제를 도입하여 상당한 호응을 얻기도 했습니다.

유사회원권은 과거부터 소비자 피해가 컸던 사안인 만큼, 명확한 정부지침이 필요한 시점입니다.

3 저가형 공공골프장

'친환경 공공형 골프장' 증설 계획을 최근 정부가 내놨는데, 현재 국민체육진흥공단에서 운영하고 있는 에콜리안 골프장은 일명 '가성비 골프장'으로 불릴 만큼 낮은 그린피와 노캐디 운영, 지역 사회와의 상생 등으로 호평 받으며 공공형 골프장의 가능성을 보여주고 있습니다.

우리나라에서 그린피 10만원 미만의 이상적인 골프장은 국민체육진흥공단에서 운영하는 에콜리안cc 5곳과 의령친환경골프클럽 등 6곳으로 전체 골프장의 약 1.1%에 불과한데, 미국의 공공골프장 비 17.9%와 비교할 때 매우 낮은 수준이나 영국이나 일본도 전체 골프장 수 대비 공공골프장의 비중은 각 1.8%와 1.9%로 낮은 수준입니다.

이에 문체부는 지방자치단체에서 주민 복지, 지역 발전 등 공익 목적을 가지고 운영하는 공공형 골프장 10곳을 2030년까지 추가로 조성할 계획으로 신설되는 공공형 골프장은 역시 국민체육진흥공단이 운영함으로써 공공성과 운영의 일관성을 유지할 방침이고, 에콜리안 골프장의 숫자를 파격적으로 늘리는 것이 가장 빠르고 확실한 대책입니다.

또 어린이와 청소년들이 좀 더 쉽게 골프를 즐길 수 있게 체육 교과와 방과후 활동에 골프 체험을 추가하는 방안, 골프장 청소년 할인이나 우대 이용 시간대 도입을 장려하는 방안, 골프를 접대 수단으로 표현하는 각종 법령과 규정도 고침으로써 골프가 사치나 접대의 수단이 아닌 대중 스포츠로서의 공감대 확산 정책 등도 발표됐습니다.

대중제 골프장의 높은 비용 문제, 편법 운영 등 수많은 논란이 언론의 도마에 오르고, 청와대 국민청원까지 갈 만큼 심각한 문제로 여겨지고 있는바, 코로나 사태 이후 호황을 누리면서도 논란을 키운 대중제 골프장의 '업보'로 정부 정책에 반발할 '명분'이 부족하기 때문인바, 이번 정책의 성패를 정확하게 예상하기는 어렵지만, 당분간 큰 힘을 발휘할 가능성이 커 보입니다.

그런데, '룰과 에티켓'을 슬로건으로 내세우는 골프산업계 모든 것은 국제 경쟁력 차원과 시장원리에 맡겨야 만사형통이며, 코로나가 끝나고 국내 골퍼들이 외국으로 썰물처럼 빠져나갈 때 그린피 폭락과 더불어 과거처럼 또 다시 골프장 부도 사태가 나거나 외화 유출이 되면 정부는 무슨 말로 궤변을 펼칠 것인가 묻는 분도 있습니다.

농부의 농사도 풍작과 흉작이 있듯이 이 지구상 어느 나라이든 '시장경제를 무시하는 전문가'란 있을 수 없고, 미국처럼 10년 단위의 골프 산업 진흥을 위한 진단을 단 한 번도 하지 않는 문화체육관광부 정책당국은 오늘 현재까지도 "열중 쉬어" 하는 구경꾼 밖에 될 수가 없으며, 빨리 원론부터 분석하는 과업에 착수해주기를 바라며, 정책가의 면모를 보여 주시기 바랍니다.

정부가 골프장 그린피가 정말 문제라고 한다면 문화체육관광부 산하 뉴서울CC, 국가보훈처 산하 88CC, 연기금 등이 운영하는 골프장부터 그린피를 낮추는 일을 왜 하지 않는지 살펴봐야 합니다.

문예진흥기금과 보훈기금, 연금의 기금수익을 위한 것이기도 하지만, 그린피 분석을 할 것이 아니고 그 원인을 분석해야 하는 것으로, 현재의 대중제는 세금 혜택을 보는 것이 전혀 문제가 없는 것이라 글로벌 기준에서 아주 적당한 세금을 내고 있는 것입니다.

4 골프산업

현대 사회에서 스포츠는 단순한 일과성 이벤트가 아니라 주기적이고 지속적인 여가 활동이며 비즈니스의 수단이고, 국민은 스포츠를 통하여 스트레스 해소와 자긍심 함양, 여가선용 등의 다양한 개인 목적을 달성하고 기업은 자사의 이미지 고양이나 제품판매를 위한 프로모션 수단으로 스포츠를 활용하고 있습니다.

이는 여가 시간의 증가 및 건강과 레저에 대한 관심 증대, 소비 지출의 증가와 같은 생활양식의 변화에 따른 것으로서 참여 스포츠의 발달과 활성화를 가져왔으며 프로스포츠뿐 아니라 관람스포츠의 인기와 관심을 증가시켰습니다.

1) 스포츠 마케팅

딱 한 가지 제품으로 14가지 비즈니스가 파생되는 사업이 바로 관람스포츠 비즈니스인데, 예를 들어 '프로경기'라는 제품이 만들어지는 데는 몇 개 시장이 형성되고, 단순한 판매시장과 요소시장만이 아닙니다.

첫째는 만들어진 경기가 팔리는 판매시장도 여러 개의 버전으로 나뉘고, 이 시장의 소비자는 팬이나 관중인데 라이브, 동영상, 소리, 문자버전으로 팔립니다.

라이브를 선호하는 소비자는 티켓을 구매하고 동영상버전은 TV 및 인터넷방송 시청자, 소리버전은 라디오 청취자, 문자버전은 스포츠기사 독자들에게 소비됩니다.

라이브 경기가 팔리는 경기장에서는 식음료, 기념품 등의 매점사업, 광고사업, 주차사업 등 또 다른 사업이 파생되는데, 이 사업은 관중 수나 팬 규모에 비례하는 사업인데 티켓 시장보다 크고, 팬 성향 조사에 의하면 티켓 구매비용의 약 1.5배 정도 지출하는 것으로 나타납니다.

여기에 팬 규모가 커지면 스폰서십 및 광고 사업이라는 또 다른 시장이 활성화돼 기업이 선수유니폼, 헬멧, 경기장 펜스 등의 광고공간을 구매하는 시장이고, 요즘은 경기장 명칭사용권까지 팔리고 있으며, 충성도 높은 스포츠팬을 기업제품의 고객으로 만들고자 하는 마케팅전략에서 비롯되었습니다.

이런 시장에서 프로선수, 코칭스태프, 구단직원, 티켓 판매대행, 스포츠방송, 신문기자, 매점사업자, 스포츠마케팅대행사, 경기장운영요원 등의 직업이 생기고, 이외에도 팀 로고사용권을 활용한 상품화 사업도 있으며, 유럽이나 미국처럼 '보는 스포츠'가 문화로 정착한 사회일수록 이 산업의 규모가 큽니다.

스포츠이벤트는 융합비즈니스의 소재가 되는데도 스크린골프처럼 탁월한 기능이 있고, 스포츠를 산업측면에서 보면 많은 일자리가 보여 더 많은 일자리를 만들고자 한다면 스포츠 활동의 비즈니스 가치를 살리는 방향으로 정책이 수립되는 게 맞습니다.

2016년 3월 학교체육, 생활체육, 전문체육을 통합 대한체육회라는 한 조직 안에 합쳐졌는데 이는 유소년클럽 혹은 동호인클럽 활동도 보다 큰 비즈니스로 성장할 수 있는 제도적 기반이 만들어졌음을 뜻합니다.

이를 바탕으로 마케팅 권리의 통합을 통한 빅 이벤트가 만들어지면 아마추어대회도 미국의 대학스포츠나 일본의 고교야구같이 프로스포츠 못지않은 비즈니스가 되는 이벤트를 만들 수 있습니다.

통합이벤트가 제대로 자리 잡으면 용품, 서비스, 시설 전 분야에서 이때까지 없었던 일자리도 생기게 되고, '하는 스포츠'에서 비즈니스가치를 찾아 '보는 스포츠'로 만드는 정책적 뒷받침이 있을 때 가능합니다.

2) 외국 브랜드 골프채

국내 골퍼들의 95%가 외국 브랜드 골프채를 사용하고 많은 한국 낭자들이 'LPGA' 대회에서 우승을 하여도 전부 외국 브랜드 골프채로 우승하기에 국내에서는 어떠한 특수도 누리지 못하고 있는데, 국내 골프채회사가 거의 전무한 상태이기 때문입니다.

1970년대까지 전 세계 골프채의 80% 이상을 국내에서 주문자상표 부착생산(OEM)으로 생산하였고 1980대 후반 인건비의 상승으로 골프채 생산기지가 중국으로 이전된 점을 보면, 국내의 골프채 생산기술력은 충분하나, 단지 골프에 대한 정부의 부정적인 인식이 문제였습니다.

정부가 2003년까지 골프채에 특소세를 붙임에 따라 기업 입장에서는 골프채를 생산하는 것보다 수입하여 판매하는 것이 훨씬 이득이 되었고, 국내 많은 골프채회사들이 계속 특소세 폐지를 요구하였으나 이들이 거의 망한 다음에 특소세가 폐지되었습니다.

골프장에 붙여 놓은 중과세도 논란의 여지가 있는데, 중과세를 줄여 그린피가 내려가면 해외로 골프 치러 나가는 외화낭비를 줄일 수 있고, 오히려 해외 골프관광객을 끌어들여 외화수입과 많은 고용창출(18홀 기준의 골프장당 평균100명, 주변 먹거리까지 평균 200~300명), 기타 부가가치 등을 일으킬 수도 있습니다.

일본은 1960~1970년대 골프인구가 늘어나기 시작할 때 골프산업의 부가가치를 창출하기 위해 국가 차원에서 골프산업 부흥운동을 일으켰습니다.

자국의 골프채회사를 육성하여 90% 이상이 외산이던 일본 내 골프채 시장을 자국 골프채로 전환시키고 이에 힘입어 동남아시아 시장의 50% 이상을 점유하도록 해, 많은 외화 수입과 일자리를 창출하였습니다.

중국은 '골프'라는 용어가 들어가면 37%의 관세를 책정하여 자국의 골프산업을 육성하고 있으며, 골프를 교육에도 접목시켜 골프산업의 부흥을 추구하고 있지만, 한국은 부가가치 창출의 기회를 잃고 있습니다.

골프가 ① 올림픽에 정식 종목으로 책정되고 ② 주 5일 근무제의 시행, ③ 국민 소득 수준의 향상, ④ 건강에 대한 관심 고조, ⑤ 보는 관광에서 참여하는 관광의 확산 등으로 인해 골프 붐이 세계적으로 일고 있는 지금, 골프를 사치가 아닌 산업으로 다시 한 번 보아야 합니다.

3) 골프대중화 정책

'체육시설의 설치·이용에 관한 법률' 및 시행령에 따르면 회원제 골프장업과 대중골프장업으로 구분하고, 골프대중화 정책에 따라 회원제 골프장에 비해 개별소비세·교육세·농어촌특별세 면제, 취득세 및 재산세 중과세 적용제외, 체육진흥기금 융자 우대 등 상대적 혜택을 대중골프장업에 다수 부여하고 있습니다.

한국레저산업연구소가 금융감독원에 제출된 국내 골프장의 감사보고서를 2021년 4월 20일 분석한 결과, 257개 골프장의 지난해(2020년) 매출액 영업이익률은 전년 대비 9.1% 상승한 수치로, 31.6%에 이르렀습니다.

특히 167개 대중 골프장 영업이익률은 지난해 40.4%로 집계돼 '역대 급'의 호황을 누린 사실이 입증됐고, 90개 회원제 골프장도 18.1%로 2010년(11.8%) 이후 가장 높은 영업 이익률을 보였습니다.

지역별로는 대중골프장의 경우 수도권 영업이익률이 41.4%로 가장 높았고 충청권(40.9%), 강원권(40.7%) 순이었고, 회원제 골프장은 호남권이 25.5%로 가장 높았는데, 지난해 상장 기업 평균 영업이익률은 5.5%였습니다.

2020년 기준 50대 골프인구의 비율은 전체 골프인구의 약 32%를 차지하는 반면, 경제적 부담 때문에 60대로 가면 50대의 절반인 약 16%로 감소되었습니다.

전 국민의 약 10%가 골프에 참여하고 있으며, 많은 사람들이 골프참여를 고려하고 있는 점을 감안할 때 정부가 골프를 국민스포츠로 보급하는 것에 대한 결단을 하여야 할 시기입니다.

현재 국내에 조성된 대부분의 18홀 이상 골프장들이 회원제와 대중제로 나누어져 있어 표면적으로는 계층화가 되어 있는 것처럼 보이지만, 해외 골프장들과 비교했을 때 국내의 회원제와 대중제 골프장 모두는 태생부터 고비용 구조의 럭셔리 골프장으로 조성되었기 때문에 이용료 인하에는 한계가 존재합니다.

제주도청 발표 자료에 따르면, 지난달 기준 지난해 제주 지역 내 골프코스를 이용한 내장객은 209만 4409명에 달하는 것으로 집계됐고, 한 달 평균 약 23만 명 이상이 골프장을 찾은 셈인데, 코로나19가 성행하던 지난해 같은 기간과 비교해도 30% 가까이 늘어난 수치입니다.

4) 제주 골프장 내장객

2022. 3. 28. 한국은행이 발간한 2022년 3월 지역경제보고서 내 현장리포트에 따르면 '2021년 제주 골프장 내장객은 전년 동기 대비 21.6% 증가한 290만 명으로 2020년 238만 명에 이어 역대 최고치를 경신했다'고 JIBS 제주방송 보도입니다.

제주도 외 내장객이 전년 대비 46.1%, 제주도민 등 도내 내장객이 6.3% 늘었고, 골프 관광객이 증가세를 주도했는데, 이른바 '돈이 안 되는' 할인 등으로 도민을 받기보다, '돈 되는' 골프 관광객 유치에 공을 들인 게 주효한 것으로 풀이합니다.

지난 1월도 제주 골프장 내장객은 지난해보다 95.6% 늘어난 19만 4,000명으로 20만 명에 육박해 1월 중 최고치를 기록한 바 있습니다.

보고서는 2021년 5월 제주도내 대중제 골프장 그린피가 전년 대비 주중 21.7%, 주말 14.7%의 올랐다고 봤고, 카트와 캐디피도 2020~2021년간 모두 올랐다고 분석했습니다.

1인당 평균 카트비가 2019년 2만 1,500원에서 2021년 2만 3,517원으로, 캐디피는 같은 기간 3만 179원에서 3만 2,500원으로 10% 수준 올랐습니다.

코로나 19 이후 골프가 상대적으로 사회적 거리 두기에 용이한 스포츠로 인식되며 골프 인구가 늘어난 게 영향을 미쳤고, 또 해외여행 제한이 장기화하면서 해외로 나갈 수요가 내수로 전환된 것도 한 요인으로 꼽힙니다.

실제 문화체육관광부에 따르면, 국내 골프 인구는 2015년 267만 명에서 2017년 306만 명 지난해 515만 명으로 크게 늘었습니다.

5 자영업 분석 보고서 등

지난해 6월 KB경영연구소가 발표한 '자영업 분석 보고서'에 따르면, 지난해(2020년) 전국 501개 골프장 내장객은 4,673만 명으로 전년 대비 12.1% 늘었는데, 골프 인구가 515만 명으로 1년간 46만 명 늘어난 것 것입니다.

골프는 ① 코로나19 감염 위험이 낮은 야외에서 비교적 적은 인원이 즐길 수 있는 스포츠라는 점, ② 코로나19로 인해 해외 골프여행이 어려워짐에 따라 해외 수요가 국내로 몰린 점 등이 작용했고, 최근에는 ③ 20·30대 젊은 층에서 골프가 유행하는 등 골프 인구도 늘어났습니다.

신종 코로나바이러스 감염증(코로나19) 여파로 해외여행 인구가 골프 인구로 흡수되며, 연령대가 MZ세대(1981~1995년 출생한 밀레니얼(M) 세대와 1996~2010년 출생한 Z세대를 통칭)로 확대돼 3년 이하의 신규 골프 입문자 중 골린이(골프(Golf)와 어린이)라 불리는 MZ세대가 포함된 20~40세대가 65%를 차지한 것으로 확인되었습니다.

코로나19 이후 실내외에서 적은 인원으로 할 수 있는 스포츠가 주목받았으며 감염 위험이 적은 실외활동으로 인식돼 세련된 디자인의 프리미엄 골프웨어를 입고 찍는 '인증 샷'이 유행하면서 이른바 '영(young) 골퍼'도 크게 늘었던 것입니다.

또한 비즈니스·친목도모를 위해 골프를 즐겼던 기성세대와 달리 MZ세대는 운동 목적뿐 아니라 화려한 골프 웨어와 아이템을 통해 자신의 개성을 드러내고 표현하는 또 하나의 채널로 활용한다는 특성이 있습니다.

골프에 갓 입문한 '#골린이(골프+어린이)' 게시글은 2022년 3월 10일 현재 약 86만 5,000건을 기록하고 있으며, '테린이(테니스+어린이)'의 경우 약 20만 건이 게시돼 있습니다.

2022. 1. 24 골프산업신문 기사에 따르면, 민주언론시민연합 방송모니터위원회는 지상파·종합편성채널에서 방송된 골프예능 중 TV조선 〈골프왕〉, JTBC 〈세리머니클럽〉, MBN 〈그랜파:파일럿〉, SBS 〈편먹고 공치리:시즌1〉을 통해 골프예능의 현주소를 살펴봤다고 합니다.

TV조선 〈골프왕〉은 5.5%, SBS 〈편먹고 공치리:시즌1〉은 4.2%의 최고 시청률을 달성했으나, 남성 중심 출연자 섭외와 과도한 PPL, 골프를 처음 접하는 시청자를 세심하게 배려하지 못한 방송 등은 아쉬움으로 남는데, 상대방을 향한 도 넘은 비방과 과도한 승부욕을 재미 요소로 소비하는 방식도 개선해 나가야 할 부분입니다.

2021년 방송 스포츠예능은 총 20편이며, 이중 골프예능은 40%(8편)에 달했고, 축구 3편(15%), 야구 2편(10%), 농구·태권도·레이싱·등산 예능도 각 1편씩 방송됐습니다.

〈골프왕〉 〈세리머니클럽〉 〈그랜파:파일럿〉은 자료화면을 이용해 경기 도중 등장하는 생소한 골프 용어를 시청자들이 이해할 수 있게 설명했고, 반면 〈편먹고 공치리:시즌1〉은 용어를 설명하는 데 따로 시간을 할애하지 않았습니다.

프로선수가 출연하지 않는 MBN 〈그랜파:파일럿〉을 제외하면 SBS 〈편먹고 공치리:시즌1〉 유현주 프로, JTBC 〈세리머니클럽〉 박세리 프로, TV조선 〈골프왕〉 김미현 프로까지 모두 여성 프로선수가 진행하고 있고, 대다수 출연자는 남성이었지만, 진행자는 여성입니다.

대부분 스포츠엔 승자와 패자가 존재하지만, 스포츠 목적은 경쟁을 통해 승리를 쟁취하는 것만이 아니고, 공정한 규칙에 따라 선의의 경쟁을 펼치면서 예의와 협동심, 나아가 패배를 받아들이는 자세를 배우는 것이 진정한 목적이라 할 수 있습니다.

골프장뿐만 아니라 골프예능에는 매회 수많은 PPL이 등장했는데, 〈세리머니클럽〉 6화에서는 자동차 회사 로고가 반복 노출됐고, 거리측정기, 특정 음료, 골프웨어, 건강식품, 화장품 등 다양한 제품이 노골적으로 방송에 등장했습니다.

다만 방송법은 간접광고를 허용하지만 "특정 상품, 서비스, 기업, 영업장소 또는 이와 관련된 명칭·상표·로고·슬로건·디자인 등을 과도하게 부각하거나, 특장점을 구체적으로 소개해서 광고효과를 주는 표현을 금지"하고 있습니다.

〈방송심의에 관한 규정〉 제47조(간접광고)에 따르면, 간접광고 상품 등 또는 간접광고 상품명 등을 과도하게 부각하고 반복 노출하며 구체적으로 소개해 시청 흐름을 방해하면 안 됩니다.

골프의 대중화는 많은 사람이 부담 없이 즐길 수 있을 때 가능하지만, 여전히 골프는 대다수 국민에게는 값비싼 스포츠이며 골프 비용 역시 나날이 증가하고 있습니다.

6 골프웨어 시장

한국레저산업연구소도 지난해 골프 인구를 전년 대비 8.9% 증가한 515만 명으로 추산했고, 이 중 20~30대 골프 인구는 115만 명으로 전년 대비 35% 증가했습니다.

2019년 결산이 끝난 후에 11년만의 최고의 영업이익률이라는 최고의 성적표를 받았는데, 이런 성적표는 아웃도어 스포츠가 가지고 있는 날씨의 기여도가 매우 높은 것은 부인할 수 없는 요인입니다.

코로나 19 이전에는 해외 골프인구가 1일 4만~5만 명에 달했는데, 이들이 국내 골프장으로 몰리면서 국내 골프장은 코로나 특수를 누리고 있는 것입니다.

골프 인구의 증가에 따라 골프웨어 시장 규모도 2020년 5조 1,000억 원에서 2021년 5조 6,850억 원으로 늘었으며 올해는 6조 3,000억 원으로 성장할 전망이고, 패션업계도 국내 골프의류 브랜드 수를 현재 160여 개로 보며 향후 10여 개의 신규 브랜드가 출시될 것으로 예상됩니다.

신세계백화점의 골프웨어 매출은 2019년 5.6%에서 2020년 15.2%, 2021년 56.3%로 늘었으며, 롯데백화점 역시 2020년 10%에서 2021년 37%로 증가했고, 현대백화점의 경우 2019년 3.1%에 불과하던 골프웨어 매출이 2020년 10.3%, 2021년 65.5%로 크게 늘었습니다.

현대백화점의 지난 1~2월 골프 관련 매출은 78.5% 급증했고, 이중 2030 고객 매출 신장률은 108.6%에 달했으며, 현대백화점과 거래하는 골프 브랜드 수는 2020년 36개에서 지난해 62개로 두 배 가까이 확대됐으며, 올해도 골프 트렌드에 맞춰 다양한 브랜드 도입을 검토 중이랍니다.

롯데백화점도 지난 1~2월 골프 관련 매출이 52% 신장하며 지속적인 성장세를 이어가고 있는데, 지난해 골프 매출은 전년대비 37% 신장한 것으로 알려졌고, 주요 점포를 중심으로 인기 골프 브랜드를 유치하며 다양한 체험형 골프 매장을 적극적으로 도입하고 있습니다.

특히 잠실점은 지난해 9월말 다양한 골프 의류와 용품 쇼핑뿐 아니라 클럽 피팅 및 레슨까지 모두 가능한 원스톱 체험형 골프관으로 전면 리뉴얼 했고, 리뉴얼 이후 2021년 10월~2022년 2월 골프 매출은 전년 동기 대비 58% 신장했는데, 2030세대의 매출은 84% 늘어나며 영 골퍼들의 마음을 사로잡는데 성공한 것으로 분석됩니다.

신세계백화점의 골프 용품 매출은 지난해 전년 대비 22.5% 늘었으며 골프웨어도 56.3% 신장했는바, 이에 발맞춰 본점, 강남점, 센텀시티점, 대전신세계 등에서 '2022 상반기 골프 대전'을 진행합니다.

한국레저산업연구소가 지난해 발간한 '2020년 골프장 경영실적 분석'에 따르면 지난해 167개 대중 골프장의 영업이익률은 40.4%로 2019년(33.2%)보다 7.0% 포인트 상승해 2009년(39.1%) 이후 가장 높은 실적을 기록했습니다.

코로나19 사태 이후 골프산업은 MZ세대를 중심으로 더 커질 것으로 보이며, 특히 스크린골프로 유입되는 인원이 많아질 것이라는 전망도 나왔습니다.

일본·미국은 골프가 고령화되는 현상이 두드러지고 있지만, 국내는 MZ세대가 새로운 소비층으로 부상해 스크린골프 산업의 성장으로 골프 비용에 대한 부담감이 낮아져 젊은 세대가 진입하기 쉬워졌습니다.

7 스크린골프

스크린에 가상 시뮬레이션 화면을 스크린에 띄워서 가상현실의 골프를 즐길 수 있게 한 것을 스크린골프라고 하는데, 골프 시뮬레이터(Golf Simulator)라고도 합니다.

골프와 과학기술이 융합해 탄생한 스크린골프는 2016년 7,562개의 매장에서 약 2조원에 달하는 시장을 형성한 것으로 추정되고, IT 인프라가 잘 갖추어진 한국은 스포츠와 융합된 신상품이 개발될 잠재력이 큰 곳으로 볼 수 있습니다.

일본 골프산업 몰락의 답습을 피해가게 만든 것이 한국의 스크린골프방이었고, 지방 읍면 소재지까지 노래방처럼 번져간 스크린골프방은 새로운 골퍼들을 손쉽게 유입시키는 매개체가 되고 있습니다.

한국의 골프 붐은 이렇게 어려운 골프산업의 상황에서도 그 어려움을 견뎌내는 지렛대로 작용하고 있는데, 스크린골프로 도락적인 비판도 있지만 골프는 일상으로 파고든 생활 스포츠화 되고 있습니다.

이런 실속파 골퍼들과 신 골퍼 층을 창출하는 스크린골퍼들을 대중 골프장이 받아들이면서 한국 골프 인구를 지속적으로 늘리고 있다고 봅니다.

1) 스크린골프 산업의 경제적 파급 효과

성균관대학교 스포츠과학대학 스포츠경영 연구팀이 발간한 '스크린골프 산업의 경제적 파급 효과와 사회적 무형효과 분석' 연구 결과에 따르면, 스크린골프 산업의 국내 총 경제적 파급 효과는 2018년 기준 약 16조 1,880억 원(생산 유발 11조 216억 원, 부가가치 유발 5조 1,664억 원)에 달합니다.

스크린골프는 기존 골프처럼 4인의 구성을 꾸리지 않아도 되어 MZ세대에게 스크린골프는 필드 골프에 비해 게임처럼 가볍게 즐길 수 있고 비용·장소·시간 측면에서 이점을 가졌기에 MZ세대를 비롯한 상대적으로 젊은 층들의 골프 진입을 가속화한 배경입니다.

젊은 층이 골프를 '게임'으로 친숙하도록 여기게 만들었던 스크린골프가 골프 대중화에 기여한 점이 있고, 대중 골프장은 누구나 이용 가능해 대중화에 크게 기여했습니다.

코로나19로 인해 상대적 호황을 누리고 있는 업종이 생겨났는데, 지난해 12월 기준 실내 스크린골프점 사업자는 전년 같은 달 대비 17.22% 증가했고, 유행 이전인 2019년보다는 30.24%나 급증한 것입니다.

요즘 소비자들은 '빠르고, 쾌적하며, 현대화 된' 서비스와 제품을 선호한다고 볼 수 있고, 비대면 소비가 이미 익숙해져 코로나19 상황이 종료돼도 지속할 것으로 보입니다.

정부는 지금 코로나19의 긴 터널에서 빠져나올 준비를 하고 있는데, 새 거리두기 조치 2주 후에도 유행 감소세를 유지하면, 실내 마스크 착용 등을 제외한 대부분의 방역 규제 해제를 검토할 방침이라, 자영업계는 변화된 소비 트렌드를 면밀히 분석해 위기를 기회로 전환해야 합니다.

지난해 12월 신한카드에서 발표한 자료에 따르면, 2021년 1월부터 9월까지 국내 스크린골프장 이용률은 2019년 같은 기간보다 34% 증가한 것으로 나타났고, 국내 골프장의 부킹 난과 MZ세대 골프 인구 유입이 스크린골프 이용률 증가에 결정적인 역할을 한 것입니다.

대한민국의 특성상, 면적이 작아 골프장을 마음대로 짓기 어려워 그 대체재로 나왔으며, 이러한 스크린골프장이 새로운 창업 아이템으로 각광 받고 있는데, 골프를 반 직접적으로 플레이하는 시뮬레이션 게임입니다.

가상현실의 도입으로 스크린골프의 VR 진출도 각광받고 있고, 다른 스포츠들도 가상현실로 도입되기 시작해 야구, 스키 등으로, 특히 야구의 경우는 스포츠 특성상 접근성이 좋아 젊은 층에서는 골프 이상으로 엄청난 인기를 끌고 있습니다.

스크린골프장 장점으로는 ① 저렴하다는 것으로 스크린골프는 몇 만 원 수준이면 끝나지만, 진짜 골프장의 그린피는 앞의 금액 자릿수 자체가 다릅니다.

② 비교적 친환경적인데, 스크린골프의 경우, 한 건물 내에서 해결이 가능하기 때문에 추가적인 환경 파괴는 없습니다.

③ 높은 접근성으로, 대개 골프장은 도심 외곽에 있으며 자가용 없이는 접근이 힘들지만, 스크린골프는 도심에 주로 있으므로 접근하기 좋습니다.

④ 자유로운 복장으로, 정식 골프장에 가려면 고가의 골프 웨어를 착용해야 하는 등 격식을 갖추어야 하지만, 스크린골프는 굳이 고가의 골프 웨어를 착용하지 않아도 되며 중저가의 골프 웨어를 착용하거나 이와 유사한 아웃 도어, 기능성 추리닝, 면바지 등 벨트가 있는 바지를 착용해도 무난합니다.

스크린골프장 단점으로는, ① 실제 치는 느낌이 안 납니다. 시뮬레이션이기 때문에 역시 실제 골프 치는 느낌과 다를 수밖에 없고, 실내여서 바람 등의 변수가 없기 때문입니다. 또한, 실제 골프장의 러프나 벙커, 패널티 구역(워터 해저드)의 느낌과 전혀 다릅니다.

② 조작의 가능성이 있는데, 역시 시뮬레이션이므로 주최 측에서 공의 궤도 등을 조작할 가능성이 있고, 실제로 당시 MBC 스포츠플러스에서 방송한 '이경규의 골프의 신'에서 패널들이 스크린골프장에서 이 점을 이용해 이경규를 속이는 몰래 카메라를 방영하기도 했습니다.

샘 해밍턴은 스크린골프를 3~4번 친 적이 있는데 칠 때마다 더블파가 나왔다고 하고, 1980년대 한국에서도 스크린골프장이 있었다고 하며, 2017년 12월부터 금연 구역으로 지정되어 흡연 시 과태료를 물게 됩니다.

대부분의 스크린골프장에서는 한 홀에서 기준 타수의 2배를 치면 더블 파(속칭 양파)로 그 홀을 끝내는데, 아이디어와 기존 과학 기술의 융합으로 만들어지는 창조경제의 예시로 선정된 바도 있습니다.

스크린골프 레슨 장점은 장비를 활용하여 공(볼) 스피드, 회전수, 구질, 방향 등의 분석을 통해 좀 더 자세한 기록과 스윙 자세 등을 직관적으로 확인할 수 있고, 레슨 시간은 지역마다 혹은 업장마다 편차가 있지만 보통 20분 레슨 후 40분 개인연습으로 진행합니다.

3개월간 매일 60분의 스크린 골프장 이용권 포함 24회의 레슨 기준 100만 원 이하의 금액으로 레슨이 가능합니다.(스크린골프장 마다 편차가 있으니 주변 스크린골프장을 방문하거나 "ScreenGolfTimes.com" 검색을 통해 금액을 확인하시면 됩니다.)

2) 골프 레슨 스튜디오

피트니스테크 스타트업 '티랩'이 그동안 축적한 다방면의 레슨 스튜디오 운영 노하우와 자체 회원관리 시스템을 적용해 선보이는 스크린골프 레슨 스튜디오의 첫 경주지점입니다.

'티랩골프 경주노서점'은 3만 건의 트레이닝 데이터를 바탕으로 골프 타수 감소에 효과적인 퍼포먼스 트레이닝을 제공하며 동 시간대 연습 타석 최대 30명 및 18개 룸 입장이 가능해 대기 없이 프라이빗 한 골프 연습을 할 수 있답니다.

지하 1층, 지상 5층의 최대 규모 골프 연습장으로 운영될 예정으로 QED 스윙과 볼 컨택에 따라 다양하게 변화하는 데이터를 제공하며, 자신의 헤드 스피드 수치를 참고할 수 있는 기계가 설치돼 있어 골프 초보도 골프 연습 시 필요한 모든 데이터(스윙, 공의 움직임 등)를 분석하며 실력을 키울 수 있도록 준비돼 있답니다.

2층은 숏 게임 연습장(벙커, 퍼팅, 숏 게임, 골프 필라테스, 피팅 샵, 프로연습실)으로 좀 더 캐쥬얼하거나 전문적인 분석을 할 수 있으며, 3층과 4층은 카카오스크린 18개를 배치함으로써, 골프 초입자들에게 좀 더 친근하게 다가갈 수 있도록 설계돼 있답니다.

특히, 5층에는 프라이빗 룸 4개에 10명에서 40명까지 수용할 수 있는 프라이빗 라운지를 가지고 있으며 단체 고객을 위한 회식 및 고급 레스토랑이 마련돼 있답니다.

3) 스크린골프대회

올해로 11주년을 맞아 한국은 물론 미국과 중국, 일본 등 지구촌 스크린골프 문화 전파에 앞장서고 있는 골프존이 주최하는 스크린골프대회 지투어(GTOUR)도 인기인데, 업계 1위랍니다.

세계 최초로 설립된 스크린골프 전용 경기장에서 열리고, 대부분 참가 선수들이 프로 선수이며, 정규투어 모든 경기는 스크린 골프존과 유튜브 골프존 채널, 네이버 스포츠에서 생중계하고, 국내 골프산업의 외연 확장에 남다른 파워를 발휘하는 셈입니다.

지난해 라이브 스트리밍 접속자 수는 전년 대비 2배 이상 증가했고, 프로를 꿈꾸는 선수들 역시 급증해 현재까지 총 2,000여 명이며, 2021년 기준 누적 상금액 110억 원, 김홍택과 박단유 등이 필드와 스크린을 오가고 있는데, 대기업들로부터 효과적인 홍보 마케팅 채널로 주목받는 이유입니다.

2022. 3. 6. 보도에 따르면 ㈜골프존이 지난 1월 8일(토)부터 2월 20일(일)까지 전국 골프존파크 매장에서 진행된 '2022 유소년·주니어 생활체육 스크린골프 2차 대회'를 성료했다고 합니다.

이번 대회는 골프에 관심이 있거나 프로 선수를 꿈꾸는 초중고 골프 꿈나무 학생들의 골프대회 경험 기회를 확대하고자 마련됐습니다.

골프존이 주최하고 사단법인 GPC대중골프협회가 주관했으며, 대회는 주니어부(중학생 1학년~고등학생 1학년), 유 소년부(초등학생 1학년~6학년) 총 2개부로 나뉘어 진행됐습니다.

온라인 경기로 진행된 이번 대회는 골프존 투비전 대회모드로 진행됐으며, 스트로크 방식으로 최종 우승자를 가렸습니다.

코스는 경상남도 사천시에 위치한 타니CC(청룡/백호)로 치러졌고, 주니어부, 유 소년부 모두 동일한 대회 방식 및 코스로 진행됐으며, 동점자 발생 시에는 대회 규정에 따라 18홀 완료 라운드 횟수가 많은 순으로 최종 순위를 결정했습니다.

골프존은 유소년 스크린골프 저변 확대를 위해 GPC대중골프협회와 함께 올해 8월까지 1차, 2차 대회를 포함해 총 4개의 대회를 개최할 방침이고, 3차 대회는 4월 9일(토)부터 5월 22일(일)까지 전국 골프존파크 매장에서 진행됩니다.

4) 1위 골프존, 2위 카카오VX

올해 4월 4일 금융감독원 전자공시시스템에 따르면 지난해 골프존의 연결 기준 매출액은 4,403억 원으로 전년 동기 2,985억 원 대비 47.5% 증가한 것으로 집계됐습니다.

지난해 영업이익은 1,076억 원으로 전년 동기 515억 원 대비 108.8% 증가했으며, 지난해 당기순이익은 764억 원으로 전년 동기 374억 원 대비 103.9% 증가했습니다.

공시에 따르면, 골프존은 지난해 전 사업 부문의 고른 성장을 보였으며, 특히 스크린골프 시뮬레이터 및 온라인 서비스 부문의 국내외 매출 상승이 지난해 실적을 견인했습니다.

지난해 스크린골프 시뮬레이터 및 온라인 서비스 부문의 매출액은 3,923억 원으로 전년 동기 2,631억 원 대비 49.1% 증가했으며, 특히 이 중 해외 매출액은 650억 원으로 전년 동기 280억 원 대비 131.7% 증가했습니다.

카카오게임즈의 자회사 카카오VX가 운영하는 스크린골프 '프렌즈스크린' 또한 지난해 매출과 영업이익이 큰 폭으로 증가했는데, 카카오는 앞서 스크린골프 시장 2위였던 마음골프(티업비전)과 지스윙을 인수해 스크린골프 시장에 진출했으며, 카카오프렌즈의 유명 캐릭터를 스크린골프 시스템에 도입해 젊은 층을 타깃으로 시장을 공략하기도 했습니다.

공시에 따르면 지난해 카카오VX의 연결 기준 매출액은 1,159억 원으로 전년 동기 572억 원 대비 102.5% 증가한 것으로 집계됐고, 지난해 영업이익은 77억 원으로 전년 동기 2억 원 대비 3,189% 증가했으나, 지난해 당기순손실은 352억 원으로 지난해 13억 원의 당기순이익을 기록한 이후 적자로 전환했습니다.

스크린골프 시장 업계 2위 카카오VX가 운영하는 스크린골프장(프렌즈 스크린)은 젊은 감각과 독보적인 IT 플랫폼을 무기로 골프존의 독주체제에 제동을 걸고 있습니다.

카카오VX의 지난해 매출액은 1,159억 원으로 전년도 572억 원보다 102.6% 급증했습니다. 지난해 매장 수 역시 2,600여 개로 전년도 보다 25% 늘며 업계 1위 골프존을 맹추격하고 있습니다.

골프존의 국내 매장 수는 5,800여 개로 여전히 부동의 1위지만 카카오VX의 성장속도를 봤을 때 과소평가 할 수 없는 부분인데, 자기만족과 멋, 취향을 중요시 하는 MZ세대들의 인기를 한 몸에 받으며 2030 골린이(골프+어린이)들의 핫한 장소가 되고 있습니다.

카카오VX는 첨단 IT기술을 기반으로 한 카카오DNA를 바탕으로 골프에 IT기술을 결합시켜 새로운 골프문화를 선도하고 있는데, 골프장 예약부터 카카오내비를 활용한 이동, 셀프체크인, 카카오페이를 통한 결제까지 원스톱으로 해결해주는 '카카오 골프예약'도 선풍적인 인기를 끌고 있습니다.

강력한 카카오 플랫폼을 기반으로 스크린골프 시장을 넘어 '스마트한 골프장'으로 골프 사업 저변을 확장시키고 있고, 헬스케어에 IT 기술을 접목한 '스마트 홈트' 사업에도 진출한 카카오VX는 IT기술을 모든 스포츠 영역으로 확장시켜 '스포츠 디지털 트랜스포메이션 컴퍼니'라는 큰 그림을 그리고 있습니다.

8 골프 스마트폰 애플리케이션(앱)

코로나19 장기화로 마음껏 외출이나 여행을 즐기기 어려워지면서 이를 대체하는 야외 스포츠로 골프가 각광받고 있고, 골프가 대중화됨에 따라 관련 콘텐츠와 상품들이 호황을 누리고 있는 추세로, 특히 온라인과 구독경제에 익숙한 2030세대를 겨냥해 유명 강사의 온라인 강의부터 골프 클럽 피칭 애플리케이션(앱), 골프웨어 대여 등 다양한 형태의 서비스들이 눈길을 끕니다.

1) 온라인 골프 클래스

라운딩 가기 좋은 봄이 다가오면서 골프 관련 클래스들이 인기를 끌고 있는데, 실제로 지난 1월 온라인 클래스 플랫폼 클래스101의 골프 관련 클래스 수는 전년대비 3배 정도 증가했습니다.

클래스101의 대표적인 골프 클래스로는 ▲실력 상승이 멈춘 독학 골퍼를 위한 '나상현 프로의 원 포인트 클래스' ▲단숨에 이해되는 골프레슨, 일타 강사 이정웅 프로의 '100타 깨기 프로젝트' ▲최대룡 프로의 당신의 잃어버린 타수를 찾아줄 골프 스윙 법 '내 몸에 맞는 스윙 찾기' 등이 있습니다.

나상현 프로는 골프의 기본기인 그립, 셋업부터 스윙까지 몸으로 충분히 체득 후 실제 필드에서 적용해 볼 수 있는 스킬까지 배울 수 있는 올인원 클래스를 제공합니다.

이정웅 프로는 자신의 신체 구조에 맞는 스윙법 등 문제의 핵심을 이해하고 바로 적용할 수 있는 커리큘럼으로 구성했습니다.

최대룡 프로는 초보자와 아마추어도 쉽게 이해하고 따라할 수 있도록 친절한 설명으로 주목받고 있습니다.

2) 시설 예약부터 골프채 피팅, 골프복 대여 서비스까지

골프 열풍에 따라 보다 편리하게 골프를 즐길 수 있도록 돕는 서비스 플랫폼도 다양해졌습니다.

골프시설 비교 예약 서비스 **'김캐디'**는 전국 6,000여개 골프장의 가격을 비교, 전화 없이 터치로 간편하게 예약할 수 있는 앱이고, 가입 고객 주변의 스크린골프장이 어디 있는지, 가격은 얼마인지 비교하며 바로 예약할 수 있습니다.

앱을 통해 미리 결제 시 최대 30%까지 저렴하게 라운딩 할 수 있어 골퍼들 사이에서 인기입니다.

골프 클럽 피팅 앱 **'리모핏'**은 골프채(클럽) 피팅 시장에 빅 데이터 기술을 결합, 개인 맞춤형으로 최적화된 클럽을 추천하는 솔루션을 제공하는 서비스인데, 자신의 골프 스윙, 사용 중인 클럽 정보와 신체정보를 입력하면 특징을 분석해 최대한 비거리와 정확한 방향성을 위한 클럽 헤드와 샤프트를 추천해 줍니다.

공유 플랫폼에 익숙한 MZ세대를 겨냥해 골프웨어를 빌려주는 서비스도 있는데, 대표적으로 **'플렉스골프'**와 **'포썸골프'**가 있습니다.

해당 플랫폼을 활용하면 골프웨어를 정상가보다 훨씬 합리적인 가격으로 하루 동안 이용할 수 있고, 미리 신청해 배달 받고 라운딩 후 다시 반납하면 돼 세탁비나 보관비 등도 아낄 수 있습니다.

3) 골프 실력 높이는 스마트폰 앱

골프는 레슨 후 연습량에 따라 실력이 좌우되는 스포츠로, 겨울 동안 연습량을 늘려 자신만만한 라운드를 펼치고 싶다면 지금 당장 스마트폰을 켜서 언제 어디서나 쉽게 연습할 수 있는 골프 앱 들이 많습니다.

초보 골퍼의 경우 다양한 레슨 프로를 경험한 후 자신과 잘 맞는 레슨 스타일이 무엇인지 파악할 필요가 있는데, 다양한 레슨을 한 번에 접하는 것은 시간과 비용 면에서 한계가 있고, 나와 잘 맞는 레슨 프로를 만나는 것은 하늘의 별따기라는 말이 있습니다.

그런 점에서 레슨 앱 **'포켓레슨'**은 여러 레슨 프로로부터 비 대면으로 동시에 솔루션을 받을 수 있고, 레슨 프로의 조언을 비교해 볼 수 있어 골퍼들에게 유용하며, 비대면 레슨 신청 방법도 간단하고, 자신의 스윙 영상을 업로드한 후 추천 프로나 직접 선택한 프로에게 자문을 구하면 끝입니다.

골프에 관한 기초지식이나 용어를 잘 몰라 쩔쩔맨 적 있는 초보라면 유용한 앱으로 무엇보다 레슨 전후 복습이나 예습을 하고 싶다면 큰 도움이 될 것입니다.

'초보 골프'는 이제 막 골프를 시작한 이른바 골린이(골프+어린이)에게 유용한 정보를 취합해 놓은 앱 이며, 그립, 어드레스, 스탠스 등 스윙 단계의 기초 자세부터 클럽별 샷 방법 등 초보를 위한 골프 상식을 세부적으로 분류했습니다.

또 라운드 준비물 및 스크린골프 주의사항 등 아직 실전 감각이 약한 초보를 위한 부가 정보도 선별해 놓았습니다.

유튜브는 제2의 레슨 프로라 할 정도로 모든 아마추어 골퍼의 교습소인데, 홍수처럼 쏟아지는 콘텐츠 중 원하는 영상을 쏙쏙 골라볼 수 있어 편하지만, 정작 필요한 콘텐츠를 제대로 담고 있는지는 재생 버튼을 누르기 전까지 알기 어렵습니다.

'5분 골프'는 어드레스, 스윙 궤도 및 슬라이스 교정, 퍼팅 등 골퍼가 많이 찾는 키워드를 보기 쉽게 정리한 후 이와 관련된 원 포인트 레슨 영상을 추천하고, 또 방금 게재된 따끈따끈한 레슨 콘텐츠를 리스트업해 오로지 골프 영상에만 집중할 수 있도록 도와줍니다.

한편, 뉴시스도 골프 초보자들에게 도움이 되는 필드 레슨 동영상 프로그램 **'미소골프TV'**를 유투브 채널 등을 통해 서비스하고 있는데, 기존 예능형, 실내 레슨형 콘텐츠와 달리 미소골프TV는 LPGA투어 출신 프로골퍼와 아마추어 초보가 실제 골프장에서 1:1 맞춤형 레슨을 진행하는 것이 특징입니다.

4) 스윙 교정에 유용한 앱

'골프 픽스'는 사용자가 자신의 스윙을 촬영하거나 불러오면 인공지능 기술을 통해 스윙의 문제점을 진단해주고 최적의 유튜브 레슨 콘텐츠를 추천해줍니다.

또 프로와의 스윙 비교 기능을 제공하며, 집중 연습 기능을 통해 인공지능 코치가 사용자의 스윙에 대해 실시간으로 문제점을 점검해주면서 스윙 연습을 할 수 있게 하는데, 스윙 분석에 많은 도움이 되는 자동 가이드라인과 영상 처리 기술을 통해 사용자의 스윙도 공유가 가능합니다.

'나인 포즈'는 스마트폰으로 스윙 영상을 찍어 올리면 타이거 우즈 등 유명 프로골퍼와 비교해 어디가 문제인지 알려주는 앱 으로, 앱 에서의 분석 기술을 통해 왼발 뒤꿈치를 얼마나 들었는지, 상체 기울기와 스탠스가 적절한지 등을 설명해줍니다.

어드레스부터 백스윙, 다운스윙, 임팩트 폴로스루, 피니시 까지 스윙 단계에 대한 점수 분포도를 그려 보완해야 할 동작이 무엇인지 알 수 있고, 뿐만 아니라 스윙 분석 결과를 저 배속으로 살펴볼 수 있어 구체적인 문제점을 세세하게 확인할 수 있으며, 자신의 스윙 점수가 상위 몇 퍼센트에 드는지도 알 수 있습니다.

연습장에 탑재된 시뮬레이터를 기반으로 스윙을 분석하는 방식이었던 골프존 앱 **'GDR 플러스'**도 즉석 스윙 분석 시스템 방식에 변화를 줬습니다.

기존 AI 진단 프로그램이 GDR 시뮬레이터에 적용된 정면, 측면의 양방향 카메라를 통해 촬영된 고객의 연습 영상을 기반으로 스윙 분석과 지도 서비스를 제공한 반면, AI 코치 서비스는 장소에 관계없이 모바일로 촬영한 스윙 영상을 진단합니다.

앱에 접속해 AI 코치 서비스 메뉴를 선택한 후 화면을 누르면 고객의 자세를 인지해 자동으로 촬영을 시작하고, 고객이 자세를 마치면 자동으로 촬영은 종료되지만, AI 코치의 경우 갤럭시9 이하 기종인 안드로이드 단말기에는 지원하지 않는 서비스라 일부 이용자에게 제약이 따릅니다.

전문가에게 받는 조언만큼 든든한 건 없는데, 신한카드 고객 전용 앱 인 '신한플레이'의 콘텐츠 '디스커버'에 전 프로골퍼 김미현의 강의 콘텐츠 **'렛츠 플레이 골프'**가 개설됐습니다.

카카오 톡 대화 형식으로 김미현이 다양한 골프 팁을 전수하는 방식이며, 우드 샷 공략법이나 어프로치 샷 자세 교정, 퍼팅 연습법 등이 세세하게 담겨 있어 김미현만의 노하우를 본받고 싶어 하는 골프 팬들에게 유용하다는 평가를 받고 있고, 렛츠 플레이 골프는 신한카드 고객만 열람할 수 있습니다.

통신사 U+의 전용 골프 앱 **'U+ 골프'**는 누적 다운로드 수 50만 건을 돌파하는 등 아마추어 골퍼 사이에서 화제를 모으고 있는데, 그 인기 비결 중 하나는 유명 선수의 스윙 장면을 원하는 속도와 각도로 생생하게 볼 수 있다는 점입니다.

프로의 손목 움직임, 임팩트 시 클럽 헤드 각도 등 미세한 부분까지 관찰할 수 있어 정확한 스윙 자세를 공부할 수 있고, 또 자신의 스윙 영상을 촬영해 U+ 독점중계 **'쇼미더스윙'**에 레슨을 신청하면 유명 프로 및 해설위원이 추첨 후 방송을 통해 직접 분석하고 코칭해 줍니다.

U+ 골프는 통신사 전용 고객이 아닌 이용자도 앱을 내려 받을 수 있으나, 쇼미더 스윙 레슨 신청 등 세부 서비스는 이용할 수 없습니다.

정교한 그린 읽기 작업을 첨단 디지털 제품이 대신해준다는데, 지난해 8월 나온 **'보이스캐디 야디지북'**은 세계 정상급 선수와 베테랑 캐디가 수십 년에 걸쳐 쌓은 노하우로도 얻기 어려운 데이터를 '요술램프'처럼 제공합니다.

5) 골프 부킹서비스 등

㈜골프존은 골프 관련 ICT와 AI 기술을 결합한 스마트 골프 사업을 본격적으로 추진하기 위해 **골프장 ERP(전사적 자원관리) 시스템** 국내 1위 업체인 '(주)씨엠인포텍'의 지분을 인수했다고 밝혔습니다.

지역, 나이, 그린피 등 기본 사항 외에도 △정숙 엄숙 △초보 환영 △비슷한 스코어 △타수 무관 △내기 모드 △여자끼리 △부부/커플 등 다양한 조건으로도 검색이 가능합니다.

▲ 스마트 주차관제 : 고객들의 출입 및 주차 정보를 활용한 차량 위치 안내, 이벤트 쿠폰 및 주변 맛 집 소개 ▲ 스마트 키오스크 : 셀프 체크인, 자동 락카 배정 및 비대면 정산 서비스 ▲ 스마트 캐디 : 필드 라운드 시 앱을 활용해 본인 위치 및 핀까지의 잔여 거리 확인이 가능하고 라운드 기록도 저장할 수 있고, ▲ 스마트 오더 : 고객이 태블릿 메뉴판을 통해 식음료를 주문할 수 있습니다.

㈜**브이씨APL(Auto Pin Location) 서비스**는 핀에 칩을 심어 실시간으로 핀 위치를 확인할 수 있는 시스템이며, 골프장의 빅 데이터 정확성이 이전과는 비교할 수 없을 만큼 높아진다고 하는데, 현재 200개 골프장에서 서비스되고 있습니다.

4.3인치 LCD(액정표시장치) 디스플레이에 코스 매니지먼트를 위한 전반적인 코스 정보뿐 아니라 실물처럼 입체적인 형태로 그린을 보여주는 3D 그린, 정확한

핀 위치를 보여주는 APL(Auto Pin Location), 58단계의 리얼 그린 언듈레이션, 퍼팅 브레이크, 경사도 등을 보여줍니다.

출발은 많은 골퍼에게 '추억의 상품'으로 남아있는 초기 보이스캐디 제품이었고, 모자챙에 볼 마커(그린에서 볼의 위치를 표시하는 데 사용하는 것)처럼 붙인 보이스캐디 버튼을 누르면 그린까지 거리를 음성으로 알려주던 제품입니다.

지금 생각하면 초보 기능이지만 캐디에게 일일이 거리를 물어보지 않아도 되는, 당시로선 파격적인 편리함을 제공하는 국내 최초, 세계 최초의 혁신 제품이었습니다.

보이스캐디는 **'골프용 내비게이션'**이며, 위성으로 골퍼의 위치를 파악한 다음, 보이스캐디 안에 내장된 골프장 코스 정보를 이용해 현 위치에서 그린까지 거리를 계산해 알려줍니다.

보이스캐디는 2014년 시계 형태의 보이스캐디 제품과 레이저 거리 측정기, 휴대용 론치 모니터 등 3개의 제품을 동시에 내놓았고, 2016년 그린 언듈레이션을 볼 수 있는 시계 형태의 제품이 다시 홈런을 치면서 1위 자리를 되찾았습니다.

2014년 미국 시장에 진출한 보이스캐디는 세계 시장에서도 짧은 시간에 두각을 나타냈는데, 미국프로골프(PGA)투어 선수의 사용률이 99%에 달하는 '부시넬'과 경쟁하면서 2019년 '500만 달러(약 60억 원) 수출 탑'을 수상했고, 지난해 수출 1,000만 달러(약 120억 원)를 돌파했답니다.

지난해 400억 원이었던 브이씨의 올해 매출은 500억 원으로 예상되고 직원은 자회사까지 140명으로 50% 이상이 연구진인데, 거의 전 직원이 회사의 자체 골프 아카데미를 다니며 골퍼의 입장에서 제품을 만든다며, 경쟁 업체는 해외의 부시넬, 트랙맨 뿐만 아니라 국내의 골프존, 카카오 등입니다.

지난해부터 브이씨가 많은 돈을 들여 전국 골프장으로 늘려가는 APL서비스인데, 핀에 칩을 심어 실시간으로 핀 위치를 확인할 수 있습니다.

코스에서 APL 서비스가 이뤄지면 빅 데이터의 정확성이 이전과는 비교할 수 없을 만큼 높아져 정확한 핀 위치를 기준으로 그린의 지형 데이터를 결합해 아주 노련한 캐디의 조언처럼 그린 형태와 퍼팅 브레이크, 스피드, 경사도를 제공합니다.

그리고 곧 빅 데이터 기반 'AI 캐디'를 내놓을 예정인데, 브이씨는 필드용 거리측정기(레이저형, GPS시계형)와 연습용 론치 모니터도 함께 만들고 있습니다.

지금까지는 연습했던 데이터와 필드에서의 데이터 두 개를 연결하는 커넥티비티(connectivity), 즉 연결 고리가 존재하지 않았으나, 새로운 서비스는 연습 때 얻은 자신의 샷 정보와 이전 필드에서 축적된 정보를 함께 활용하는 것입니다.

지금 라운드 하는 코스의 특색을 분석하고 동시에 연습과 필드 데이터를 기반으로 '어떤 방향으로' '어떤 클럽으로' '어떤 구질로'라고 클럽 선택과 코스 공략법을 추천할 수 있게 돼, PGA투어의 베테랑 캐디 못지않은 역할을 할 수 있을 것으로 기대한답니다.

6) 골프장 마케팅 솔루션

골프장 운영플랫폼 개발 정보기술(IT) 회사인 AGL은 국내 대표 통신사 KT와 함께 '빅 데이터를 활용한 골프장 마케팅 솔루션'을 시작해 지난 3월부터 각 골프장의 빅 데이터 마케팅 컨설팅 의뢰를 받아 분석을 진행합니다.

빅 데이터 분석은 클럽하우스와 코스를 중심으로 골프장 이용 인구를 KT 기지국 5G/LTE 시그널 데이터를 활용해 추출한 뒤 최적화한 데이터 분석 기법으로 이뤄지는데, 골퍼의 골프장 이용 빈도수 및 거주지 분석을 통해 각 골프장의 우수 고객과 이탈 고객의 추이를 살핍니다.

골프장의 이용객 빅 데이터 분석 및 유사 골프장들과의 비교를 통해 강점과 약점을 파악하고, 해당 골프장만의 차별화된 마케팅 전략을 세우는 데 필요한 컨설팅을 제공하는 셈인데, 해당 지역의 범주별 소비 금액 패턴 및 골프장에 대한 소비자들의 호감도나 이미지 등의 데이터도 포함합니다.

실제로 AGL이 최근 수도권의 인기 높은 모 골프장의 최근 4년간 내장객을 분석한 결과 2030 골퍼가 전체 내장객의 33.8%를 차지했는데, 이는 주변의 경쟁 골프장의 23.8%보다도 높은 수치였고, 단순한 골프장 접근성 외에도 젊은 세대를 겨냥한 골프장의 마케팅 등이 주요하게 작용한 대표적 사례로 꼽힙니다.

9 골프 대중화 길

젊은 층을 중심으로 워라밸(일과 삶의 균형) 문화가 확산되고 참여 인구가 크게 늘어나면서 시장 확대에 대한 기대감은 여전하지만, 그로 인한 골프장 '몸 값'엔 적지 않은 거품이 끼어있는 것 아니냐는 지적입니다.

우려를 키우는 건 골프장 수 증가세로 현재 전국에서 운영 중인 골프장 수는 18홀 기준 567개소에 달해서 국내 골프 인구와 확장성 등을 감안할 때 500개가 최대치가 될 것이란 일부 전문가들의 전망도 훌쩍 뛰어넘은 상태입니다.

글로벌 평균적으로 인구대비 골프인구가 10% 정도가 되면 시장 성장에 정체가 있었다며 골프산업 피크아웃 논란도 이는데, 골프의 대중화가 먼저 일어났던 미국, 일본 등을 보면 코로나로 인한 특수가 있기 이전에는 계속해서 골프인구가 감소하고 있던 추이였습니다.

올해 3월 24일 통계청이 발표한 '2021 한국의 사회지표'에 따르면, 지난해 우리나라 13세 이상 국민의 레저시설 이용률은 43.5%로 코로나19 이전인 2019년(73,4%)보다 29.9%포인트 급감한 것으로 집계됐습니다.

이는 13세 이상 인구 중 지난 1년간 레저시설을 한 번 이상 이용한 적이 있는 인구의 비중을 조사한 것이며, 레저시설별로 보면 온천장·스파는 이용률이 32.5%에서 10.7%로 하락했고, 수영장(워터파크)은 28.4%에서 9.5%로 급락했고, 스키장 역시 14%에서 5.2%로 내려갔으며 놀이공원은 30.3%에서 18.8%로 하락했습니다.

반면 레저시설 중에서 유일하게 골프장만이 이용률이 증가했는데 2019년 6.6%에서 2021년 10.2%로 뛴 것이고, 비교적 소규모로 다른 이용자들과 접촉을 최소화하면서 즐길 수 있는 스포츠인데 다가 해외 여행길까지 막히면서 국내 골프장 이용이 크게 늘어 난 영향으로 풀이됩니다.

올해 3월 31일 한국소비자원은 지난해 11월에 이어 올해 3월 초 전국 170개 대중골프장(퍼블릭골프장)의 이용료(그린피)를 조사한 결과 8% 내렸다고 밝혔습니다.

지난해 11월 18홀 기준 대중골프장(회원제 골프장은 비회원 기준) 주말 평균요금은 19만 341원에서 17만 4787원으로 8.2% 하락했고, 평일은 14만 4998원에서 13만 3643원으로 7.8% 내렸습니다.

요금을 인하한 골프장은 평일 31곳(36.5%), 주말 30곳(35.3%)으로 나타나 요금을 인상한 골프장의 1.5배에 달했고, 최대 12만원까지 요금을 내린 곳도 있습니다.

최근 4년간(2018~2021년) 소비자상담센터에 접수된 골프장 관련 소비자 상담 건수는 총 1627건이었고, 주요 내용은 '미사용 요금 환급 거부' 18.3%(297건), '이용료 부당 과다 청구' 17.6%(287건) 등으로 이용료와 관련한 불만이 많았습니다.

한편, 같은 날 KBS 뉴스에 따르면, 회원제 골프장 요금은 주말과 평일 평균 요금 모두 소폭 상승했는데, 소비자원은 "같은 기간 소비자물가지수가 1.4% 상승한 것을 감안하면 골프장 업계가 전반적으로 요금 인상을 억제하거나 인하한 것으로 볼 수 있다"고 설명했습니다.

소비자원 조사 결과에 따르면, 골프장 위약금 약관을 조사한 결과 일부 골프장은 이용일로부터 7일~9일 전에 취소해도 여전히 위약금을 부과하고 있었고, 또 오히려 지난해 조사 때보다 증가한 곳도 있었는데, 관련 공정거래위원회 표준약관에 따르면 평일은 이용 3일 전까지, 주말은 4일 전까지 위약금 취소가 가능하지만, 실제로는 그렇지 못한 겁니다.

1) 선진국 골프 인기

선진국에서 골프가 인기가 없어졌던 조사결과를 보면 ① 많은 시간과 비싼 비용, ② 운동 효과 미미, ③ 성취감 결여 등으로 18~30세 골프인구가 계속해서 줄어들었다는 것으로, 미국 골프 인구는 지난 2003년 3,000만 명으로 정점을 찍은 이래 계속 감소 추세를 보이고 있습니다.

미국은 인구 2만 3,000명 당, 일본은 5만 7,000명 당 1개의 골프장이 운영되는데, 우리나라는 10만 4,000명 당 1개로, 내장객 수도 18홀 기준 8만 명에 달할 만큼 많습니다.

대중골프장협회에서는 적정 골프장 수는 610개로 현 골프장 숫자(538개, 2020년 기준) 대비 70개 이상 부족하다고 주장합니다.

영국도 코로나19 팬데믹에도 불구하고 골프 인구가 30% 정도 늘었는데, 영국의 경우 골프 인구는 인구 대비 3~4% 정도인데 골프장은 3,000개로 여유가 있으나, 우리나라는 인구 대비 골퍼 비율이 9%로 훨씬 대중화가 됐으나 골프장 숫자는 부족한 편입니다.

골프비가 저렴하기로 유명한 미국에서도 최근 조사에서 골프가 비싼 운동이라는 응답이 나온 건, 비교 대상 운동 군이 러닝, 요가 등이었기 때문입니다.

맨몸 운동에 대한 젊은 층의 수요가 증가했기 때문에 상대적으로 골프는 고루한 운동이라는 편견도 생겼고, 바쁜 현대사회에서 비효율적인 운동이라는 인식도 생겼습니다.

미국 국립골프협회(National Golf Foundation)는 골프를 즐기는 형태에 변화가 있다며, 전체 골프인구가 점차 감소하는 추세에서도 실내/스크린 골퍼는 증가하고 있었고, 연령대도 어려지고 있었으며 심지어 필드를 아예 안 나간 골퍼도 늘어나고 있다는 것입니다.

미국에서 2014년에는 약 1,500만 명의 골퍼가 실내/스크린 골프장에서 골프를 즐겼는데 2020년에는 그 수가 2,430만 명으로 늘어나고 있고, 단 한 번도 필드를 나가지 않은 골퍼도 1,210만에 달한답니다.

필드를 아예 안 나간 골퍼에는 젊은층, 여성, 유색인종 비율이 높았고, 평균 연소득 10만 달러(약 1억 2천만 원)이었으며, 골프를 즐기는 방식이 다양화되면서 소득과 상관없이 실내/스크린 골프에 대한 관심이 늘어나고 있는바, 주요 고객이 젊은 층이기 때문에 앞으로 지속적인 성장을 할 가능성이 높다는 것입니다.

기존 산업이 여전히 존재하고 대중성을 유지하고 있음에도 접근성이 좋고, 게임성을 보강한 새로운 형태의 산업이 기존산업의 성장성을 아웃 퍼폼하는 사례는 너무나 많습니다.

코로나가 종식되면 저렴한 해외 골프장으로 골프 인들이 떠나서 스크린 골프 이용자가 줄어들 거라는 인식도 있는데, 해외 골프비용이 국내보다 훨씬 저렴하면서도 겸사겸사 여행도 하고 여유롭게 즐길 수 있다는 장점으로 골프여행을 떠났던 것이나, 코로나가 종식되면 과연 가격경쟁력이 있을까 궁금합니다.

지금 항공/여행주가 코로나 이전보다 높은 주가를 형성하고 있는 것은 코로나가 종식된 이후 가격이 탄력적으로 인상될 거라는 기대를 하고 있는 것이고, 억눌린 수요가 폭발하면서 항공비, 숙박비, 각종 서비스 비용은 천정부지로 솟구칠 것입니다.

2021년 5월 오미크론 발생 전 코로나가 감소추이에 있을 당시 국가 간 여행재개가 잠깐 시행된 적이 있었는데, 그때 런던 출발 → 포르투갈 도착, 항공권이 15배 이상 폭등한 적이 있고, 전 세계 여행이 재개 되었을 때 과연 골프여행이 저렴할지나 그 이전에 항공권/숙박 예약은 할 수 있을지도 모릅니다.

더욱이 앞으로 5년 내 약 100곳의 새로운 골프장이 생겨날 것이란 전망도 나오는바, 글로벌 디지털화와 젊은 층 골프인구 증가, 골프의 대중스포츠화 등의 상황에 걸 맞는 특화서비스 개발과 이용자 중심의 통합시스템 구축 등을 서둘러야 합니다.

2) 퍼블릭 골프장 '백태'

2022. 4. 8 중앙일보에 성백유 전 대한빙상경기연맹 관리위원의 글 "연 1조 稅 혜택에도 인당 30만 원"이라는 기사도 나와, 아래 간략하게 소개합니다.

인기 있는 수도권 퍼블릭 골프장의 캐디피와 카트비를 4인이 분담하고 그 위에 그린피를 얹으면 1인당 30여 만 원이 들고, 식사비와 교통비까지 더하면 하루 운동에 40만원 안팎을 써야 하는데, 제법 돈을 버는 사람에게도 부담스러운 금액입니다.

코로나 이후 회원제 골프장 회원권 값은 많이 올랐지만, 그린피는 크게 오르지 않았는데, 그린피를 조정할 때 회원으로 구성된 운영위원회의 심의 절차를 거치다 보니 자연스레 인상에 제동이 걸린 것이나, 퍼블릭에는 그런 장치가 없어서 골프장 주인 맘대로 가격을 정한다고 합니다.

퍼블릭 골프장은 설립 취지부터 여러모로 회원제와 다르고, 정부는 1990년대 즈음부터 부유층만이 아니라 보다 많은 국민이 골프를 즐기게 한다는 명분으로 퍼블릭 골프장 인가를 내줬고, 자가용 보유가 증가하고 국민소득이 1만 달러를 넘어서면서부터 우리나라 골프 인구가 크게 늘기 시작했습니다.

당시 삼성그룹은 미국여자골프협회(LPGA) 투어(삼성월드챔피언십)를 유치해 낯설기만 했던 골프를 국민에 적극적으로 알렸고, 또 여고생 유망주 박세리와 10년의 장기 스폰서 계약을 맺었습니다.

안니카 소렌스탐(스웨덴), 카리 웹(호주) 등 세계적 스타들이 한국을 찾았고, 박세리·김미현·박지은 등이 LPGA 투어에서 우승 트로피를 들어 올리며 한국 골프 붐의 촉매가 됐습니다.

그 무렵 골프장 건설 사업이 본격화했고, 전국에서 우후죽순처럼 골프장 개발이 이뤄지자 지역 주민과 환경 보호론자들이 거세게 반발했으며, 인허가권을 가진 지방자치단체는 '골프 대중화'를 명분으로 골프장 손을 들어줬습니다.

주무 부처인 문화체육부도 새로 생기는 회원제 골프장으로부터 기금을 조성해 대중제(퍼블릭) 골프장을 만들었습니다.

3) '국민 레저형 스포츠' 육성

정부는 2000년부터 '국민 레저형 스포츠' 육성이 명분으로 퍼블릭 골프장을 공공재인 체육시설로 간주해 세금을 대폭 인하했고, 취득세 12%를 4%로 내리고 골퍼들이 부담하는 개별소비세는 전액 감면해 주는 파격적 조치가 이뤄졌습니다.

회원들로부터 회원권을 사들인 뒤 퍼블릭으로 전환하는 회원제 골프장도 나왔고, 그 결과 2001년 45개에 불과했던 퍼블릭 골프장은 348개(3월 말 기준, 전국 골프장은 531개)로 늘어났으며, 골프업계에서는 퍼블릭 골프장 세금 감면액이 지난해만 1조원 가까이 될 것으로 추산합니다.

'중산층 정도면 큰 부담 없이 골프를 칠 수 있게 하겠다.'는 정부의 목표가 퍼블릭 골프장에 대한 정부와 지자체의 행정적 지원의 근거인데, 대중화를 내세워 세제 혜택을 받으면서 대중을 배반하며 이용료 올리는 대중제 골프장이 문제입니다.

미국에서도 초기에는 골프가 부유층 스포츠였다가 1960년대 아놀드 파머와 잭 니클라우스의 등장을 계기로 대중화가 시작됐고, 2000년대 타이거 우즈의 활약은 골프 인구 증가의 기폭제가 됐으며, 골프는 미국에서 야구·농구·미식축구·아이스하키에 이은 제5의 스포츠로 자리 잡았습니다.

지자체가 앞 다퉈 허가를 내주고 정부가 세금을 낮춰주며 시도했던 한국의 '골프 대중화'는 결국 허울뿐인 정책이 됐고, 코로나로 실패의 단면이 확연하게 드러났습니다.

주무 부처인 문체부 체육산업과 담당 사무관에게 그린피 폭등에 대한 생각을 묻자, "최근 그린피가 너무 비싸다는 여론을 반영해 제도 개선안을 만들고 있다.

퍼블릭 취지에 맞게 요금을 받는 골프장만 선별해 세제 혜택을 주는 방안을 고려하고 있다"는 답이 돌아왔습니다.

4) 계양산 골프장 등

계양산 골프장 조성계획은 국내 거대 재벌인 롯데그룹이 1974년 계양산 일대 257만㎡의 땅을 매입한 후 1989년부터 골프장 건설을 추진했던 것인데, 인천시가 지난 2012년 환경단체의 반대로 계양산 골프장 건설계획을 폐지하고 산림휴양공원 계획으로 변경하자 롯데그룹이 시를 대상으로 계획폐지 취소 소송을 제기했습니다.

개발시대의 논리와 소득 증대에 따른 여가 및 체육시설의 수요 충족이라는 핑계로 민선 안상수 시장이 시정부를 장악했던 2009년에 체육시설로 대중골프장을 건설하는 인천시 도시 관리계획이 통과해 사업추진에 탄력이 붙었습니다.

이러한 도시계획위원회의 결정은 인천녹색연합 등 지역시민단체들과 시민들의 반발을 가져왔고, 계양산에서 천막농성과 나무 위 고공 시위, 삼보일배 시위 등 개발반대 활동을 벌이게 했고, 송영길 시정부는 2012년에 환경파괴가 우려된다면서 체육시설을 폐지하는 도시 관리계획을 통과시켰습니다.

이에 불복한 롯데그룹이 체육시설폐지 결정 취소청구 소송을 제기하면서 지루한 5년여의 재판 끝에 대법원은 '폐지 결정이 위법할 정도로 정당성과 객관성이 없다고 보기 어렵고, 골프장을 건설했을 때의 사익보다는 폐지하면서 얻게 되는 공익이 더 크다'라는 1심과 2심 판결에 대한 롯데 측 상고를 기각했습니다.

기본적으로 절차의 정당성과 공익우선에 의한 판결로써 당연한 인천시의 승리로 볼 수 있으나 그 내면에는 도시계획의 결정에 대한 세심한 민주성과 공공성의 중요성을 보여주는 것으로, 시정부 수장의 변경에 따른 가치 선택의 문제로 도시계획을 접근한 비합리적 행정 과정은 놓쳐서는 안 되는 교훈입니다.

환경운동단체인 녹색연합이 골프장을 지을 때 일정한 요건을 갖추면 토지를 강제 수용할 수 있도록 보장하고 있는 현행 국토의 계획 및 이용에 관한 법률의 일부 규정에 대해 헌법소원을 제기했습니다.

공익 시설로 볼 수 없는 골프장 건설을 이유로 개인의 사유재산 침해를 인정하는 것은 헌법에 위배된다는 주장이고, 헌법재판소가 이에 대해 어떤 판단을 내릴지는 두고 볼 일입니다.

녹색연합 조사에 따르면, 국내 골프장은 1989년 48곳에서 2007년 말 280곳으로 18년간 6배 증가했으며 2008년 들어 다시 122곳이 완공됐거나 건설 중이라서, 서울시 면적의 절반, 국토의 0.3%에 해당하는 땅이 골프장으로 변해버렸습니다.

정부는 김대중-노무현-이명박 정부로 정권의 성격이 달라져도 골프장 건설에 관한 규제만큼은 줄기차게 완화해왔는데, 참여정부는 골프장 건설규제 개선방안을 마련, 골프장 입지 규제를 풀고 인·허가 절차를 간소화시켰고, 이명박 정부는 골프장 사업자에게 세금을 대폭 줄여주는 정책으로 골프장 난립을 한층 부추겼습니다.

이번에 헌법소원이 제기된 국토계획법상의 토지강제수용 조항은 그 같은 정책의 백미라고 할 수 있는데, 건설대상 토지의 약 80% 이상만 매입하면 나머지 토지는 소유주 의사에 관계없이 강제 수용할 수 있게 해줌으로써 사업추진을 용이하게 해줬기 때문입니다.

이 조항은 2003년 법을 개정하면서 들어갔는데, 골프장 같은 체육시설도 공익성이 있는 도시계획기반시설이라는 취지에서였다고 합니다.

난지골프장 운영권을 놓고 분쟁을 벌여온 서울시와 국민체육진흥공단이 '골프장을 공원화한다.'는 데 기본적으로 합의해 2004년 서울 난지도 매립지에 지어진 9홀짜리 난지골프장이 결국 가족공원으로 바뀔 것입니다.

서울시는 2008년 3월 중 공단 측에 줄 보상금 협상을 마무리하고 곧바로 공원화 공사에 들어가 올해 안에 개장한다는 일정까지 밝혔고, 이로써 난지골프장은 완공 4년이 되도록 단 하루도 정식으로 문을 열어보지 못하고 땅속에 다시 파묻히는 운명이 됐습니다.

요즘 골프가 많이 대중화되었다고는 하나 여전히 일반 서민들과는 거리가 먼 스포츠고, 소수의 사람들만 즐기는 골프장보다 모든 사람이 함께 이용할 수 있는 공원을 만드는 게 바람직하다는 것입니다.

문제는 행정이 오락가락하면서 발생하는 예산낭비였는데, 체육진흥공단이 4년 전 골프장을 짓는 데 130억 원이 들어갔고, 이 골프장을 이제 와서 갈아엎고 다시 공원으로 만들려면 건설비만 수십억 원이 필요합니다.

여기에 공단의 골프장 운용권 포기를 이끌어 내는 데 들어가는 행정 비용이 130억~200억 원이라서 골프장 조성원가에다 그동안의 관리 운용비를 얹어서 보상해줘야 하기 때문입니다.

공단의 골프장 조성비용이든, 서울시의 공원조성 비용이든 그 원천은 시민이 낸 세금이고, 애초부터 공원을 만들었거나, 당초 예정한 대로 골프장 개장이 이뤄졌다면 쓰지 않아도 될 세금을 낭비하게 된 것입니다.

여기에 두 기관이 대법원까지 가는 법정공방을 벌이면서 쓴 소송비용과 당연히 시민의 품에 돌아갔어야 할 땅이 무허가로 묶여 있었다는 기회비용의 손실까지 감안하면 시민의 손해는 이만저만이 아니었습니다.

행정기관의 소모적 다툼에 애꿎은 시민만 피해를 입었다면 손실을 끼친 당사자에게 책임을 묻는 게 당연하고, 사태의 자초지종을 따지고 사안의 경중을 가려 관계자들을 문책해야 마땅합니다.

지금 서울시와 체육진흥공단은 마치 우리가 더 이상 싸우지 않기로 했으니, 잘된 것 아니냐는 식의 태도로 이는 시민을 우습게 아는 것이고, 골프장이든 공원이든 본디 주인은 시민입니다.

행정자치부가 처음으로 143개 지방공사·공단의 사업을 전수 조사해 골프장 등 23개 사업을 민간에 이양키로 2015년 9월 24일 결정했고, 민간이양 사업은 지방공기업 설립 목적에 맞지 않고, 민간 영역을 침해하는 것들입니다.

행자부는 앞으로 시장성 테스트를 통해 공공성이 낮고 민간영역을 잠식하는 사업은 지방공기업이 영위할 수 없게 할 방침이라고 하며, 민간이 잘 하는 부분은 민간에 맡기고 지방공기업은 본연의 공공서비스에 집중케 하기 위해서입니다.

민간이양 사업을 보면 골프장, 골프연습장을 비롯 호텔, 온천, 목욕탕, 편의점, 휴게소, 래프팅장, 서바이벌 체험장 등이며, 심지어 맥주사업과 주막도 있어서 하나같이 지방공기업이 왜 이런 사업을 하나 싶은 것들입니다.

백번 양보해도 어느 것 하나 공공성을 내세우기 어렵고, 오히려 민간의 진입을 막아 지역경제 활성화에 역행한다고 보며, 또한 지역민을 위한 것인지, 지방자치단체 공무원과 지방공기업 임직원 등 '그들만의 복지'를 위한 것인지 의심스러운 경우도 있습니다.

차제에 지방공기업의 세부사업을 더 면밀히 살펴 민간에 넘길 것은 확실히 넘겨야 할 것이고, 지역 여건상 지방공기업이 나서지 않으면 아예 시장이 형성되기 어려운 경우도 있더라도 민간 참여를 위한 플랫폼 구축과 마중물 역할에 그쳐야지 돈이 된다고 아무 사업이나 틀어쥐는 것은 안 됩니다.

지역에서 독점적 지위인 지방공기업이 돈 버는 재미에 매몰돼 민간업자의 싹을 제거한다면 이는 없느니만 못 하고, 더구나 한번 생겨난 조직은 생존과 확장 본능을 발휘하게 마련이라서 공공부문이 비대해질수록 민간의 의욕과 창의가 설 땅은 좁아집니다.

공무원연금공단이 2005년에 경기 화성시 동탄면 일대에 27홀 규모의 골프장을 짓는 데 185억 원의 시설투자 예산을 편성한 것 외에 영호남에도 골프장을 한 곳씩 짓기로 하고 부지 매입비용으로 235억 원을 배정했다고 합니다.

지난 2004년 9월 국회 예산정책처가 분석한 자료에 공무원연금은 지난 5년간 1147억 원의 적자를 국고에서 보전 받은 것으로 나타나 20년 만 근무하면 적립액의 4~5배를 보장해 주는 연금 지급에 대한 근본적인 재검토가 있어야 한다는 여론이 일기도 했습니다.

이런 상황에서 연금공단이 구조조정이나 자체 개혁을 통한 연금 운용 정상화보다는 외형 불리기에 급급한 인상을 주는 것이란 비판도 일었는데, 공단 측은 이미 천안에 골프장이 포함된 리조트단지를 운영하면서 공무원과 그 가족에게 이용상의 특혜를 주고 있습니다.

5) 최근 골프장 이야기

'최고의 매력적 운동'이라는 예찬론과 '환경 파괴를 담보로 한 귀족 스포츠라'는 비판론이 교차하는 골프에 대한 사회적 시선이 우리 국민들 만큼 극명한 차이를 보이는 나라도 드물 것입니다.

시·군이 골프장 건설에 적극 나서는 데는 나름대로 지역 발전과 세수 증대 측면에서 가장 확실한 보장을 해 주기 때문에 이유와 명분이 있고, 자치단체장의 입장에서 고용 창출 효과까지도 더 있는 골프장 건설은 거절하기 힘든 유혹일 것입니다.

문제는 지역 주민들과 환경 단체가 거세게 반발하고 있는바, 골프장 건설·유지 과정에 엄청난 환경 훼손이 불가피하다는 점으로, 최소 수십만 평의 산지 임야에 건설되면서 산림 및 생태계 파괴가 불가피한데다 완공 뒤에도 다량의 지하수와 농약 사용으로 친환경적 관리가 어렵기 때문입니다.

해당 지역이나 주민과 관련 현안들을 떳떳하게 의논하면서 해결할 수 있는 방식 중 하나가 '골프장 입지 심의위원회' 같은 게 될 수도 있지만, 객관성, 공정성, 투명성을 극대화하는 방향으로 위원들이 먼저 구성되고 이를 바탕으로 위원회가 운영돼야 합니다.

환경영향평가 제도는 개발 사업을 추진하기 전에 개발과 보전의 조화를 이뤄내기 위한 수단이고, 환경적으로 지속가능한 개발을 이뤄내기 위해서는 최소한 사전에 예측하고 파악된 환경파괴 저감대책은 철저하게 이행해야 합니다.

'개발과 보전이 균형을 이뤄내지 못할 경우 생태계에 미치는 악영향이 커질 수 있다'는 점을 항시 염두에 두어야 하고, 환경영향평가 과정에 주민의견 반영을 의무화하는 등 규정을 대폭 보완·강화해 나가고 있는 것도 부정적 영향을 줄여나가려는 것입니다.

보도에 따르면, 제주도는 골프장 사업시행자가 착공신고서 제출 시 '토목공사 및 조경분야에 대한 감리 등의 범위'를 명확히 설정해 해당업체와 감리계약을 체결토록 했고, 특히 감리역할에 '환경영향평가 협의내용 이행여부 감독사항'을 반드시 포함토록 했습니다.

이를 '위반할 경우 공사 중단을 비롯해 사업허가 취소 등 강력한 제재를 가한다'는 것이고, 제주도는 최근 공사착공신고서를 제출한 N골프장에 이를 처음 적용키로 했는데 골프장 개발 사업으로 인한 중산 간 생태계 훼손과 환경오염을 차단하기 위함입니다.

친환경 골프장 개발을 위한 의미 있는 조치로서 향후 감리 결과가 주목되며, 감리는 설계대로 시공되고 있는지를 확인하고 그 품질을 지도 감독하는 역할이기 때문에 '골프장 품질은 감리에 달려있다' 해도 지나침이 없습니다.

골프장 개발 사업이 현행 건설기술관리법 규정상 '책임감리 대상에 포함되지 않는다.'는 이유로 사업시행자는 행정 처리에 편리한 일반 업체와 감리 계약해 왔으나 앞으로 '부분 책임감리제'로 전환되는 등 일반건설공사 현장 감리 수준으로 강화된다고 합니다.

10 연단체 부킹

해외 출국길이 막히면서 해외 골프여행을 할 수 없는 골퍼들이 국내 골프장으로 눈을 돌리면서 골프장 부킹(booking,예약)은 그야말로 전쟁을 방불케 하고 있습니다.

특히 골프는 답답한 상황에서의 야외 활동이라는 점 때문에 특수를 맞고 "골프장 부킹하기가 '하늘의 별 따기'로 돼 인터넷 예약도 눈 깜짝할 새 마감돼 버립니다.

골프동호회는 2014년부터 골프장에 연간 단체회원으로 등록해 매달 동호회 골프 행사를 진행해왔으나, 최근 코로나19로 골프 인구가 늘어나 골프장 부킹이 힘들어지면서 연간 단체부킹 계약을 연장할 수 없다고 골프장 측이 통보를 받고 있습니다.

젊은 층 유입 등으로 골프 인구가 급증하면서 골프장 예약을 둘러싸고 동호회와 골프장 간 갈등이 전국 곳곳에서 벌어지고 있는데, 국내 대부분 회원제 골프장은 고정단체 제도를 시행하고 있지만, 골프장 이용객이 폭발적으로 늘어나면서 예약 경쟁이 치열해지다 보니 일부 골프장이 고정단체 수를 축소하고 나섰기 때문입니다.

경제단체나 소규모 클럽들은 회원 친목도모를 위해 주변 골프장에서 매월 정례 모임을 갖는데, 연단체 등록을 통해 운영하는 골프 동호회 모임은 일반 그린피에 비해 저렴한 가격에 연간 9~10회 정도를 사용할 수 있고, 회원 수에 비해 차이는 있으나 보통 3~7팀 정도를 구성해 운영합니다.

보통 연단체 팀은 봄, 여름에 1인당 그린피가 6~8만원, 가을에는 10만원~12만원인데 2021년도에는 살인적으로 인상되었고, 1인당 기본이 12~15만원이고 가을철에는 18~20만원이 넘습니다.

연단체팀에게는 클럽하우스에서 식사 몇 회를 해야 한다는 약속도 있었고 그동안 김밥, 빵, 초콜릿 등 간단한 음식물 반입에 대해서는 제한하지 않았지만, 코로나 특수가 시작된 지난해 하반기부터는 이를 허용하지 않고, 일반 시중가의 몇 배에 달하는 그늘집이나 클럽하우스를 이용하도록 하고 있습니다.

연단체 부킹 조건으로 객단가는 이용료 이외에 단체들의 식사와 기념품 구매 등을 1인당 일정 수준 이상 의무적으로 지불해야 하는 금액이나 법에도 없는 객단가 조건으로 연부킹을 해주는 골프장도 많았습니다.

최근에는 일부 골프장들은 기존 회원들의 반대로 연단체 부킹을 줄이는 곳도 있고 공정성과 형평성 시비가 일어 아예 폐지하고도 있지만, 단체 부킹이 어려워진다는 이유로 객단가를 더 요구하는 곳도 있습니다.

코로나19 이후 일상으로의 회복도 골프장업계의 불안 요인으로 꼽히는데, 최근 해외로 향하는 항공기 운항이 재개되면서 세계적인 휴양지들이 앞 다퉈 손님맞이에 나서고 있고, 현지 격리를 위한 호텔 제공과 코로나19 PCR 검사비용 전액 지원은 물론이고 격리 중 골프연습장 이용도 가능해 인기가 높습니다.

사이판에서 7박 8일 중 5일간 골프라운드(90홀)를 즐길 수 있는 여행상품은 왕복 항공료를 포함해 150만 원대에 선보였고, 선착순으로 모집한 해당 상품은 없어서 못 팔 지경인데, 주말 평균 1인당 20만 원대 이상으로 천정부지 치솟은 국내 골프장의 그린피를 감안할 때 시사하는 점이 큽니다.

1) 연단체 부킹 중지

1월 19일 법조계에 따르면, 부산 A고 골프 동호회는 지난해 12월 28일 부산 B골프장을 상대로 '고정단체 해지 효력정지 가처분' 소송을 부산지법 동부지원에 제기했다고 합니다.

동호회 측은 "B골프장이 지난해 11월 중순께 고정단체 객단가 미달을 이유로 계약 연장 불가를 통보했고, 개선을 약속했지만 작년 12월 14일 재연장 불가를 통지했다"고 주장했습니다.

A고 동호회는 2014년부터 B골프장에 고정단체로 등록해 매월 한 차례씩 2부 시간대(티오프 시간 오전 11시 30분~오후 1시)에 8개 팀이 골프를 쳤는데, A고 동호회는 B골프장에서 1인당 5만원씩 쓰는 조건으로 예약 편의와 그린피 혜택을 받았습니다.

그러나 B골프장 측은 A고 동호회 객단가(2부 기준 5만원)가 자체 기준에 미달해 '고정단체 계약 연장이 어렵다'는 입장으로, B골프장 측은 2022년 고정단체 계약에서 A고 동호회를 포함해 50개 단체와 계약 연장을 하지 않은 것으로 알려졌습니다.

A고 동호회 측 관계자는 "코로나19로 사회적 거리 두기가 강화돼 골프장 내 식음료 시설 이용이 불가능해 객단가를 충족하지 못한 것"이라며 "부족한 객단가가 있을 경우 충족시키겠다고 밝혔지만 해지를 결정한 것은 이해할 수 없다"고 주장했습니다.

또한, 지난 1월 서울 C기업 한 사내 동호회는 단체팀 신청을 하다 결국 포기했다고 합니다.

2018년부터 지방 한 골프장에 단체팀으로 꾸준하게 등록하고 월 1회씩 모임을 가진 이들은 최근 골프장에서 '그린피 할인 없이 당일 가격 적용, 객단가 1인당 4만원'이라는 조건을 받았습니다.

앞서 2018년 골퍼들이 상대적으로 몰리지 않는 금요일 오후에 1인 그린피 12만원, 식사 제공, 객단가 2만원이라는 조건으로 단체팀 활동을 했지만, 올해 골프장 조건대로라면 1인당 14만 원 이상 부담이 더 커지게 됩니다.

서울 한 대학 골프 동아리는 6년 전부터 충청도 한 골프장과 '고객이 몰리지 않는 요일, 오후 시간 9홀 라운드' 조건으로 1인당 9홀 그린피 6만원에 연간 계약을 맺었고, 골프장은 사람이 없는 시간을 메울 수 있고 주머니가 가벼운 학생들은 저렴한 가격에 골프를 칠 수 있는 '윈윈 전략'이었습니다.

한편, 정부도 대중(퍼블릭) 골프장의 횡포를 막기 위해 대책 마련에 나섰고, 회원제 골프장과 달리 대중 골프장에만 적용되는 개별소비세 면제를 없애고 경기보조원(캐디)은 고객이 필요에 따라 선택할 수 있도록 제도를 개선할 계획입니다.

2) 부킹 매크로 출현

부킹이 어려워지자 주말 골퍼 A 씨는 "몇 초 안 에 마감되는 골프장의 티타임을 잡기 위해 데스크톱 모니터에 수성 펜으로 동그라미를 그려 놓고서, 시작(티타임) 예약 시간이 열리는 날 마우스 커서를 동그라미에 즉시 갖다 대고 예약하기를 누르기 위해서"라고 했습니다.

매크로는 반복 작업을 자동으로 할 수 있게 하는 컴퓨터 프로그램이고, 성공할 때까지 클릭되는 등 같은 명령을 반복하기 때문에 실패 확률이 낮은 것이 강점입니다.

백신 예약이나 마스크 구매 등에 쓰이기도 했던 매크로가 골프계에도 찾아와, 충북의 한 골프장은 '프로그램 사용 적발 시 영구 예약 및 내장 불가 외 강력히 처벌된다.'는 긴급 공지를 띄웠습니다.

골프장 관계자는 "이제는 100세 시대다. 골프의 즐거움을 누리려는 노년층이 부킹이 어려워 골프장을 직접 찾아오는 경우가 왕왕 있다. 누구에게나 균등하게 기회를 줘야 하기 때문에 도와줄 수 없다. 종합적인 해결책이 필요한 시점"이라고 운을 뗐습니다.

공정하지 못한 부킹으로 인해 고통 받는 것은 일반 골퍼의 몫이고, 모든 사람이 공정하고 즐겁게 골프를 치기 위해서는 매크로에 대한 적절한 해결책이 마련돼야 합니다.

골프장들은 위약금 발생일 이전 상습 취소 사례를 모니터링 해 페널티 정책을 강화하거나, 라운드 당일 본인 필수 입장을 위해 신분증을 확인하는 등 절차를 더하고 있지만, 매크로 의심이 들더라도 골퍼들이 본인이라고 우기면 방법이 없습니다.

또한 부킹용 매크로 프로그램은 20여만 원에 비교 적 쉽게 구매할 수 있어 일반 골퍼가 실제로 프로그램을 사서 이용한다는 얘기도 나오고 있고, 곧 새로운 매크로 프로그램이 등장하기 때문에 골프장에서 시스템을 수시로 바꾸는 것도 대안은 아니라고 합니다.

04 골프 장비와 시설

4장 | 골프 장비와 시설

현대 과학의 발전으로 인해 장비뿐 아니라 골프 기술도 많이 발전하였지만, 최고급 골프 장비를 사용하더라도 실력 향상이 안 되는 것을 보면, 골프 기량 향상에 있어서 과학 발전도 골프 수행을 대신해 주지는 못합니다.

즉, 좋은 클럽을 올바른 스윙으로 결합하여 신체의 조화로운 동작과 근육의 적절한 움직임으로 수행할 때 비거리와 정확성을 향상시킬 수 있고, 효율적인 골프 스윙을 위해서는 운동 역학적인 관절 및 근육의 활용도를 높이는 방법을 찾아야 합니다.

필드에 나가기 위해서 골프 칠 때 입는 옷, 모자, 장갑, 골프화, 골프채 등 이외에 필드에서 필요한 준비물인 골프공, 골프 티, 볼 마커 등도 플레이 할 때 필요합니다.

골프공은 필드에서 어느 정도 공을 잃어버릴 수 있으니 여유롭게 준비하길 권장하며, 골프 티는 티 박스에서 드라이버를 칠 때 사용하는 롱 티와 숏 홀에서 사용하는 숏 티를 준비합니다.

공(볼) 마커는 그린 위에서 공을 마커하고 집어 올릴 때 사용하기 위해 필요한데, 대부분 캐디(경기 도우미)분이 볼 마커를 도와주지만 원칙적으로 골퍼(플레이어)가 본인의 공을 마커하고 집어 올리는 것이기 때문에, 기본적으로 플레이어가 준비해야 합니다.

자신을 제외한 동반자·캐디 4명에 앞뒤 팀 플레이어 10명(캐디 포함)을 더한 수치라서 그만큼 골프는 '배려의 스포츠'이며, 처음 필드에서 알아야 할 기본적인 용어는 티 박스, OB, 페어웨이, 러프, 벙커, 패널티구역(워터해저드), 그린, 컨시드 등을 미리 알고 필드에 나가는 것이 좋습니다.

1 골프 공

골프공의 선택 기준은 크기, 구조, 경도 등인데, 규칙에 공의 중량은 45.93g 보다 무겁지 않고 직경은 42.67mm 보다 작지 않도록 규정하며, 공의 크기에 따라 직경이 41.15mm인 작은 공과 42.67mm인 큰 공으로도 구분하며, 게임 특성상 소모품일 수밖에 없습니다.

골프공은 내부 구조에 따라 1(원)피스, 2(투)피스, 3(쓰리)피스, 4(포)피스 등이 있고, 1피스는 말 그대로 통짜로 일체형인 골프공으로서 이제는 찾아보기 힘들며, 2피스 공은 주로 실내 연습장이나 인도어 레인지에서 사용하는 공이고 필드에서도 초보자들이 사용하기는 합니다.

2피스는 중심에 코어가 있고 코어를 둘러싼 외층이 있는 골프공으로, 구조가 단순하고 코어에 힘이 직접 전달되기 때문에 3피스나 4피스 볼에 비해 거리가 많이 나간다는 말이 있지만, 3피스와 4피스 골프공의 발달로 이제는 거리에서 별다른 차이가 없습니다.

2피스 공은 회전을 주기 어렵기 때문에 거리 조절이 쉽지 않고, 3피스 볼은 코어, 내층, 외층의 3층 구조로 되어 있는 볼로, 2피스 볼에 비해 거리는 멀리 나가지 않지만 회전을 자유자재로 줄 수 있어서 컨트롤이 잘 됩니다.

4피스 볼은 3피스 볼에 외층을 하나 더 입힌 볼로, 당연히 층이 많아질수록 가격이 비싸지며, 대부분의 아마추어 골퍼들은 볼이 2피스인지 3피스인지 구분하지 못 하나, 프로선수들은 3피스 이상의 볼을 민감하게 구분해서 사용합니다.

또한 골프공의 표면 껍질 재질이 굉장히 중요한데, 2피스 볼이나 저렴한 3피스 공들은 대부분 아이오노머나 설린 같은 비교적 저렴한 재질로 되어 있고, 스핀이 잘 걸리지 않아 페어웨이에서 샷을 한다고 할지라도 러프에서 친 것처럼 플라이어 현상이 일어나는 경우가 많아 거리가 일정치 않습니다.

그린에 떨어졌을 때도 스핀이 적어 지나치게 많이 굴러 앞 핀 공략이나 핀 하이 공략이 굉장히 어려우며, 얼마나 구를 것인가에 대한 예측이 불가능하기 때문에 잘 친 샷에 대한 보상이 전혀 이루어지지 않습니다.

프로용, 투어용 3피스 이상 제품의 경우 표면 껍질이 폴리우레탄 재질로 되어 있는데, 폴리우레탄의 특성상 굳는데 시간이 많이 소요돼 공정이 오래 걸리기에 표면 불량률이 높아 상대적으로 비쌀 수밖에 없습니다.

우레탄 재질의 공은 샷에 따라 스핀이 일정하게 들어가고 그린에 올렸을 때 많이 구르지 않아 잘 친 샷에 대한 피드백이 확실하며, 드로우와 페이드를 걸었을 때 일정한 스핀이 걸려 좀 더 고난이도의 샷을 가능하게 합니다.

아마추어의 경우에도 저렴한 2피스 아이어노머나 설린 재질이 아닌 우레탄 재질의 공을 사용하는 것이 장기적으로 볼 때 실력 발전에 더 큰 도움을 줄 수 있지만, 드라이버 티샷의 경우 사이드 스핀이 적은 것이 더 유리합니다.

2피스 아이오노머, 설린 재질이 좀 더 스핀이 적기 때문에 어느 정도 도움을 줄 수 있는 것은 사실이나, 과거에 비하면 폴리우레탄 공의 피스를 구성하는 재질의 발달로 예전 폴리우레탄 제품 공들보다 드라이버 티샷 스핀이 적어져서 이제는 티샷에서도 별 차이가 나지 않습니다.

결론적으로 가격을 제외한 어떤 점도 "2피스의 저렴한 아이오너머 및 설린 재질의 공들이 3, 4피스의 폴리우레탄 공들보다 장점이 없다." 라고 생각해 볼 수 있습니다.

1) 딤플(Dimple)

골프공의 표면에는 비거리를 늘이기 위해서 많은 홈이 패어져 있는데, 딤플(Dimple)이라고 해서 공기 저항을 없애고 공 올리는 힘을 높게 해주는 작용력이 있어서 단순한 장식이 아닙니다.

언뜻 상식적으로 생각해보면 매끄러운 표면의 공이 더 멀리 날아갈 것 같지만, 유체역학 이론에 따르면, 딤플로 인해 공기의 흐름이 공의 표면에서 분리되는 것을 지연시켜서 공의 진행방향 쪽과 그 반대쪽에 걸리는 압력의 차이를 작게 만들어 주어서 압력차에 의한 저항력을 줄여준다고 합니다.

딤플의 모양과 개수, 배치 패턴은 제작회사의 고유 기술이며 특허로 보호받고 있고, 실제 필드에 나가서 플레이를 해보면 분실이 심히 잦고, 18홀을 다 돌기도 전에 가져 온 공이 다 떨어지면 곤란해지니, 골프장에 처음 가는 초보들은 10개 이상의 공을 가지고 가는 것이 좋습니다.

2) 신제품 골프공

2022년형 골프공도 시장에 속속 모습을 드러내, 비거리나 정확도 등 언제나 골프공에 요구된 것들은 물론, 디자인도 더욱 다채로운 제품이 나오고 있습니다.

강력한 반발력을 기반으로 한 비거리, 딤플 개수 및 디자인까지 세세히 관리함으로써 얻을 수 있는 안정성, 스핀력과 내구성 등 골프공의 미덕을 충실하게 갖추는 건 물론, 가지각색의 디자인들을 통해 개성을 드러내는 제품들이 올해의 트렌드가 될 것으로 보입니다.

여성용 골프공도 주목할 만하나 아직 2022년형 여성용 골프공은 출시되지 않았지만, 작년에 몇 가지 제품이 출시되어 시장의 관심을 끌었듯, 올해도 마찬가지일 가능성이 큽니다.

소프트볼 시장의 선구자인 캘러웨이골프는 5세대 크롬소프트 22 골프 볼을 출시했는데, 첨단 설비 시스템인 디지털 3D 엑스선 장비로 공의 모든 레이어를 선명하고 정확히 측정해 코어, 맨틀, 커버 등 모든 레이어들이 정확한 위치에 있는지 각각의 편심을 모두 확인할 수 있게 했습니다.

최근 1~2년 새 골퍼들 사이에서는 나만의 차별화된 명품 브랜드를 추구하는 경향이 가속화되고 있는 가운데 네오코리아는 영국 트렌치 런던의 상표와 기술을 라이센싱해 한국에서 생산된 2022년형 신제품 골프볼 T-PRO를 출시했습니다.

트렌치 런던은 "골프공에 새겨진 T-바 시그니처가 특징으로 쉽고 정확한 퍼트 정렬을 구현하도록 도움을 주는 것이 최대의 장점"이라며, "스핀력과 비거리까지 모두 경험할 수 있도록 제작되었다"고 설명했습니다.

아주 부드러운 촉감과 부드러운 타격감으로 피로 절감 효과를 줘서 지구력 향상에 도움을 주기 때문에 스크린 골프와 필드(라운드)에서도 우수한 성능을 발휘할 수 있으며, 특히 스윙 스피드가 빠르지 않은 어르신(시니어) 및 여성 골퍼에게는 최상의 비거리를 제공한다고 합니다.

또한 'T-PRO'는 45.5g의 가벼운 무게로 느린 스윙 스피드에서도 공을 최적의 비행 궤도로 쳐 보낼 수 있고, 이는 곧 비거리 증가로 직결되는데, 공의 직경은 일반 골프공과 똑같지만 가벼운 무게로 임팩트 시 공(볼)의 빠른 스피드를 이끌어 내 초기 볼의 스피드가 초속 2~3m 가량 빠르다고 합니다.

3) 분실구(로스트볼)

골프를 치는 중에 자기가 잃어버린 공을 찾다가 남의 공을 자기 걸로 착각해서 칠 수도 있고, 우연히 발견한 공을 주워서 가질 수도 있는 일입니다.

이런 건 누가 가지고 있던 공이고, 그 사람이 공을 버렸는지 잃어버려서 찾고 있는지 알 수도 없는 노릇이라 가져도 되는지 안 되는지가 꽤 복잡한 문제입니다.

과거 판례를 살펴보면, 골프장내 분실구(로스트볼)에 대해서 법원은 법률상 의제로 그 소유주인 골퍼가 소유권을 포기했다고 간주하고 있기 때문에, 대부분 분쟁에서 골프장의 손을 들어줬습니다.

이러한 법적 해석은 현실적으로 그 소유자가 소유권을 온전히 포기한 것인지 일일이 파악할 수 없는 현실을 감안하여 내린 결정에 다름 아닐 것이고, 로스트볼(공)에는 소유주가 누구인지 알 수 있도록 개인정보를 기재하는 경우가 흔치 않기에 소유주를 찾는 것은 사실상 어렵기 때문입니다.

골프장에서는 정기적으로 잠수부 등을 고용하여 워터해저드 등에 빠진 분실구(로스트볼)를 수거하며 직원들에게 이를 염가에 팔 수 있게 해주는 곳도 있고, 외국의 골프장에는 이 일만을 전문적으로 하는 사람도 있으며 연수입이 수억 원에 달하는 경우도 있답니다.

이런 분실구(로스트볼)들은 골프장에 꽤나 널려있는데, 소유권이 누구에게 있는지가 꽤나 복잡한 문제입니다.

실제 사례로 영국에서는(골프장에 고용되지 않은) 한 잠수부가 밤중에 골프장에서 몰래 분실구(로스트볼)을 수거하다 현장에서 적발되었는데, 골프장은 골프공의 소유권을 주장하며 잠수부를 절도범으로 고소했으나 잠수부 측은 골퍼들이 버린 공이므로 골프장 측이 소유권을 주장할 수 없고 절도가 아니라고 주장했는바, 워낙 두 주장이 팽팽하다보니 결론이 쉽사리 나지 않았습니다.

2019년 개정된 골프 규칙(룰)에는 분실구(로스트볼) 찾는 시간을 5분에서 3분으로 단축 시켰다고 하여. 비록 경기진행을 쉽고 빠르게 하겠다는 효율적 의도에서 비롯된 발상이지만, 본의 아니게 필드에서 로스트볼을 더욱 증가 시킬 가능성이 높다고 예측됩니다.

경기도우미(캐디)에게 남는 분실구(로스트볼)를 달라고 하면 주기도 해 새 공을 쓸 필요가 전혀 없고, 어차피 숱하게 잃어버리니 이럴 땐 인터넷 쇼핑으로 저렴한 분실구(로스트볼)를 구입해서 쓰면 되겠습니다.

2 골프 복장(운동화, 장갑)

골프복은 잔디 위에서 자연과 더불어 경기가 이루어지므로 스윙하기 편한 활동적인 옷이어야 하고, 안전을 위해 주위 사람들의 눈에 잘 띄는 원색적인 옷도 선호되며, 또한 비옷이나 겨울철의 찬바람을 막기 위한 옷도 필요합니다.

각 골프장마다 복장 규정이 조금씩 다르긴 하지만, 남성의 경우 소매 및 깃이 없는 상의, 속내의가 많이 보이는 상의, 청바지, 샌달 등은 삼가는 편이 좋습니다. (여성은 조금 더 느슨해서 반바지나 소매 없는 상의가 허용되는 경우도 있음).

라운드 시에는 셔츠가 밖으로 나오지 않도록 바지 안에 넣어서 입는 것을 요구하는 까다로운 골프장도 있고, 갤러리(관중)의 경우 라운드 하는 선수에 비해 복장규정이 까다롭지는 않지만, 적어도 끈을 묶는 추리닝, 청바지, 샌달 착용은 피하는 것이 좋고, 국내 대부분의 골프장은 라운딩 시에 반바지, 청바지, 샌들의 작용을 금지하고 있습니다.

인도네시아, 말레이시아와 같은 이슬람 국가 국적의 선수들은 율법 때문에 다리를 내보이면 안 되니 대신 긴 바지로 통일한다는 소문도 있습니다.

유명 의류 메이커에서 다양한 골프 의류들을 선보이고 있고, 다른 골프용품(클럽, 볼 등등)과 유사하게 골프 의류들도 매우 비싸며, 유명 브랜드의 경우 T셔츠 한 벌에 30~50만원을 호가하기도 합니다.

당연하게도 여성 유니폼이 남성 유니폼보다 비싸지만, 요즘엔 나이키나 아디다스, 퓨마 등의 일반 스포츠 브랜드에서도 골프의류가 많이 출시되고 있으며, 예전에 비해 훨씬 저렴하게 의류를 갖출 수 있게 되었습니다.

여성 골퍼 스타일로, 종종 여성 골퍼들이 치마처럼 보이는 옷을 입고 나오는 경우가 있는데 쭈그려 앉거나 허리를 숙일 일이 많은 골프 특성상 전부 치마바지라고 보시면 됩니다.

현대에 와서는 남자 골퍼들은 상의 폴로 셔츠-하의 긴 바지로 정착이 됐으나, 간혹 특이하게 양말을 무릎까지 치켜 올리고 빵모자를 쓴 스타일인 니커보커 스타일로 입은 골퍼들을 볼 수 있는데, 사실 오히려 이렇게 입는 것이 전통적인 복장이며 니커보커 스타일로 유명했던 선수는 1990년대 PGA 스타였던 페인 스튜어트가 있습니다.

1) 골프(운동)화

골프장에서는 반드시 골프(운동)화를 착용하는데, 골프화는 잔디를 보호하고 스윙을 할 때 몸의 균형을 유지하는데 필요한 스파이크가 달린 신발입니다.

GS리테일이 운영하는 GS샵에 따르면 지난해 봄 시즌(3~5월) 기간 내 골프 패션 상품이 71% 신장하며 패션 카테고리 내에서 가장 큰 매출 상승을 보인 것으로 집계됐고, 특히, 이 기간에 가장 많이 팔린 골프 패션 상품은 골프화로 나타났습니다.

골프화는 골프를 처음 시작하는 고객 중심으로 꼭 갖춰야 하는 아이템이기 때문에 매출이 높았던 것으로 풀이되고, 그다음으로는 바람막이 등 점퍼, 긴 팔 티셔츠, 큐롯 스커트, 팬츠 등의 매출이 높았습니다.

2) 골프장갑

골프장갑은 내 몸과 골프 클럽을 이어주는 다리로서, 재료는 대체로 양(羊) 가죽으로 만드는 자연 가죽 장갑과 합성피혁으로 모두 만드는 합피 장갑, 그리고 마찰이 많이 생기는 그립을 잘 잡아줘야 하는 손바닥만 가죽으로 만들고 나머지 손등은 합피로 만드는 장갑도 있습니다.

손바닥에 물집이 생기거나 공을 칠 때 그립이 미끄러지는 것을 방지하며 일반적으로 오른손잡이의 경우 왼손에만 장갑을 착용합니다.

골프채 그립 잡는 데서부터 스윙에 이르기까지 괄약근의 원리가 적용되는데, 그립을 쥘 때 '참새나 병아리를 다치지 않게 손안에 살포시 쥐는 정도로 잡으라'고 가르칩니다.

힘을 주어 움켜쥐면 근육에 경직현상이 일어나 관절의 원활한 기능을 방해하고 헤드 스피드에 브레이크를 거는 역효과를 주는데, 브레이크를 걸어 둔 상태에서 액셀 페달을 밟는 꼴이 되는 것입니다.

3) 그립(손잡이)의 중요성

그립(손잡이)은 처음이 가장 중요한데, 처음에 잡은 그립에 익숙해진 뒤에는 다른 그립으로 바꾸기가 무척 어렵기 때문입니다. 현대 스윙에 많은 영향을 끼친 벤 호건은 "그립은 스윙의 70%를 차지한다."라고 했습니다.

골프는 클럽을 이용하여 공을 치는 운동이므로, 골프는 사람과 클럽을 연결하는 그립에서부터 시작되고, 그립은 작은 변화에도 스윙과 구질이 크게 변하므로 처음부터 잘 익혀야 해서 많은 골프 지도자가 그립의 중요성을 처음부터 강조합니다.

그립은 골퍼의 신체 운동, 즉 신체의 힘과 에너지를 클럽으로 전달시킬 수 있는 유일한 부분입니다.

아무리 좋은 신체 능력을 갖추고 있더라도 좋지 않은 그립을 사용한다면 신체의 힘을 효과적으로 사용할 수 없고, 왼손과 오른손 그리고 사람과 클럽이 일체가 되어 클럽을 적절하게 제어하는 것이 그립 잡는 방법의 중요한 포인트입니다.

그립은 거리, 방향, 스윙 폼에 영향을 미치고, 좋은 그립이란 스윙 과정에서 '손의 역할을 가능한 줄여 몸의 회전에 의한 스윙을 만드는 그립'이고 나쁜 그립은 '손의 역할을 너무 강조하고 손으로 클럽을 컨트롤하는 그립'입니다.

그립을 처음 잡을 때는 항상 왼손부터 잡는데, 예전에는 왼손 집게손가락부터 잡았지만 현대 골프 스윙에서는 왼손의 손가락 부분을 기준으로 5, 4, 3, 2번째 손가락을 순서대로 대각선 방향으로 잡습니다.

엄지 위의 도톰한 부분을 안으로 말듯이 잡는 것이 좋고, 오른손은 1왼손과 박수를 치듯 맞대고 왼손의 순서처럼 잡습니다.

왼손과 오른손은 밀착시키는 것이 중요하며 엄지와 검지가 만나는 지점이 확실히 붙어 있어야 하는데, 그렇게 해야 왼손과 오른손이 밀착되어 일체감을 높이고 골프 스윙 중에 왼손과 오른손이 따로 놀지 않아 컨트롤과 스윙의 정확도를 높일 수 있습니다.

특히 오른손에 과한 힘을 주지 않기 위해 오른손의 엄지와 검지 사이에 공간이 없게 만들어 주는 것이 매우 중요하고, 이 모양을 하지 못한다면 좋지 않은 그립이며, 좋은 스윙을 하지 못하는 원인이 될 수 있습니다.

그립의 종류는 일반적으로 오른손의 새끼손가락과 왼손의 집게손가락의 모양에 따라 세 가지로, 오버 래핑(overlapping) 그립, 인터 로킹(interlocking) 그립, 베이스볼(야구) 그립으로 나누입니다.

일반적으로 남자는 오버 래핑 그립, 여자는 인터 로킹 그립, 나이가 많이 드신 분 또는 손가락에 이상이 있는 사람들이 베이스볼 그립을 많이 씁니다.

① 오버래핑 그립

가장 많이 사용하는 그립방법이며, 오른손의 새끼손가락을 왼손의 집게손가락 위에 겹쳐서 잡는 형으로, 먼저 클럽의 손잡이를 왼쪽 손바닥에 비스듬히 놓고 세손가락을 골프채 자루에 감습니다.

다음 집게손가락을 오무려서 방아쇠를 당기는 모양을 하고 클럽을 단단히 쥐고, 이어서 클럽의 손잡이를 오른손 중지와 약지의 중앙에 놓고 왼손 집게손가락의 마디위에 오른손 새끼손가락이 겹치도록 하여 엄지손가락과 집게손가락으로 손잡이를 가볍게 잡습니다.

② 인터로킹 그립

왼손 집게손가락과 오른손 새끼손가락을 깍지 끼워 잡는 형으로 손이 작거나 손의 힘이 약한 사람에게 적당한 방법입니다.

③ 베이스볼 그립

내추럴 그립이라고도 하며, 야구배트를 쥘 때와 같이 열 손가락이 다 손잡이에 걸려 있으면서 손바닥이 서로 마주보는 형으로, 손이 아주 작은 성인이나 어린이에게 적당한 방법입니다.

그립을 잡을 때는 클럽과 손이 따로 놀지 않도록 일체감이 느껴지게 잡아야 하고, 특히 왼손과 오른손이 함께 움직일 수 있도록 밀착시켜 잡는 것이 중요합니다. 그립의 악력은 골퍼마다 차이가 있지만 치약을 짰을 때 바닥에 떨어지지 않을 정도가 되어야 합니다.

너무 꽉 잡으면 손목의 회전에 방해를 줄 수 있고 또한 너무 느슨하게 잡으면 클럽을 놓치거나 클럽에 힘을 전달할 수 없으므로 적당하게 힘을 준 정도가 좋습니다.

3 골프클럽(golf club)

골프 칠 때 이용하는 골프채 등의 도구를 통틀어 골프 클럽이라고 하며, 골프 클럽은 **크게** 우드, 아이언, 웨지, 퍼터로 분류되며, 14개의 골프채는 그린 위에서 목표 지점인 홀컵을 겨냥하는 것이 주요 기능입니다.

골프를 정상적으로 플레이하기 위해 필요한 전통적인 골프 클럽 세트의 구성은 기본적으로 우드(드라이버) 1, 3, 4, 5번, 아이언 3, 4, 5, 6, 7, 8, 9번, 피칭 웨지, 샌드웨지, 그리고 퍼터를 포함한 14개의 클럽이 풀 세트로 이용됩니다.

클럽의 하프 세트는 우드 1, 3번, 아이언 3, 5, 7, 9번, 샌드웨지, 그리고 퍼터가 주로 이용하거나, 여기에 개인의 취향에 따라 우드에 5번을 더하거나, 5번 우드와 4-5번 아이언 자리를 하이브리드로 대체하거나, 웨지에 AW를 추가하거나 하는 식으로 변화를 줄 수 있고, 정식시합의 경우 최대 14개까지 이용할 수 있습니다.

용도에 따라서 클럽을 구분한 것은 일반론일 뿐이고, 상황과 개인의 취향에 맞춰 얼마든지 다른 용도로 다른 클럽을 사용하는 것이 가능합니다. (가령 그린 바로 바깥에서 퍼터 대신 우드로 공을 굴린다든가, 페어웨이에서 드라이버로 세컨드 샷을 친다든가 등등인데, 드라이버는 헤드가 크고 속이 비었기 때문에 뒷 땅이라도 치다간 부서지는 수가 있습니다.)

정식 골프시합에서는 14개 이하의 클럽만 가지고 플레이하도록 규정되어 있고, 이에 따라서 아마추어 사이에서 14개 클럽이 들어가는 가방을 풀(Full), 7~8개 정도가 들어가면 하프(Half)백으로 칭합니다.

보통 골프백을 살 땐 보스턴백이라는 보조가방도 짝으로 구입하는 경우가 많은데, 주로 갈아입을 옷과 골프화를 운반하는 용도이며, 탈의실(라커룸)까지만 들고 들어갈 뿐 실제 골프 필드에는 들고 가지 않으므로 사실상 예절(에티켓)에 속하는 부분입니다.

1) 우드(Wood)

장거리타를 칠 때 많이 이용하는 가장 긴 클럽은 우드라고 합니다. 원래는 긴 손잡이에 목재(wood)로 만들어진 헤드가 달린 클럽이라서 이름도 '우드'인데, 요즘에는 속이 비어있는 금속 헤드로 대부분 대체돼, 최근에 골프를 처음 접한 사람들은 왜 이름이 '우드'인지 궁금해 하는 경우도 있습니다.

우드는 티에서 첫 번째 타를 칠 때, 또는 페어웨이에서 공을 멀리 보내야 할 때 주로 사용하는데, 파5이나 파6홀에서는 우드로 몇 타를 날려야 공이 겨우 그린에 도달하게 됩니다.

우드 그룹에는 1(드라이버)에서 11까지 홀수가 적힌 다양한 클럽이 존재하는데, 1번에서 5번 우드가 흔히 사용되고, 그 이상의 우드 사용은 흔하진 않습니다.

비거리는 드라이버(1번 우드)가 제일 길며 번호가 커질수록 짧아지는데, 파4 이상 긴 홀에서는 대개 드라이버가 첫 타를 책임집니다만, 드라이버는 티(Tee)위에 공을 올려놓고 치는 티샷 이외에는 사용이 어려우며 남은 거리나 공이 놓인 위치에 따라 3~5번 우드 혹은 아이언이 그 뒤를 맡습니다.

드라이버(1번 우드)의 경우 페이스 구분에 따라 샬로우 페이스와 딥 페이스로 나뉘는데, 최근 출시되는 대부분의 드라이버들은 한 가지 라인업에 두 제품을 출시하여 각각 초중급자/중상급자를 위한 클럽으로 구분됩니다.

2) 하이브리드(Hybrid = Wood + Iron)

최근에는 하이브리드(혹은 유틸리티)라고 해서 우드와 아이언의 기능을 결합한 클럽이 각광을 받고 있어서, 동호인뿐만 아니라 프로선수들도 점차 많이 사용하는 추세입니다.

우드처럼 속이 비어있는 금속 헤드를 가지고 있으며, 아이언과 비슷한 크기의 헤드를 가지고 있기 때문에 하이브리드라고 불리는데, 우드가 공을 때려서 멀리 보내는 데 사용하고 아이언이 공을 띄워서 거리를 조절하는 데 사용한다면, 하이브리드는 이 두 가지 기능을 모두 가지고 있습니다.

주로 치기가 어려운 2~3번 롱 아이언을 대체하기 위해 사용하는 경우가 많으며, 공이 놓인 곳의 위치가 아이언을 치기 어려운 상황 (가령 풀이 긴 러프라든가, 혹은 풀이 없는 맨땅)에서도 유용하며, 헤드의 생김새가 고구마처럼 생겨서 은어로 하이브리드를 '고구마'라고도 합니다.

3) 아이언(Iron)

중단거리를 칠 때 이용하는 클럽은 아이언이라고 하며, 헤드가 금속 재질이고 우드보다 무겁습니다.

헤드의 각도가 커지는 순서대로 1~9번으로 구성되는데, 평균 비거리는 1번〉2번〉...〉9번순으로, 이건 아이언마다 로프트 각과 샤프트 길이가 달라서입니다. 보통 아이언 번호가 1씩 늘어날 때마다 비거리가 10y씩 줄어든다고 생각하면 편합니다.

번호가 낮은 아이언(롱 아이언)일수록 로프트 각이 작고 샤프트가 길어서 공이 낮고 멀리 날아가며, 번호가 높은 아이언(숏 아이언)일수록 로프트 각이 크고 샤프트가 짧아서 공이 높이 뜨게 됩니다.

보통 골프를 처음 시작하는 초보자들은 7번 아이언을 가장 먼저 연습하며, 1번 아이언은 초 엘리트 남자 프로가 아니면 사용하는 경우가 거의 드물며 골프용품점에서도 잘 팔지 않습니다.

3~4번대 아이언도 프로들 아니면 사용하는 경우가 많지 않고 하이브리드로 점차 대체되는 분위기입니다.

가급적 멀리 치는 것이 장땡인 우드와는 달리, 3~9번까지의 아이언은 한 번의 스윙으로 정확하게 그린 위에 공을 올려야 하는 경우가 많아, 자신의 스윙으로 만들어 낼 수 있는 아이언 번호와 비거리간의 관계를 머릿속에 그려놓고 플레이하게 됩니다.

4) 웨지(Wedge)

한편 9번보다 더 짧은 아이언은 특별히 웨지라고도 하는데, PW(pitching), AW(approach), SW(sand), LW(lob)의 종류가 있습니다. (사실 PW의 구분이 조금 미묘한데 이름에서처럼 웨지로 분류할 수도 있지만, 생김새나 재질 등이 아이언과는 확연히 다른 AW, SW와는 달리, PW는 아이언과 비슷한 구조와 기능을 갖도록 만들기 때문에 아이언으로 취급하는 경우도 많고, 보통 골프 클럽을 구매할 때도 AW, SW는 별도로 파는 경우가 많지만, PW는 아이언 세트에 포함되어 있는 경우가 대부분입니다.)

앞서 9번까지의 아이언은 대개 플레이어 각자 고유의 일정한 크기의 스윙을 하면서 클럽 선택으로 거리를 맞추는 반면, 웨지는 100m 이하의 짧은 거리에서 스윙의 크기를 조절해 가면서 사용해야 하기 때문에 많은 연습과 감각이 중요한 클럽입니다.

로프트각과 길이에 따라서 PW/AW/SW/LW로 구분하거나, 그냥 로프트 각도(52도 웨지, 56도 웨지 하는 식)로 구분하는데, 특히 Sand wedge의 경우 페이스 뒷면이 다른 웨지에 비해 더 뭉툭하게 튀어나와 있어서 벙커의 모래위에서 휘두를 때 모래에 파묻히지 않도록 하는 작용을 합니다.

5) 퍼터(Putter)

보통 1개만 가져가는 퍼터는 그린 위에서 공을 굴려서 홀컵에 넣는 용도의 클럽이며, 선수들의 개인적인 기호와 취향을 가장 많이 타는 클럽입니다.

퍼팅은 그린에서 공을 가볍게 굴려서 홀컵으로 넣는 동작입니다. 이때 사용하는 골프채가 퍼터이며, 블레이드형과 말렛형으로 대별됩니다.

4 골프채(클럽) 선택

최근에는 골프대중화 및 해외직구, 그리고 생산 공장의 해외 이전 등의 요인으로, 메이저 브랜드의 클럽+가방 풀세트를 백만 원 안팎으로도 구성할 수 있고, 중고를 활용하면 더 싸집니다.

던롭, 테일러메이드, 캘러웨이, 혼마, 야마하, 코브라 골프 등 주요 골프용품 업체들이 이미 2022년형 제품을 선보인 상태인데, 현재 출시된 제품을 살펴보면, 이미 검증된 기술부터 새로 도입한 기술까지 '기술력 자랑'이 이어지고 있다는 게 눈에 띕니다.

올해도 클럽 시장은 드라이버, 아이언, 웨지, 우드, 유틸리티, 하이브리드 등을 가리지 않고 각종 기술력 자랑의 장이 될 것은 분명합니다.

동시에 '비거리'는 올해도 실력 향상을 노리는 많은 골퍼의 주안점이 될 것으로 보이는데, 클럽 성능이 나날이 높아지며 비거리 또한 지나치게 높아졌다는 비판에 올해부터는 공식 대회에서 드라이버의 샤프트 길이를 46인치로 제한을 두기까지 했지만, 이 규정은 프로 한정이기에 비거리 트렌드에 큰 영향을 주지는 못할 것으로 보입니다.

서서히 저변을 넓히고 있는 여성용 클럽도 적잖은 비중을 차지할 것으로 전망되고, 던롭, 테일러메이드, 미즈노, 핑, 글로브라이드 등 유수의 업체들이 2022년형 여성용 클럽을 내놓은 상태이며, 단품부터 풀세트까지 구성도 다양합니다.

또한, MZ세대와 여성이 주 소비층으로 자리 잡은 이상, 디자인도 더 젊은 감성, 혹은 여성적인 감성을 바탕으로 시장에 출시될 것으로 전망됩니다.

몇 번 아이언이니 퍼터니 하는 식으로 골프채들이 세분화 된 것은 백 년 넘게 각각의 상황(멀리 날리기, 정확하게 굴리기...)에 최적화된 골프채를 만들려고 궁리에 궁리를 거듭하다 보니 도달한 결과로 골프채 제조사들이 세운 일종의 기술 표준입니다.

1) 드라이버 선택

장타자의 드라이버 헤드 스피드는 시속 200km (120마일)에 육박하며, 가장 길다란 드라이버의 경우 걸리는 힘이 1톤이나 된다고 하고 또한, 골프채는 각속도로 돌리기 때문에 힘보다는 잘 휘두르도록 손목을 돌리는 것이 중요합니다.

당연히 맨 힘으로는 컨트롤이 불가능하고, 그보다는 타이밍과 유연성, 손/어깨/허리/다리의 조화로운 움직임이 중요한데, 물론 골프에 유리한 체형 자체는 존재해 키가 크면 아주 유리하고, 하체가 튼튼해야 하며, 호리호리한 선수들도 대부분 허벅지가 튼튼한 걸 볼 수 있습니다.

골퍼의 신체조건, 스윙 패턴이 모두 다르기에 적합한 드라이버도 다를 수밖에 없는 것이고, 골퍼의 신장, 체중, 근력, 유연성, 스피드가 모두 다르고 드라이버 스윙 시 템포, 리듬, 타이밍이 다르며 결과적으로 헤드 스피드가 골퍼마다 다르고 스윙 패턴에 따라 히터인지 스윙어인지도 다르기 때문에 가장 적합한 드라이버 역시 다를 수밖에 없습니다.

드라이버 하나만 놓고 보더라도 길이, 무게, 밸런스, 헤드의 체적 및 무게, 샤프트의 무게와 강도 등 따져 보면 무척이나 다양합니다. 제대로 갖추면 매우 비싸서 한국에서도 골프클럽 풀세트는 100만 원이 넘고 미국의 경우 500~2500달러에 육박한데, 가장 비싼 골프 클럽은 드라이버입니다.

2) 퍼터 선택

퍼터의 경우 보통 헤드가 얇고 1자형인 블레이드 타입과 페이스 뒤쪽이 여러 형태로 튀어나와 있는 말렛(Mallet) 타입의 두 종류로 나뉘는데, 일반적으로 블레이드 타입은 미세한 조작이 가능하고 손에 느끼는 감각이 더 좋은 반면 터치감이 민감해서 조금만 잘못 맞아도 엉뚱한 방향/거리로 공이 굴러가게 됩니다.

반면에, 말렛 타입의 퍼터는 좀 더 안정성이 좋고 실수에 대해 관용성이 좋은 편이지만 묵직한 터치 감 탓에 긴 거리를 굴리는 롱퍼팅에는 부적합하여, 예전에는 주로 '고수는 블레이드, 초보자는 말렛'이라는 공식이 있었지만, 요즘엔 숏퍼팅을 확실히 넣어 잡을 타수를 확실히 잡는 식으로 메타가 바뀌면서 프로들도 말렛 타입을 사용하는 경우가 적지 않습니다.

여담으로, 샤프트의 길이가 표준보다 길어서 배, 혹은 가슴에 샤프트의 끝을 붙이고서 퍼팅을 하도록 하는 벨리 퍼터, 롱 퍼터 등의 특이한 퍼터도 있는데, 안정성이 탁월해서 2010년대에 들어 이러한 퍼터를 쓰는 선수들이 좋은 성적을 거두는 경우가 많았지만, 이에 대해 (일반 길이의 퍼터를 쓰는 선수들의 입김이 작용해서) 2016년부터는 신체와 밀착하여 사용하는 클럽은 사용하지 못 하도록 경기운영규정이 바뀌었습니다.

골프 스코어의 30~50%의 타수를 차지하는 것이 바로 퍼터인데 그 타수를 줄이려면 그린 리딩이 굉장히 중요하고, 그린에 올라가면 공과 홀을 잇는 경사만 확인할 게 아니라 전체 그린 경사를 파악해야 좀 더 정확하게 내 공과 홀을 잇는 위치의 경사를 파악할 수 있으며, 그린에 물이 고이면 잔디가 쉽게 상하기에 이를 방지하기 위해 경사로 설계됩니다.

즉, 그린 경사는 위에서 아래로 흐르는 각도를 이루고 있고, 전체적으로 흐르는 경사를 파악한 후 경사를 읽으면 착시 현상도 잘 피할 수 있을 것인데, 경사는 항상 낮은 곳에서 봐야 더 정확하게 읽어 낼 수 있고 항상 볼과 홀을 잇는 경사에서 낮은 쪽으로 돌며 경사를 파악하는 습관을 들이면 좋습니다.

플레이어에게 주어진 시간은 한정되어 있어서 40초 안에 그린 경사를 모두 파악하고 치는 건 매우 어려운 일이며, 다른 플레이어가 플레이하는 동안 다른 플레이어를 방해하지 않는 선에서 자신이 쳐야 하는 경사를 빨리 파악하는 게 유리하고, 또 미리 경사를 읽는 방향의 순서를 올바르게 정해둔 뒤 그린 경사를 파악하고 움직이는 게 더 효율적이라는 점도 기억해야 합니다.

3) 캐비티 백(back)과 머슬 백 아이언

클럽을 용도에 따라서 나눈 것과 달리 구조나 만드는 공법에 따라서도 분류가 가능합니다.

아이언에는 캐비티 백(back)과 머슬 백 아이언이 있는데, 캐비티 백은 우리가 흔히 보는 대중적인 아이언으로 헤드 뒷부분이 패여 있는 아이언이고, 머슬 백은 헤드가 얇고 헤드 뒷부분이 밋밋한 아이언입니다.

캐비티 백과 머슬 백 구분 대체로 캐비티 백이 조그만 실수가 있어도 적당히 공을 날려 주기 때문에 초보자를 비롯한 동호인들이 많이 사용하는 한편, 머슬 백은 섬세한 컨트롤이 가능하지만 조그만 실수에도 공이 엉뚱한 곳으로 가게 마련이라 주로 프로선수나 초 고수들이 사용합니다.

요즘은 캐비티 백도 조작성이 많이 향상되어서 프로들도 캐비티 백을 사용하는 경우가 심심치 않게 있으며, 일부 프로의 경우 실수의 위험부담이 큰 롱 아이언은 캐비티 백으로, 실수에 대한 부담이 적고 정밀한 컨트롤이 필요한 숏 아이언은 머슬 백으로 아이언 세트를 구성하는 경우도 종종 있습니다.

4) 주조(cast)와 단조(forge)

아이언이건 우드건 헤드의 페이스, 즉 공이 맞는 부분이 어떻게 가공되었는지에 따라 주조(cast)냐 단조(forge)냐 로도 나뉩니다.

주조는 말 그대로 연철을 주형(틀)에 부어서 단번에 만들어 낸 페이스이고 단조는 대장간에서 하듯이 프레스 기계와 망치로 두들겨서 만든 페이스인데, 단조로 하게 되면 금속의 조직이 치밀해져서 금속이 더 좋은 성질을 가지게 된다고 합니다.

가격도 단조 페이스가 주조 페이스에 비해 더 비싸서 단조 골프채로 치면 타격 시 손에 느껴지는 감각, 즉 손맛도 좋다고 하는데, 아마추어들은 이 둘을 잘 구분하지 못합니다.

5) 샤프트(막대) 강도(스펙)

골프채에서 막대기에 해당하는 샤프트도 여러 가지 타입이 있는데, 재질로 본다면 그라파이트, 경량 스틸, 그리고 일반 강철(steel)을 사용하는 샤프트가 있고, 일반적으로 무게와 강도는 후자로 갈수록 무겁고 강해집니다.

우드의 경우에는 프로와 동호인을 막론하고 대개 그라파이트로 만든 샤프트를 사용하고, 반대로 웨지 경우에는 일반스틸 혹은 경량스틸이 주류이지만, 그 중간의 아이언 세트는 샤프트의 종류와 선택이 다양한 편입니다.

동호인 레벨에서는 경량스틸을 많이 사용하지만, 가벼운 샤프트를 특별히 선호하거나 스윙 스피드가 느린 여성/장년층에서는 그라파이트를 사용하는 경우가 많습니다.

강도 측정 시 샤프트의 휘어짐에 대한 버팀의 강도를 측정하는 방법도 있으나 통상 사용되는 방법은 샤프트의 진동수를 측정하며, 그 단위를 CPM(Cycles Per Minute)이라고 하는데 샤프트를 튕겼을 때 분당 몇 번을 상하로 움직이는가를 측정한 '분당 진동수'입니다.

샤프트가 강하면 CPM 진동수는 높게 나오고 부드러운 샤프트는 그 수치가 낮게 나옵니다.

메이커마다 브랜드마다 다르기는 하나 일례를 들어보면 샤프트 강도를 표기하는 레이디(L)/200cpm, 레귤러(R)/225cpm, 스트롱 레귤러(SR)/240cpm, 스티프(S)/260cpm 이렇게 제작되고 샤프트에 L로 표기되지만 190cpm일 수 있고 S로 표기하는데 235cpm의 제품도 존재합니다.

어떠한 강도의 샤프트를 장착한 클럽을 사용해야 멀리 나가느냐가 아니고 내 스윙과 거리에 적당한 샤프트의 강도를 사용해야 관용성이 좋아지는 것이며, 내 비거리에 적합한 강도의 샤프트를 사용하면 편하게 정확히 칠 수 있는 확률이 높아지는 것입니다.

비거리 200미터의 골퍼를 기준으로 230cpm 정도면 무난하고, 이를 기준으로 10미터에 5-10cpm정도를 가감하면 하나의 기준이 될 수 있습니다.

180미터면 210-220cpm, 160미터면 200cpm정도의 샤프트 강도를 사용하면 무리가 없고, 통상의 샤프트는 강도가 약할수록 가벼우며 샤프트의 강도가 단단할수록 무겁고, 보통 샤프트의 무게는 40그램부터 70그램의 무게가 사용되고 있습니다.

샤프트의 재질과는 별도로 샤프트의 강도가 있는데, 보통 X-S(Stiff)-SR-R(Regular)-L(Lady)로 구분되며 X가 가장 단단하고 L이 가장 물러서 R이나 L샤프트는 스윙 시에 출렁거리는 느낌이 납니다.

유튜브에서 R샤프트 드라이버 샷을 슬로우 모션으로 보면 엄청나게 휘어지는 것을 볼 수 있고, S는 제법 단단한 편인데 억지로 구부리면 조금은 구부러지나 X는 그런 거 없습니다.

S샤프트는 스윙 스피드가 빠른 프로선수들이 사용하는데 간혹 X샤프트를 사용하는 선수도 있지만, 아마추어의 경우 S를 사용할 만큼 스윙 스피드가 빠른 경우는 거의 없습니다.

2015년대 이후에 나오는 샤프트들은 마케팅 효과 등을 위해 'S'도 아마추어가 쓸 수 있을 정도로 충분히 무른 경우가 많은데, XX, X, S, SR, R, L 등의 샤프트 강도구분은 골프용품제조사에서 붙이는 것으로 객관적인 기준이 없어서 그렇고, 정확한 스펙을 보려면 별도로 붙는 샤프트의 무게+CPM+토크 수치를 보아야 합니다.

일반적으로 최근 아시아 스펙에 50g대 S, 4정도의 토크는 30~40대 평균근력/체격정도의 남성 골퍼라면 소화가 됩니다.

보통 샤프트 스펙은 USA스펙과 아시아스펙(또는 Japan 스펙)으로 나뉘는데 USA가 더 단단해(아시아스펙에서 SR샤프트라면 USA 스펙에서는 R 정도), 아시아스펙 R 샤프트가 USA스펙 R샤프트보다 강도가 약하고, 골프채를 구입할 때에는 샤프트의 강도만이 아니라 USA스펙인지 아시아스펙인지도 구분해야 합니다.

골프채는 골프를 즐기는데 만인이 이의가 없다면 형태에 대해서는 상관없으나, 일반적인 형태에서 너무 크게 벗어나 있다면 골프채에 관한 규정에 따라 해당 골프채의 특성을 나타낼 수 있는 견본을 반드시 게임 주최 측에 제시해야만 합니다.

6) 그루브(groove)

골프에서 그루브는 아이언클럽의 헤드 페이스에 파인 홈이고, 홈의 모양은 V, U, ㅁ 등이 있지만 V자형이 대부분인 그루브의 기능은, 수분의 통과를 도와 헤드페이스가 공과 깨끗이 접촉하도록 해 절대적입니다.

헤드페이스에 그루브가 없다면 타이거 우즈의 마술 같은 샷도 나올 수 없다고도 합니다.

러프에서 샷을 할 때도 풀의 영향을 줄여 주고, 백 스핀을 가능하게 해주며 그린에 떨어진 뒤 좌우로 구르게 방향을 조절할 수도 있는가 하면, 홀에 얼마나 가까이 붙이느냐를 결정짓는 샷을 만들어내는 마법 같은 기능은 그루브로 인해 가능한 것입니다.

지나친 스핀을 만들어내는 것을 막기 위해 영국골프협회(R&A)가 그루브의 모양과 크기 깊이 등을 제한할 움직임을 보이고 있지만, 골프가 존재하는 한 그루브는 어떤 형태로든 아이언 헤드페이스에서 사라지지 않을 것입니다.

대중음악이나 지구촌 민족음악의 다양성을 구별 짓는 중요한 기준에서 그루브(groove)는 즉흥적이고 충동적인 리듬의 느낌이나 감각을 뜻하고, 특이하고 규칙적이며 매력적이면서 개성적인 방법으로 지속되는, 보이지 않는 질서로 듣는 이의 흥을 돋우는 리듬 패턴, 직관적인 감각 등입니다.

그루브라는 용어가 골프에서도 사용되어 왔다는 사실이 충격적인 깨달음을 주는데, 그루브로 인해 노래와 연주에 개개인의 개성이 드러나듯 헤드페이스의 그루브로 골퍼의 개성이 표출되기 때문입니다.

하나의 샷을 날리는데 걸리는 시간은 길게 잡아도 5초를 넘지 않고, 스윙의 시간은 3초 정도, 어드레스 후 왜글을 하는 시간까지 포함해 5초정도로, 90타를 치는 골퍼의 샷에 소요되는 시간은 450초, 즉 7분 30초입니다.

한 라운드에 4시간 소요된다고 가정하면 3시간 50여분이 여백이라는 얘기이고, 걷고 주변을 살피고 스윙 연습하고 기다리는 시간입니다.

5 골프채 신제품

올해도 변함없이 장타는 2022년 골프계의 핵심 키워드 중 하나이고, 티잉 그라운드에서 공을 멀리 보내고 싶은 욕망은 누구에게나 있으며, '장타는 쇼, 퍼트는 돈이라'는 말이 있지만, 장타를 포기하는 건 쉽지 않습니다.

골프용품 업체들이 지난해부터 출시한 제품들을 살펴보면 장타에 초점이 맞춰져 있는데, 비거리는 물론 방향성까지 잡았기 때문에 첨단소재와 혁신적인 기술이 적용된 드라이버를 쳐보면 깜짝 놀랄 수밖에 없으며, 본격적인 골프 시즌이 다가오면서 더 멀리 날아가고 미스 샷에도 거리가 줄어드는 것을 막아주는 드라이버에 많은 관심이 쏠리고 있습니다.

아마추어 골퍼들을 가장 먼저 사로잡은 건 지난해 출시돼 큰 인기를 끌었던 핑 G425와 타이틀리스트 TSi 시리즈 같은 전통의 강자들이고, 신제품들도 골퍼들을 설레게 하고 있는데, 테일러메이드 스텔스와 캘러웨이 로그 ST 등은 '골프황제' 타이거 우즈(미국)와 남자골프 세계랭킹 1위 욘 람(스페인) 등이 공식 출시에 앞서 사용하며 골퍼들의 소비욕구를 자극했습니다.

1) 핑 G425

핑 G425 드라이버는 비거리와 방향성을 동시에 잡았기 때문에 국민 드라이버라는 별명에서 알 수 있듯이 많은 골퍼들의 마음을 사로잡았습니다.

핑 역사상 최대 관용성과 비거리를 앞세운 G425 드라이버는 3개의 웨이트 포지션이 탑재돼 구질 변화 기능이 업그레이드 됐고, 초박형 크라운 설계에 안정된 저중심으로 최대 비거리를 실현했습니다.

독자적인 열처리로 만들어낸 고 반발 소재 포지드 T9S+ 티탄 페이스의 트램폴린과 같은 폭발적인 탄성은 스윙 스피드와 볼 스피드를 증가시켜 드라이버샷의 비거리를 늘려주고 일관된 방향성을 제공합니다.

핑의 특허기술인 터뷸레이터는 스윙 시 헤드 뒤에서 발생하는 공기저항을 최소화해 클럽헤드 스피드와 볼 스피드를 증가시켜줍니다.

2) 타이틀리스트 TSi 시리즈

'한국 남자골프의 에이스' 임성재(24)와 한국과 아시아를 동시에 제패한 김주형(20)의 드라이버로 알려진 TSi 시리즈 드라이버는 비거리에 초점을 맞춘 TS 드라이버 후속으로, TS 뒤에 붙은 i는 더 혁신적이고 발전된 기술력으로 향상된 임팩트(Impact)라는 의미를 담았습니다.

가장 큰 변화는 소재로, 헤드 페이스에 사용된 'ATI 425'는 항공 및 방위 산업에 사용되는 소재로 뛰어난 연성과 내구성을 자랑합니다.

뛰어난 강도와 탄성력을 지녀 골프공이 페이스 중심에서 벗어난 타구에서도 최대의 스피드를 낼 수 있게 해 충분한 비거리를 만들어내는 게 특징입니다.

TSi 시리즈 드라이버는 향상된 관용성을 제공하기 위해 무게중심을 깊고 낮게 재배치시킨 HIGH-MOI 헤드 디자인이 적용됐고, 이로 인해 높은 탄도와 낮은 스핀, 빠른 볼 스피드를 만들어 낼 수 있게 됐습니다.

이전 세대 TS 시리즈 대비 최대 13% 증가한 관용성으로 미스 샷에서도 더욱 안정적인 볼 비행을 선사합니다.

3) 테일러메이드 스텔스

지난달 출시된 테일러메이드의 스텔스는 지난해 2월 교통사고를 당한 우즈가 10개월 만에 출전한 대회에 새로운 드라이버를 들고 나온 만큼 더 큰 관심이 쏠렸고, 스텔스 드라이버의 가장 큰 특징은 60 레이어 카본 트위스트 페이스인데, 가볍고 탄성이 좋은 카본은 주로 드라이버 크라운과 솔 소재로 사용되나 스텔스 드라이버에는 카본이 페이스에 적용됐습니다.

카본 페이스는 티타늄 페이스보다 40% 가벼운 26g에 불과해 가볍지만 탄성이 좋은 카본 페이스는 볼에 더 강한 에너지를 전달해 비거리를 늘리고, 또 페이스에서 줄인 무게를 솔에 재배치해서 관용까지 잡았으며, 페이스 면적도 넓어졌습니다.

스텔스 드라이버는 이전 모델 심2, 심2 맥스와 비교해 페이스 면적이 11% 넓고, 유효 타구 면적이 넓어진 만큼 스텔스 드라이버는 중심을 벗어난 타격에도 비거리 손실이 작습니다.

4) 캘러웨이 로그 ST

지난해 에픽으로 큰 인기를 끌었던 캘러웨이골프 코리아는 로그 ST 시리즈로 돌풍을 일으키고 있는데, 로그 ST 시리즈는 새로운 텅스텐 스피드 카트리지, 제일브레이크 A.I. 스피드 프레임, A.I 플래시 페이스 등 캘러웨이만의 혁신적인 기술이 집약돼 전례 없는 관용성과 볼 스피드를 자랑합니다.

가장 큰 특징은 낮고 깊은 위치에 배치한 11g의 텅스텐 스피드 카트리지이고, 페이스 중심을 벗어난 곳에 볼이 맞아도 볼 스피드를 증가시키고 높은 관용성을 제공하는 만큼 골퍼들의 마음을 사로잡습니다.

에픽에 적용됐던 캘러웨이만의 특허기술, 제일브레이크 A.I. 스피드 프레임이 탑재돼 안정성을 높여주고, 여기에 A.I.가 디자인한 플래시 페이스가 결합돼 이상적인 런치 앵글과 스핀양을 만들어냈고, 티타늄 유니보디(일체형) 구조도 눈에 띄며, 이 구조는 무게중심을 낮추고 안정감을 제공해줍니다.

5) 야마하 RMX VD59

'방향성 좋은 드라이버'로 인기를 끌고 있는 야마하골프에서 공인 드라이버 한계까지 도달한 신제품 '리믹스(RMX) VD 59' 드라이버를 선보였는데, 관성모멘트는 볼을 임팩트 하는 순간 뒤로 밀리지 않고 앞으로 나가려는 힘이고, 또 관성모멘트가 높다는 것은 볼이 중심을 벗어난 클럽 페이스에 맞더라도 비틀림이 덜해 똑바로 날아간다는 뜻입니다.

미국골프협회(USGA)와 영국왕립골프협회(R&A)가 제한하는 관성모멘트의 최대치는 5900g·㎠. 리믹스 VD 59 드라이버의 '59'는 골프 규칙 내 드라이버 관성모멘트 한계 값을 뜻하는데, RMX VD59 드라이버의 관성모멘트 값이 무려 5820g·㎠나 돼, 사실상 공인드라이버 규칙(룰) 한계에 육박합니다.

모든 결과는 실험으로 증명됐고, 스포츠산업기술센터(KIGOS)에서 로봇을 이용해 진행한 클럽 성능 비교 테스트에서 다른 용품 브랜드 드라이버의 관성모멘트 값은 VD 59 드라이버에 비해 약 400g·㎠에서 크게는 약 1000g·㎠까지 차이를 보였습니다.

중심에서 힐과 토 부분으로 2㎝씩 벗어나게 볼을 맞힐 때 결과가 더 중요하고, RMX VD 59 드라이버는 이 실험에서 중심에서 안쪽으로 2㎝ 지점에 볼이 맞았을 경우 1.4m 정도 왼쪽으로 벗어났습니다.

6) 추가 신제품

'타구감과 비거리가 공존할 수 없다'는 골프계의 상식이며, 스핀과 비거리, 타구감 등에 최적화된 다양한 신제품도 나왔습니다.

웨지의 명장 밥 보키는 웨지에서 가장 중요한 3가지 요소로 비거리와 탄도 컨트롤, 최대 스핀, 샤의 다양성을 강조하며, 각 로프트에 따라 최적화된 무게 중심 설계는 물론 높은 로프트에서 무게 중심을 위쪽으로 재배치, 일관된 탄도 컨트롤과 높은 스핀 양을 실현시키고 더 견고한 임팩트를 제공합니다.

또한, 새로운 그루브 커팅 프로세스로 최적의 스핀 양과 역대 최고의 내구성을 완성했으며, 투어에서 입증된 6가지 그라인드(F, S, M, K, L, D)를 바탕으로 총 23가지의 완벽한 그라인드, 로프트, 바운스 조합을 제공해 정교한 플레이를 가능하게 했습니다.

임팩트 구간에는 밥 보키만의 페이스 열처리 공법을 적용해 타구감에는 아무런 변화 없이 내구성을 강화했는데, 100% 전수 검사 과정을 거쳐 어떤 웨지를 선택하든 최고의 품질과 일관된 퍼포먼스를 경험할 수 있고, 투어에서 입증된 6가지 그라인드(F, S, M, K, L, D)와 9가지 로프트, 5가지 바운스가 조합된 23가지 퍼포먼스 옵션으로 샷의 다양성을 확보했답니다.

'골프에서 가장 위험한 순간은 만사가 순조롭게 진행될 때입니다.'

2021년 국내 골프 인구는 515만 명이고 이를 기준으로 추산하면 골프 인구 중 왼손잡이는 25만 명 정도 된다는 분석이 나오는데, 국산 프리미엄 골프 브랜드 1879골프가 왼손 클럽을 사용하는 골퍼들을 위해 '왼손 전용 오락79(ORAC79) 골프 클럽'을 출시합니다.

블랙 앤 화이트 콘셉트로 심플하고 세련된 디자인에 1879 골프 클럽의 노하우를 그대로 적용해 구성은 드라이버, 우드(3·5번), 아이언 8개 세트(5~9번·PW·AW·SW), 말렛 퍼터, 고급 헤드커버와 캐디백이 포함돼 있습니다.

또한 4월 1일 골프업계에 따르면 최근 골프장은 예약을 할 수 없을 정도로 인기가 치솟고 있고, 골프장을 찾는 여성들은 예쁜 스윙을 하기보다는 골프 실력이 향상될 수 있는 방안을 많이 고민하고 있는데, 골프장비업계가 여성 골퍼의 비거리 고민 해결을 위한 맞춤형 드라이버를 연이어 출시하고 있습니다.

관계자는 "최근 골프를 새로 시작한 여성 골린이(골프어린이)들도 스텔스 여성 드라이버로 편하고 쉽게 스윙을 할 수 있다"며, "빗맞아도 잘 나가는 드라이버"라고 소개합니다.

캘러웨이골프는 '더 편안하게 더 멀리'를 콘셉트로 비거리를 늘리고 싶은 여성 골퍼를 겨냥해서 지난 3월 22일 '여성용 로그 ST 맥스 패스트 드라이버'를 선보였습니다.

클럽 경량화를 실현해 여성 골퍼가 스윙을 편하게 할 수 있도록 돕는데, 헤드와 샤프트 무게를 줄여 빠른 볼 스피드와 이상적인 드로우 구질도 구현해주고, 또한 높은 관용성과 최대 스피드를 낼 수 있도록 설계된 부분도 장점이랍니다.

여성을 위한 클럽이기에 볼이 페이스 중심에서 벗어나더라도 관용성이 좋아 비거리에 고민이 많은 여성들에게 적합하다며, 프리미엄 화이트 PVD로 완성된 페이스와 솔 디자인으로 스타일도 살렸다고 합니다.

테일러메이드도 여성에게 더 많은 비거리를 제공하기 위해 하이 드로우 구질을 만들도록 설계해서 지난 2월 여성 비거리 증대를 위한 '스텔스 여성 드라이버'를 출시했습니다.

실버로 카본페이스 부분만 레드로 포인트를 줬고, 가장 큰 특징은 60 레이어 카본 트위스트 페이스로 카본은 같은 크기의 티타늄 페이스보다 40% 가볍고 탄성이 좋은데, 스텔스 드라이버에 적용된 카본페이스는 가벼운 26g이라서 공(볼)에 더욱 강한 에너지를 전달해 비거리를 늘릴 수 있답니다.

젝시오 레이디스는 기존에도 비거리, 편안함 등으로 여성 골퍼들이 즐겨 찾는 클럽인데, 또 여성 골퍼의 꿈의 비거리를 실현시켜 주기 위해 '액티브윙'과 '리바운드 프레임' 신기술을 더했습니다.

액티브윙은 다운스윙 시 발생하는 헤드의 불규칙한 움직임을 최소화해 흔들림 없는 임팩트를 만들 수 있고, 리바운드 프레임은 4중 스프링 구조로 헤드 전체 반발력을 높여주는데, 색상은 보르도, 블루 2가지 컬러 중 선택 가능합니다.

6 골프용품 수입

신종 코로나 바이러스 창궐 첫 해 5억 달러를 넘어선 우리나라의 골프용품 수입 금액이 지난해 7억 달러에 근접한 것으로 나타났고, 원화로 환산하면 8,300억 원이 넘습니다.

골프 인구가 크게 늘면서 관련 용품 수요가 급증했고, 여기에 글로벌 공급망 차질로 원자재 가격이 치솟으면서 골프용품 수입 물가가 올랐습니다.

올해 2월 18일 관세청의 수출입 무역통계에 따르면 지난해 우리나라의 연간 골프용품 수입 금액은 6억 9,380만 달러로, 해당 통계 작성 이래 최고치를 기록했는데, 달러화 대비 원화 환율을 1,200원으로 잡고 계산하면 약 8,326억 원입니다.

이는 직전 최고치인 2020년의 5억 1,895만 달러를 1년 만에 넘어선 것이고, 중량 기준으로 봐도 2020년 수입 중량은 7,826t이었는데 작년 수입 규모는 9,623톤(t)으로 역대 1위에 해당합니다.

우리나라의 골프용품 수입은 2007년 처음으로 3억 달러대에 진입한 뒤 횡보하다가 2018년 4억 달러를 돌파했고, 이후 2020년 코로나19 사태를 계기로 수입 규모가 급격히 불어났으며, 팬 데믹 이후 2년 간 골프용품 수입 규모는 직전 3개 연도(2017~2019년) 수입을 모두 합친 것과 비슷합니다.

우리나라의 골프용품 수입이 급증한 건 크게 두 가지 배경에서인데, 우선 팬데믹 이후 젊은 세대를 중심으로 골프 인구가 폭발적으로 늘었고, 넓은 야외 공간에서 다른 이와 접촉 없이 즐길 수 있는 골프의 특성이 비대면 문화 확산 추세와 맞물려 젊은 세대에게 호응을 얻은 것입니다.

여기에 코로나19 사태를 계기로 심화한 글로벌 공급망 차질도 골프용품 수입 비용 상승에 영향을 미쳤고, 골프용품 조립 공장 상당수가 중국·베트남 등지에 있는데, 이들 공장이 팬데믹 이후 문을 닫는 바람에 공급이 수요를 따라가지 못하고 있습니다.

또 공급난으로 골프 클럽의 막대 부분(샤프트)과 손잡이(그립) 제작에 필요한 철·고무 등을 구하기도 어려워졌습니다.

이런 상황에 수출입 컨테이너 운임까지 치솟으면서 골프용품 수입 물가를 달구고 있는데, 관세청의 '수출 컨테이너 운임 현황'에 따르면 올해 1월 기준 미국 서부로 가는 해상 수출 컨테이너의 2TEU(40피트짜리 표준 컨테이너 1대)당 평균 신고운임은 1,600만 4,000원으로, 전년 동월 대비 3.27배 올랐습니다.

일본에서의 수입량이 상당해 국내 골프용품 수입액은 5억 4,200만 달러(2020년 기준)에 달합니다.

한편, 사려는 이들은 많은데 공급은 태부족이 된 요즘 골프클럽 시장은 중국 등 주요 부품 생산국의 물류가 원활하지 않은 데다 티타늄, 스테인리스강 등 골프채의 주요 원부자재 가격이 급등한 탓입니다.

4월 8일 중고품 거래 플랫폼인 번개장터에 따르면, 올해(1월부터 전날까지) 골프용품 거래액은 223억 원으로 전년 같은 기간(78억 원) 대비 185% 급증했고, 판매 건수도 11만 9000건으로 1년 전과 비교해 132% 늘었습니다.

백화점을 비롯해 골프존마켓, AK마켓 등 골프용품 전문 유통사들은 신형 제품의 경우 대부분 예약제로 판매하고 있고, 공급 물량이 부족하다 보니 2~3년 전만 해도 흔했던 각종 할인이 사라졌습니다.

다른 상품과 달리 쿠팡, 네이버, 쓱닷컴 같은 대형 e커머스 플랫폼들이 유독 골프용품에 대해선 힘을 쓰지 못하는 것도 가격 상승의 원인으로 꼽힙니다.

신세계백화점은 젝시오 여성 아이언 세트를 예약제로 오는 3월까지 판매하려다가 매장에 물건이 없어서 이달 들어 예약 판매를 중단했다고 합니다.

드라이버 헤드의 핵심 재료인 티타늄 역시 러시아가 전체 생산량의 22%를 차지하고 있습니다.

또한 지난 2월 13일 특허청에서 발표한 2016년에서 2021년까지의 '골프 관련 물품 디자인의 출원 동향'에 따르면, 골프 관련 물품의 디자인 출원이 지난 6년간 연평균 13%가량 증가한 것으로 나타났습니다.

특허청에서는 골프용품을 골프 패션용품, 기본 운동장비, 연습용 장비로 구분하는데, 전반적으로 전 분야에서 상승세를 기록했고, 코로나 시기, 곧 2020~2021년의 골프용품 디자인 출원 건수는 이전 2년 대비 42.7%가 늘어난 것입니다.

그중에서도 특히 상승세가 눈에 띄는 종목은 바로 골프 패션용품이었는데, 코로나 시기 골프 패션용품의 출원 증가율은 80.8%를 기록했고, 이는 골퍼들이 스코어만큼이나 자신의 개성을 살릴 수 있는 각종 골프 패션(악세서리, 장갑, 골프화, 가방 등)을 즐기는 경향이 높다는 점을 보여줍니다.

좀 더 자세히 살펴보면, 클럽헤드 커버(57건), 골프공 케이스와 골프 소품 가방(51건), 골프 장갑(39건), 골프화(34건), 장식텍과 퍼터 커버 홀더(20건) 순으로 나타났습니다.

타 용품보다 상대적으로 저렴한 클럽헤드 커버나 골프공 케이스 및 소품 가방의 디자인 출원이 활발히 이루어졌다는 건 그만큼 개성적인 디자인은 물론 '가성비'까지 추구하는 젊은 골퍼들이 이 분야에 많은 관심을 기울이고 있음을 보여줍니다.

골프클럽과 골프공이 포함된 기본 운동장비 출원은 33.2% 증가해 골프 패션용품에 비하면 다소 낮은 수치를 기록했지만 증가율이 낮을 뿐, 비중은 결코 적지 않습니다.

전체 골프 디자인 출원 수의 비율로 따지면 51.5%(554건)를 기록해, 골프 관련 물품 디자인 출원 중 가장 높은 수치를 기록했습니다.

골프클럽 중에서는 퍼터가 눈에 띄었는바, 퍼터는 드라이버나 아이언과 비교하면 좀 더 자유로운 디자인으로 만들 수 있으며, 그만큼 독특한 디자인의 제품들이 연이어 출원되고 있는데, 이를 반영하듯 골프클럽 디자인 출원 중 가장 높은 42%를 차지했습니다.

골프공 중에서는 퍼팅을 도와주기 위해 공위에 다양한 선을 그려 놓은 공의 디자인 출원이 많았지만, 사실 '골프공에 선 긋기' 디자인은 아직 논란이 큽니다.

실제 퍼팅에 도움을 준다는 의견도 있고, 별 도움이 되지 않고 오히려 상황에 따라 독이 될 수 있다는 의견도 있기 때문이지만, 지금 대세를 기록 중인 디자인답게 골프공 출원 디자인 중 가장 큰 비중을 차지했고, 강렬한 색상을 가진 골프공, 캐릭터 디자인 공 등도 인기를 끄는 것으로 나타났습니다.

골프 연습을 돕는 연습용 장비의 출원도 최근 2년간(2020-2021) 74.7% 증가하는 등 높은 상승세를 기록했는데, 특히나 고가의 스크린 장비보다 비교적 저렴하지만, 활용도가 높다고 평가받는 각종 연습 소도구 쪽이 출원 비중이 높은 것으로 나타났습니다.

특히나 나날이 관심이 높아지고 있는 스윙 자세 교정기, 퍼팅 연습기가 전체 연습용 장비 출원 중 63.3%를 차지하는 등, 대세는 어디 가지 않는다는 것을 보여주었습니다.

7 골프 시설

골프장은 야외 산간지역 혹은 평지에 대규모로 지형과 식생을 조성하여 골프를 칠 수 있는 공간을 마련한 스포츠 시설로, 많은 수의 호수와 구릉, 언덕, 잔디, 편의시설, 급수장치, 골프 차량 등이 구비되어 있고, 보통 골프장의 명칭은 지역이름 앞에 컨트리클럽(CC)이라는 수식어가 붙습니다.

한국에서 회원제와 대중제의 정체성을 헷갈리는 이유는 이름 때문인 것 같고, 한국의 퍼블릭 골프장들도 골프클럽(GC: Golf Club) 혹은 컨트리클럽(CC: Country Club)이라고 명명합니다.

그러나 '클럽'은 원칙적으로 퍼블릭 코스에 붙이지 않고, 미국 캘리포니아 바닷가의 명 코스인 페블비치는 페블비치CC가 아니라 페블비치 링크스(바닷가의 골프코스)이고, 골프 성지로 불리는 스코틀랜드 세인트앤드루스의 골프장은 올드 코스라고 부르지 올드 클럽이라고 하지 않습니다.

지리적인 입지 조건이 가장 많이 영향을 주는 스포츠 중 하나이며, 그 지역이 얼마나 경사가 크고 바람이 많이 부는지 등의 요소는 한 골프장의 난이도를 크게 좌우하며, 세계 곳곳에는 이런 이유로 '지옥' '불' '난이도'로 명성을 얻은 곳들도 많이 있습니다.

한국의 경우 산지가 많은 특성상 골프장도 산을 깎아서 만드는 경우가 대다수라 코스의 굴곡이 심한 편이고, 건설을 위해서는 막대한 규모의 산, 숲, 들, 강을 말 그대로 갈아엎어야 하는데, 미국이나 스코틀랜드 등 평지가 많은 곳에서는 전반적으로 코스가 평탄합니다.

양떼들이 지나가며 풀을 뜯거나 밟아서 마치 넓은 길처럼 평탄해진 것을 '페어웨이'라고 불렀고, 들 토끼가 살며 잔디를 깍아 먹어 평탄하게 된 곳을 '그린'이라고 불렀습니다.

일단 건설이 완료되더라도 지속적인 잔디 관리를 위해 농약을 자주 뿌리게 돼 주위 생태계에 악영향을 끼치는데, 숲이 사라지거나 망가지니 야생동물들이 보금자리를 잃게 되고 산림 자원이 고갈되며, 홍수와 가뭄에도 취약해져 환경 운동가들에게는 공공의 적인 장소가 됩니다.

2016 리우 올림픽에서도 이 논란이 일어났고, 올림픽 정식 종목으로 채택된 골프를 위하여 무려 50만 헥타르가 넘는 땅을 골프장으로 만들며 공원과 숲을 갈아엎어 현지 주민들의 반발도 벌어졌습니다.

골프공(볼)을 처음 치기 시작하는 지역인 티잉 그라운드 및 페어웨이(fairway)·러프·벙커·워터해저드·그린·홀 등으로 이루어져 있고, 이 가운데 페어웨이와 러프를 총칭하여 '스루더그린'이라 하고, 벙커와 워터해저드를 총칭하여 '패널티구역(해저드)'라고 합니다.

또 코스와 경계는 목책이나 말뚝으로 표시하는데, 경계 밖을 OB라고 하며, 볼을 쳐서 넣는 구멍인 홀의 수는 정규의 것은 18개로 18홀이라 부르며, 전반의 9홀을 '아웃'이라 하고 후반의 9홀을 '인'이라 부릅니다.

① 코스의 구조와 명칭

골프장은 대개 18개의 홀로 이루어져 있으며, 18홀의 골프장이 차지하는 면적은 약 25만 평에서 35만 평의 광활한 지역인데, 주위는 수목이 우거지고 경기하는 장소는 잔디가 고르게 깔려있습니다.

② 코스의 구조

일반적으로 골프코스는 파 5홀 4개, 파 4홀 10개, 그리고 파 3홀 4개의 총 18개 홀과 72타로 구성되어 있고, 전반(out course) 9개 홀과 후반(in course) 9개 홀로 나누어집니다.

③ 골프 코스의 형태

코스의 형태별로는 스트레이트형, Dog-leg-right형(오른쪽으로 굽은형), Dog-leg-left형(왼쪽으로 굽은 형) 등으로 구분됩니다.

④ 홀의 구조

홀의 직경은 108mm이고 깊이는 100mm 이상으로, 한 뼘도 채 안 되는 작은 원통에 무게 45.93g, 직경 42.67mm 크기의 볼을 넣어야지 한 홀이 끝납니다.

1) 티잉 그라운드(Tee ground)

'티 박스'라고도 불리고 맨 처음 티샷을 치는 지역으로, 티 위에 공을 올리고 치는 것이 허용된 유일한 구역이며, 땅에 꽂아 놓은 두 개의 마커 사이의 가상선보다 뒤 쪽에서 티 샷을 해야 합니다.

티 박스에서 친 공이 고르게 잔디가 깎인 곳인 페어웨이에 안착되면 '잘 쳤다'고 하며, 페어웨이를 벗어난 양 옆은 조금 긴 풀로 형성된 '러프'라고 하고 하얀 모래가 쌓인 곳을 '벙커'라고도 부릅니다.

보통 골퍼의 실력 수준이나 성별에 따른 비거리의 차이를 감안해서 여러 가지 색의 마커를 이용해서 티 박스의 위치를 다르게 사용하여 난이도를 조정하고 있는데, 검은색마크는 대회시합용(back tee), 흰색은 일반 남자골퍼용(regular tee), 붉은색은 여성골퍼용(ladies tee)입니다.

즉, 블랙(혹은 골드) 〉 블루 〉 화이트 〉 레드 의 순으로 그린에서의 거리가 멀며, 보통 블랙(골드)은 남자 프로선수 급이 정식시합 할 때 사용하고, 블루는 남자 상급자, 화이트는 남자 일반 아마추어와 여자 프로선수(정식시합), 그리고 레드는 여성 (선수는 제외)이 사용하는데, 레이디 티(Lady tee) 라고도 부릅니다.

제각각 다른 여러 개의 티잉 에어리어가 있기 때문에 타격의 보상과 시각적 성취를 동시에 추구하는 스포츠인 것이고, 골프 경기에서 중요한 덕목인 '공정(Fair)'을 위해 각기 다른 계층 간에 핸디캡을 적용할 수 있습니다.

티잉 에어리어의 위치에 따라 코스는 서로 다른 조망을 제공하여 심미적 만족도를 높이고, 공략 지점의 다양화로 경기의 역동성이 배가되는데, 이 구역은 골프 코스에서 유일하게 평평한 부분이며, 티 마커를 기준으로 부분적으로 규격화됩니다.

너비도 안전사고 및 입장객에 의한 잔디 손상을 고려해 설계해야 하며, 또 오른손잡이와 왼손잡이가 모두 평평한 곳에서 가장 긴 클럽인 드라이버를 부담 없이 휘두를 수 있는 충분한 공간을 확보해야 합니다.

티잉 에어리어에 인공 매트를 깔아 한곳에서만 티 샷을 할 수밖에 없도록 강요하거나 여러 개의 티가 있음에도 개방하지 않는다면 최악의 골프장으로 봐도 됩니다.

티잉 에어리어는 골퍼가 코스를 처음 접하며 경기를 시작하는 지역으로 절대 관상용이 아니며 엄연한 코스의 일부로서, 항상 최고의 상태로 관리해 특별한 사정이 없는 한 모든 골퍼에게 개방해야 하는 중요한 곳입니다.

첫 필드에서의 샷은 대부분 정확히 칠 수 없기 때문에 공을 플레이 할 수 없는 'OB'(아웃오브바운즈: 플레이 하는 코스의 경계를 벗어난 곳) 또는 워터해저드(코스 내에 호수, 바다, 하천, 수로 등)로 보낼 확률이 높아 반드시 알아두어야 합니다.

2) 페어웨이(Fairway)

코스 중앙을 따라 잔디를 고르게 깎아놓은 지역으로, 티잉 그라운드에서 그린까지 이어지는 잔디가 잘 깎여있는 지역인데, 모든 골퍼들은 티샷을 이 지역에 떨어뜨리고자 노력하고, 이곳에서는 우드와 아이언을 모두 무리 없이 사용할 수 있습니다.

잔디 관리가 제대로 되어있지 않은 골프장에 가보면 디봇 자국이 페어웨이에 수도 없이 나있고, 스윙 후에 잔디가 파였다면 매너 있게 매꿔 놓고, 밟는 시늉이라도 해야 경기도우미(캐디)한테 눈치 안 보입니다.

3) 러프(Rough)

페어웨이 바깥의 영역으로, 잔디를 훨씬 더 길게 남도록 깎아놓거나 아예 손질을 하지 않은 지역인데, 이곳에서는 우드를 사용하기 힘들고, 아이언도 클럽헤드가 풀에 감기거나 저항을 받기 때문에 비거리에서 손해를 많이 봅니다.

또한, 타격 시 볼과 클럽 페이스 사이에 잔디가 끼어서 볼에 백스핀을 많이 줄 수가 없기 때문에, 공을 그린에 떨어뜨린 후 백스핀을 이용해 그 자리에 세우는 정교한 플레이를 하기가 어렵습니다.

초보자인 경우 러프에 떨어진 공을 찾지 못해서 캐디가 같이 찾아주기도 하고 공을 찾았다 해도 헛스윙이나 땅에 아이언을 박아버리던가 탑 볼 등등 아주 많은 실수가 나고 공이 맞아도 훅이나 슬라이스가 납니다.

4) 그린(Green)

홀컵을 둘러싸고 잔디가 매우 고르게 깎인 지역으로, 볼이 매끄럽고 빠르게 굴러가는데 여기에서는 퍼터를 사용하여 공을 홀컵에 넣습니다.

스코틀랜드의 St. Andrews Old Course는 그린의 모양이 변태적이기로 악명이 높고 그린의 직경이 40~50m쯤 되는 것은 기본이라며, 모양이 말굽마냥 휘어져 있어서 온 그린을 잘못하면 퍼팅 한번으로는 절대로 공을 홀컵에 넣을 수 없게 되는 구조도 비일비재하다고 합니다.

5) 프린지(Fringe)

그린 주변을 둘러싼 띠의 형태로 만들어진 공간으로 그린보다는 약간 더 긴 잔디를 사용해서 구르는 공이 멈출 수 있도록 해주는데, 에지(Edge) 혹은 에이프런(Apron)이라고도 합니다.

6) 페널티구역 - 해저드(Hazard)

플레이를 방해하기 위한 공간을 의미하며, 크게 '벙커'와 '워터 해저드'로 나뉩니다.

- 워터 해저드(Water Hazard)

코스내의 호수, 연못, 습지, 냇물 등 의도적으로 설계된 장애물로, 이곳에 공이 빠지면 추가 1벌 타를 받은 다음, 원래 위치에서 다시 치거나 혹은 해저드로 볼이 들어간 부근에 공을 드롭하고서 치는 게 보통이지만, 만약에 칠 수만 있다면 벌타 없이 쳐도 상관은 없습니다,

사실상 불가능할 뿐 벌타 없이 빼려 한다면 절대 백스윙 전이나 도중에 클럽이 물에 닿으면 안 되고, 간혹 드롭 존이 따로 마련되어 있는 경우가 있습니다.

일부 코스에서는 호수 한가운데 그린이 존재해 호수가 통 채로 워터 해저드인 경우도 있고, 참고로 이 워터 해저드도 2가지로 세분화되어서 드롭 규칙이 다르게 적용되기도 합니다.

7) 벙커(Bunker)

코스 곳곳에 위치한 모래 구덩이로, 페어웨이 벙커와 그린 주위에 있는 그린사이드 벙커도 있습니다.

페어웨이(크로스) 벙커의 경우 아직 그린까지 거리가 상당히 남아 있기 때문에 공이 모래 위에 살짝 올려 져 있는 경우에는 약간 거리의 손해는 있더라도 일반적인 클럽으로 플레이할 수도 있지만, 가드(그린사이드) 벙커의 경우 공이 너무 멀리 날아가 그린을 넘겨도 낭패이기 때문에 보통 공 주변의 모래를 같이 쳐서 뿌릴 수 있는 샌드웨지를 주로 사용하게 됩니다.

초보자의 경우 벙커에서 탈출하는 것 자체가 상당히 어려운 일이고, 벙커에서 공을 치기 전에 채로 바닥을 건드리면 1벌타가 주어져, 벙커에서 연습 스윙을 할 때에는 채가 바닥에 닿지 않도록 신중하게 해야 합니다.

또한, 벙커에서 공을 치고 나면 모래에 난 스윙 자국과 발자국을 고무래로 정돈하는 것도 플레이어의 의무입니다.

① 페어웨이(크로스) 벙커

페어웨이 옆으로 길게 늘어져 있는 벙커로, 아무래도 이곳에 떨어지면 비거리가 많이 나오는 샷을 하기는 어렵습니다.

② 가드(그린사이드) 벙커

그린 주변의 여러 곳에 배치되어 있는 움푹 패인 모래 웅덩이로, 대부분의 골퍼들은 많은 부담을 가지는 곳이며 긴장하게 되어 미스 샷도 속출합니다.

8) 홀 컵

홀의 직경은 108mm이고 깊이는 100mm 이상으로, 한 뼘도 채 안 되는 작은 원통에 무게 45.93g, 직경 42.67mm 크기의 볼을 넣어야지 한 홀이 끝납니다.

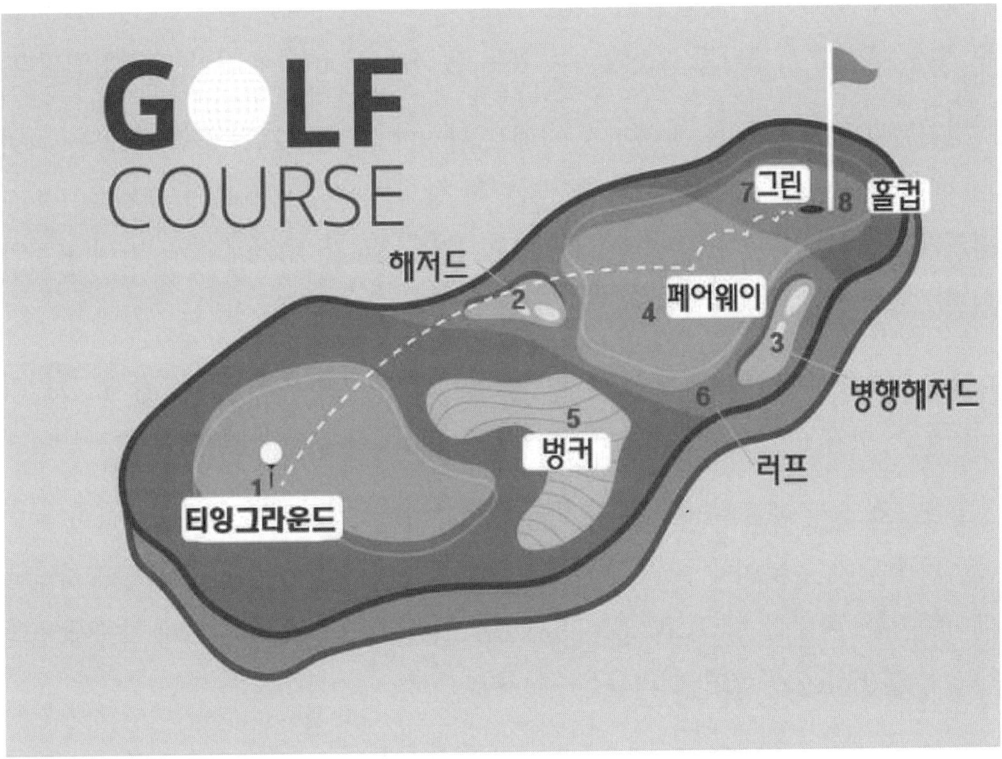

※ 사진 ②와 ③번 '헤저드'는 이제 '페널티 구역'으로 변경해 부릅니다.

8 골프 코스

골프는 다수의 홀이 갖춰진 경기장에서 정지된 공을 골프채로 쳐서 홀에 넣는 경기로 홀에 들어가기까지 걸린 타수가 적은 사람이 경기에서 이깁니다.

골프 코스는 1타로 도달할 수 있는 짧은 거리의 홀 4개, 2타로 그린에 도달할 수 있는 홀 10개, 3타로 도달할 수 있는 홀 4개로 조합된 것이 표준형입니다.

경기는 1번 홀부터 18번 홀까지 차례로 규칙에 따라 골프채(클럽)로 공을 치면서 행해지며, 공을 친 횟수가 적은 사람이 승자가 되고, 18홀의 경기를 1회전 경기라고 하며, 걷는 거리는 약 6km, 소요시간은 3시간 30분에서 4시간이 표준입니다.

골프장비가 과학화됨에 따라 대다수의 골프코스는 페어웨이 폭은 좁게, 그린의 난이도는 높게, 페어웨이 주변의 경사지가 많게 설계되어 있습니다.

골프코스의 난이도를 가늠하는 것은 페어웨이의 기울기(slope)와 그린의 속도(볼의 구름)의 높낮이에 따라 난이도를 설정하는데, 경사지가 많은 산악지역은 페어웨이를, 바닷가 링크 코스(links course)는 그린 속도와 잔디의 흐름에 변화를 줘, 홀(hole) 공략에 어려움을 줍니다.

이것은 지역과 지형의 특성을 최대로 살려가며 게임에 묘미를 더해 주기도 하지만 골퍼들의 도전의식을 높여주는 설계법입니다.

또한 각 골프장 그린 주변의 한 가지 공통점은 주로 왼쪽 발이 높거나 오른발이 높아지는 이른바 오르막과 내리막에서의 어프로치를 유도하는 지형이 많습니다.

골프코스는 들판·구릉·산림 등 66만~100만㎡의 넓은 지역을 이용하여 정형(整形)되어 있고, 해변에 만들어지는 시사이드 코스와 내륙에 만들어지는 인랜드 코스가 있는데, 넓은 코스에 숲이나 계곡, 연못, 작은 산 등의 장애물을 인공적으로 만들기도 하고, 자연의 강이나 바다를 이용하기도 합니다.

그린에서의 샷은 정교한 기교를 필요로 하고, 마지막으로 지름이 11㎝도 채 못 되는 홀에 볼을 넣는 것은 당구와 같은 섬세성을 필요로 하므로 종합 스포츠로서의 특색을 갖추고 있고, 코스를 1바퀴 돌면 7~8㎞의 거리에 이르므로 하이킹 또는 사냥 등과 같은 레크리에이션 효과를 즐길 수도 있습니다.

골프 코스의 어려운 정도를 어떻게 판단하고 표현할지에 대한 골프계의 오랜 고민이 있었고, 이에 대한 노력의 산술적 평가 방법이 샷 가치(Shot Value), 코스 레이팅(Course rating), 슬로프 레이팅(Slope rating) 등입니다.

이 중 코스 레이팅과 슬로프 레이팅은 '코스 등급 분류 시스템'이고, 숫자로 환산되나 샷 가치는 숫자로 표현되지 않으며 절대평가가 아닌 상대적 비교 가치 환산입니다.

미국골프협회(USGA)에서는 특정 샷에 대한 '허용 실수 범위에 대한 예상 낙구 지역 표(USGA Course Rating System)'를 도출하는데, 이는 각 클럽의 목표 지역에 대한 오차 범위를 핸디캡이 없는 그룹과 보기 플레이 골퍼 그룹의 2/3가 적중시킬 수 있는 허용 오차 범위를 조사한 결과치 입니다.

이를 기준으로 골퍼 개인적으로는 특정 샷을 얼마나 정확하게 수행하는지를, 코스에서는 그 홀을 공략하기 위해 요구되는 샷의 어려움의 정도를 계량화하여 비교하도록 했습니다.

베스트 코스 평가 요소의 샷 가치가 바로 이것인데, 코스에 대한 샷 가치는 먼저 18홀 경기 중에 골퍼가 갖고 있는 기량을 모두 사용할 수 있는지, 모든 클럽을 사용해야 하는지가 중요하며, 이는 선수나 일반 골퍼에게 모두 적용됩니다.

특정 샷의 어려움은 목표까지 남은 거리, 타킷의 크기, 영향을 줄 수 있는 페널티 구역과 그린 주위 구조물, 샷을 할 지점의 상태 등에 따라 달라지며, 그 외 코스의 자연적 지형, 바람, 풍속, 날씨 역시 샷 가치에 영향을 주는 요소입니다.

이런 요소를 최대한 기술적으로 어떻게 적용할지는 설계자의 몫이고, 이런 설계로 조성된 코스에서 각 샷에 제각기 다른 수행해야 할 기술의 요구가 많을수록 샷 가치가 높은 코스이지만, 코스가 높은 샷 가치로 난도가 너무 높아도 좋은 코스로 보기 어렵습니다.

골프에서 즐거움과 성취감을 만끽하도록 적절한 샷 가치의 코스 세팅으로 골퍼의 기량을 최대로 끌어낼 수 있는 골프장이 좋은 골프장이며 베스트 코스입니다.

공식 선수권대회를 행할 수 있는 코스는 전체길이가 6,500야드(5,940m) 이상이어야 하고, 플레이어는 한 홀에 볼을 넣고 나면 다시 다음 티그라운드에서 새로운 홀을 향하여 플레이합니다.

초창기에는 이들 코스의 구획도 골프장의 넓이에 따라 달랐으며, 홀의 수도 일정하지 않아서 홀수가 27~72개인 경우도 있는 등 통일되지 않았는데, 1764년 스코틀랜드의 세인트앤드루스(Saint Andrews)에서 18개로 개조되었습니다.

이것이 모델이 되어 현재의 모든 코스 단위는 18홀로 고정되었고 이때부터 골프의 기술적 수준이 스코어에 의해 기록에 남게 되었습니다.

골프 경기와 협회 소개

5장 | 골프 경기와 협회 소개

1 경기 방식

골프 게임은 규칙에 따라 연속적인 스트로크로 볼을 쳐서 홀(hole)에 넣을 때까지 플레이를 해야 하는데, 스트로크 플레이와 샷건 방식, 매치 플레이, 스킨스 게임, 팀 경기 방식 등이 있습니다.

1) 스트로크 플레이(Stroke Play)

스트로크 플레이는 정해진 수의 홀에서 총타수의 다과로 승부를 정하는 방법으로서, 많은 인원이 참가해도 단시일에 승부를 결정할 수 있으므로 대부분 공식경기에서는 이 방법을 채택하고 있습니다.

각자 규정된 홀 (한 라운드 당 18홀, 프로의 경우 보통 3라운드 내지 4라운드로 플레이)을 플레이 하고, 그때 타수의 총합이 적은 순으로 순위를 매기는 방식입니다.

예를 들어, 18홀(27홀, 36홀)의 스트로크 점수에서 A가 81, B가 85점이라면 A의 승리가 되며, 이것은 핸디캡이 없는 스크래치(scratch)의 경우로 총 스트로크에서 핸디캡(under handicap)경기라고도 부릅니다.

이 경우 A의 핸디캡이 5이고 B가 7이라면 A의 네트 스코어(net score)는 76이고 B는 78이 되어 A의 승리입니다.

1위의 점수가 같을 경우는 그 경기대회의 규칙에 따라 한 홀씩 승부가 날 때까지 연장전을 하는 것과 백 카운트(back count)로 이미 경기를 끝낸 전 홀의 스코어, 또는 연상의 경기자나 핸디캡이 적은 사람, 최초 9홀의 스코어가 좋은 사람을 우승자로 하는 경우가 많습니다.

프로대회의 경우 보통 3일 내지는 4일 동안 치러지는데, 보다 많은 관람객이 참관할 수 있도록 보통 최종 라운드가 일요일이 되도록 일정이 짜여 져 있고, 대부분의 프로 경기는 모든 참가 선수들이 마지막 라운드까지 완주하는 것이 아니라, 1, 2일의 결과가 규정된 순위 내에 들지 못할 경우에 탈락하는 '컷오프' 규칙을 사용합니다.

일반적인 스트로크 플레이는 모든 선수가 1홀부터 시작해서 18홀에서 끝납니다. 1조가 1홀을 플레이하고 2홀로 넘어가면, 2조가 1홀부터 시작하는 식으로 진행되는데, 이 방식에서는 1조가 1홀을 플레이하는 동안 2~18홀은 그냥 비어 있습니다.

또한, 마지막 조가 18홀을 플레이 할 때는 1~17홀은 역시 비어있게 돼 자연스럽게 챔피언 조(마지막 조)에 관객이 몰리며 집중 효과를 만들어 내는 장점이 있으나, 시간이 오래 걸립니다.

2) 샷 건 방식

스트로크 플레이 경기 시간이 오래 걸리는 문제를 극복하기 위해서 나온 게 '샷 건 방식'이며, 처음부터 18조를 각 홀에 대기시킨 후, 18홀에서 동시에 티 홀에서 시작해 모든 선수가 동시에 플레이 하고 동시에 홀을 이동하는 식으로 진행되는 방식입니다.

1조는 1홀에서 시작해서 차례대로 돌아 18홀에서 끝나며, 2조의 경우는 18홀에서 시작한 뒤, 1홀로 간 다음 17홀까지 플레이 하고 끝나며, 3조는 17홀부터, 4조는 16홀부터 시작합니다.

홀이 비어 있는 시간이 적어지므로, 전체적인 경기 시간이 단축되며, 모든 선수가 동시에 시작해서 거의 동시에 끝난다는 장점이 있지만, 한 홀에서라도 지연이 생기면 모든 조에서 동시에 지연이 생긴다는 단점이 있습니다.

아마추어 경기나 이벤트 경기에 채택되는 경우가 많으나, 프로 경기에서도 악천후로 인해서 경기가 지연되면 샷 건 방식을 도입하는 경우도 있지만, 부작용도 상당하기에 프로 경기에서는 정말 어쩔 수 없는 경우가 아니면 채택하지 않습니다.

최근 샷 건 방식을 일부만 차용해서, 1번 홀과 10번 홀에서 한 번에 두 조씩 시작하는 경우도 있고, 파이널 라운드 한정 챔피언 조는 마지막에 1번 홀에서 출발합니다.

3) 매치 플레이(Match Play)

매치 플레이는 매홀 마다 승자를 결정하고 18홀을 끝낸 다음 이긴 홀수가 많은 사람을 승자로 결정하는 방법인데, 현재는 대개 스트로크 플레이의 추세이지만 근대골프가 발생할 당시는 매치 플레이로 경기를 했습니다.

원칙적으로 플레이어 두 사람이 1대1의 경기인데, 1홀 이겼을 때 1 up, 1홀 졌을 때 1 down, 그리고 무승부는 하프(half)라고 부르며, 승부가 같은 수일 경우 올 스퀘어(all square)라고 부릅니다.

두 명 (혹은 두 팀)의 플레이어가 매 홀마다 1:1 승부를 해서 18홀을 돌아 승부를 내는 방식으로, 선수들은 각 홀에서 상대방보다 '잘 했느냐' '못 했느냐' 혹은 '동 타인지 여부'만을 따지며, 얼마나 '더 잘했느냐'는 중요하지 않습니다.

예를 들어 어떤 홀에서 상대방이 보기를 했다면, 자신이 파/버디/이글 어느 것을 기록하든 성적에 영향을 주지 않고, 승/패 여부만 기록됩니다.

홀의 승패 기준으로 앞서고 있으면 업(UP) 이라고 하며, 앞선 홀의 수를 붙여 2UP, 3UP 등으로 표시하고, 반대로 지고 있으면 다운(DOWN 또는 약어로 DN)으로 표시하며, 비기고 있는 경우에는 EVEN이라고 하는데, 18홀까지 돌고나서 UP 을 유지한 사람이 승리하게 되고, 다른 한 팀은 당연히 DOWN 이 됩니다.

18홀을 다 돌지 않더라도, 현재 앞서고 있는 홀의 개수가 남아 있는 홀의 개수보다 많은 경우, 그 즉시 승패가 결정이 되며 경기가 종료됩니다. (가령 14홀까지 경기를 했는데 어느 한편이 5홀을 앞서고 있다면 남아있는 4홀의 개수보다 많으므로 경기가 종료되며, '5&4'로 표시합니다.)

앞서고 있는 홀의 개수와 남아 있는 홀의 개수가 같으면 도미(dormie) 라고 부르고, 앞서고 있는 쪽은 단 한 홀이라도 비기기만 해도 승리합니다.

또한 18홀을 다 돌았는데 동점이면, 일반적으로 연장전을 치뤄 승/패를 가르나, 승패가 중요하지 않은 친선 경기의 경우 그대로 무승부로 끝낼 수도 있습니다.

예를 들어, A와 B가 경기를 할 때 16번 홀을 끝낸 상태에서 A가 3 up(B보다 이긴 홀수가 3개 많다)이면 나머지 2홀을 B가 모두 이겨도 1홀 차 때문에 A, B 어느 쪽이든 이긴 홀수와 나머지 홀수가 같을 경우 다음 플레이하는 홀을 도미볼(dormy ball)이라고 부릅니다.

이긴 홀수와 진 홀수가 동수일 때는 도미 업(dormy up)이라 하며, 1홀만 취하면 승부가 결정될 때를 업 도미(up dormy)라고 합니다.

4) 스킨스 게임

매 홀마다 스킨이라 부르는 상금이 걸려 있으며, 그 홀에서 가장 성적이 좋은 선수가 상금을 획득하는 경기로, 보통 4명이 한조가 되어 경기를 하며, 선수들을 초청하여 열리는 이벤트 경기에서 자주 볼 수 있습니다.

해당 홀에서 4명 중 단독 승자가 나오지 않을 경우, 무조건 상금이 다음 홀로 이월됩니다.

예를 들어 4명 중 2명이 버디, 2명이 파를 했다면, 버디 2명이 나눠 가지는 게 아니라 다음 홀로 이월해서 누적시키고, 상금이 누적되어 쌓일수록 흥미진진하게 진행되며, 거기다가 후반 홀로 갈수록 상금 액수를 증가하는 형태로 배치하여 더욱 더 치열한 경쟁이 되도록 합니다.

실제 경기를 보면 5~6홀씩 상금이 누적되는 경우가 흔히 발생하며, 한 방에 누적상금을 획득하는 모습을 볼 수 있는데, 2001년 LG 스킨스 게임에서 '백상어' 그레그 노먼이 18홀 스킨 전부를 따내어 $1,000,000 상금 전액을 독식한 전례가 있습니다.

5) 팀 경기 방식

골프는 원칙적으로 개인전이지만, 이벤트 경기에서는 2명이 팀을 이뤄서 하는 단체전을 채택하는 경우도 있고, 특히 국가대항전에서 주로 채택해 사용합니다.

대부분의 경우 2명이 팀을 이뤄서 2:2 형태로 진행하며, 스트로크 방식으로 점수를 집계하는 것도 가능하지만, 거의 대부분 매치 플레이로 보면 됩니다.

가. 포섬 플레이

한 팀은 1개의 골프공만을 사용하며, 1개의 공을 두 사람이 교대로 번갈아 치는 방식으로 진행하는데, 두 사람의 팀웍이 아주 중요합니다.

나. 포볼 플레이

각 팀의 선수들 모두 자신의 공으로 플레이 합니다. 모든 선수가 홀인 할 때까지 플레이 한 다음, 두 사람 중 더 좋은 성적을 선택하여 그 홀의 성적으로 채택하지만, 자기 팀의 선수가 자신보다 더 좋은 성적을 기록했다면 끝까지 플레이 할 필요는 없습니다.

예를 들어 자신은 파 퍼팅을 대기 중인데, 자기 팀 선수가 버디나 파를 기록했다면, 자신은 퍼팅 할 필요가 없게 됩니다.

다. 베터볼 플레이

두 선수 모두 첫 번째 공을 친 다음, 팀에서 협의하여 둘 중 더 좋은 공을 선택한 다음, 그 하나를 교대로 치는 방식이고, 일반적으로 더 멀리 날아간 공이 더 좋은 공이겠지만, 벙커, 패널티구역(워터 해저드), 러프, 장애물에 의한 시야 가림 등 여러 요소를 고려해서 선택하게 됩니다.

2 점수 관련 용어와 거리측정기

점수를 부르는 용어는 해당 홀 규정대로 타수가 나오면 (예시: 파4 홀에서 4타 만에 홀인) 파(Par), 이걸 한 타수 적게 달성하면 버디(Birdie), 2타수나 적게(2언더 파) 달성하면 이글(Eagle), 3 언더 파이면 알바트로스(Albatross)라고 합니다.

알바트로스는 미국에서 '더블 이글'이라고도 하며, 한국인이 기록한 가장 낮은 타수로, 작은 새에서 시작해서 큰 새로 올라가는 셈입니다.

4언더파는 콘도르(Condor)라고 하며 골프 역사상 인간이 낸 가장 낮은 타수이고, 참고로 5언더는 오스트리치(Ostrich)라고 하는데, 그나마 5언더까지는 현존하는 새의 이름을 가져다 붙였지만 6언더는 전설에나 등장하는 피닉스(Phoenix)입니다.

반면, 1타수 더 많으면 보기(Bogey)에서 시작에서 한 타씩 늘어날 때마다 더블 보기(Double bogey), 트리플 보기(Triple bogey), 쿼드러플(Quadruple bogey) 식으로 배수를 뜻하는 명칭인 튜플을 붙이며, 그냥 편하게 "몇 오버파"라고 칭하기도 합니다.

특히 한국이나 일본에서는 빠른 게임 진행을 위해서 규정 타수의 2배가 되면 자동으로 홀 기권을 하게 되어 있는데, 이를 '더블 파' 또는 '양파(兩par)'라고 하며, 한일 아마추어에서는 +6 이상은 사실상 볼 수가 없습니다.

하지만 이건 아마추어 얘기고 프로는 기권하지 않는 이상 무조건 홀컵에 공을 넣어야 하므로 가끔 일반인에게 생소한 보기 용어를 사용하게 될 때도 있는데, 이때 골프 방송에서는 그냥 파 이하를 '날렸다', 보기 이상은 '범했다'라고 표현합니다.

어떤 홀이든 단 한 번 쳐서 홀컵에 공이 들어가는 것을 홀인원(hole in one)이라고 하는데, 홀인원은 파 3홀에서 많이 볼 수 있고 운이 크게 작용하기 때문에 예상 외로 아마추어 선수들도 가끔 홀인원을 치는 경우가 드물지만 존재합니다.

일반적으로 많은 사람들이 홀인원이 가장 넣기 어려운 것으로 착각하기 쉬운데, 파 3홀에서 홀인원을 하게 되면 2타가 적지만 알바트로스는 파 5홀에서 3타를 줄여야 하기 때문에 홀인원보다 알바트로스가 훨씬 성공 확률이 낮습니다.

한편, 필수품인 골프클럽, 골프공과 더불어 작년에 이어 올해도 골프용품 분야에서 거리측정기가 강세를 차지할 것으로 보입니다.

거리측정기 업체 중 '보이스캐디' 개발사로 유명한 브이씨가 코스닥에 입성하는 등 호재가 이어지고 있으며, 판매량과 관심도도 나날이 높아지고 있는데, 마이캐디는 자체 발광 OLED 디스플레이로 시인성 및 거리 측정 편리성을 강화한 MS3 레이저 거리측정기를 선보였습니다.

거리측정기 본연의 기능에 충실한 제품, 거리측정기 본연의 기능은 물론 IT 기기의 기능을 수행하거나 혹은 연계성을 갖춘 제품, 나아가 기능은 물론 젊은 감각의 디자인을 갖춘 제품 등도 큰 인기를 끌 것으로 보입니다.

또 거리측정기가 인기를 끄는 만큼 거리측정기 케이스도 관심을 끌고 있는바, 애니메이션 '포켓몬스터'의 디자인을 탑재하는 등 보다 젊은 계층이 선호하는 디자인 케이스도 선보이고 있습니다.

글로벌 골프 거리측정기 전문기업 골프존데카가 GB LASER 라인업 제품의 DNA를 계승하고 현존하는 최신 레이저거리측정기 기술을 탑재한 골프 거리측정기 신제품 '골프버디 GB LASER 2S'를 출시했습니다.

이번에 출시된 신제품 GB LASER 2S에는 '0.2초 거리측정 ZST(Zero Second Technology)'기술, '최소 2미터 퍼팅거리 측정기술', '자석내장 퀵그랩', 간편 '핀 파인더 모드' 기술을 새롭게 탑재해 18만 원대 중저가 제품의 성능을 프리미엄급으로 향상시켰습니다.

골프존데카가 지난해 9월 특허 출원한 ZST기술을 적용해 목표지점까지의 거리를 0.2초 만에 측정함으로써 손 떨림을 느끼지 못할 정도로 빠른 골프버디만의 거리측정기 기술력을 자랑하는데, 골프버디 GB LASER 2S 사용자라면 실제로 필드에서 0.2초 만에 신속하게 거리를 측정해주는 놀라움과 거리측정기의 효능감을 쏠쏠히 느껴볼 수 있습니다.

GB LASER 2S에서는 거리측정 버튼을 1초 이상 누르면, 목표지점이나 핀까지의 거리를 정확히 측정했을 때 진동알림과 함께 거리가 표시되는 '핀 파인더 모드'가 자동으로 활성화됩니다.

핀 파인더 모드를 활용하면 목표지점과 핀 주변에 장애물들이 있어도 방해받지 않고 정확하게 핀까지의 거리를 측정할 수 있으며, 상황에 따라 모드 버튼을 눌러서 '표준 모드', '스캔 모드' 등으로 변경이 가능합니다.

GB LASER 2S를 사용하면 최소 2m 퍼팅거리 측정기술 덕분에 그린에서 핀까지 거리측정을 하기 위해서 황새걸음을 걸을 필요가 없고 또한 자신의 골프화로 소중한 그린에 상처를 내지 않아도 됩니다.

페어웨이에서와 같이 그린에서도 깃발을 보고 거리를 재면 홀컵까지의 거리가 간편히 계산되고, 퀵 그랩 부분에 부착된 강력한 자석을 활용, 카트 등 철재 부분에 탈 부착해 필요할 때만 사용하면 됩니다.

특별한 기능과 성능을 갖춰 '6배줌 렌즈'를 장착해 최대측정거리 800m를 자랑하며 'Bright LCD'와 'True Optics Multilayer'렌즈를 통해 흐린 날에도 목표지점의 화면과 거리표시를 명확하게 볼 수 있습니다.

실제 측정 거리와의 차이는 +/1 1야드(약 1미터 미만)를 자랑하는데, 측정위치에서 목표지점의 고도가 높고 낮음을 적용해 '고저차 보정거리'를 직선거리와 함께 보여주기 때문에 실제 타격거리를 정확히 알 수 있습니다.

측정 완료 시 진동으로 알려주는 '졸트 기능'도 기본 장착되어 있으며 갑자기 비나 눈이 내리는 변덕스러운 날씨에도 안전하게 사용할 수 있도록 국제 방수 규격인 'IPX4'의 방수 등급을 적용해 부담 없이 골프를 즐길 수 있고, 무게는 197g으로 최신형 스마트폰 무게 정도이며 크기는 길이 10.1mm, 높이 73.8mm, 폭, 40.9mm로 초소형입니다.

3 골프 스윙

골프 장비와 경기에 대한 기술은 [네이버 지식백과] 골프[golf] (스포츠 백과, 2008. 대한체육회)를 기본으로 삼고서 작성하였고, 시중에 나온 골프 책 대부분이 골프 스윙에 관한 것이라 많은 자료를 살펴 간명하게 설명 드립니다.

14개의 채로 작은 공을 치는 골프는 회전운동이라고 지칭하며, 골퍼가 지니고 있는 스윙의 기술적 실력이나 이를 위해 다양하게 표현되는 골퍼의 움직임으로, 즉 정확성 여부를 떠나 골퍼가 볼을 맞추는 기술적 리얼리티를 '내적인 조건'이라고도 얘기합니다.

예를 들어 화물차의 성능을 표현할 때 중요한 기준 잣대로 여기는 것 중 하나가 파워를 표현한 배기량이나 마력이듯, 골프에서도 분명 이와 비슷한 무엇을 꼬집어 표현한다면 단연 '내려치는 방식'입니다.

한 타에 수천만 원이 왔다 갔다 하는 대회에선 샷에 대한 중압감이 극도로 심해서 일반인들이 주말에 즐기는 골프의 샷과는 그 차원이 다른데, 진정한 스윙의 법칙을 이해하고 몸에 익힌 골퍼만이 극심한 압박감 속에서도 흔들리지 않는 기량을 발휘할 수 있고, 이때의 스윙은 어떤 아마추어 고수가 얘기한 욕심이 없는 '무심한 작대기질'이 됩니다.

장작을 패본 사람이라면 도끼를 든 팔을 휘두르는 힘으로 장작을 쪼개는 방법은 잘 통하지 않는데, 야구에서도 비슷한 원리가 적용되듯 도끼를 머리 위쪽 중앙에 위치시키고 복근과 허리를 이용해 체중을 실어 장작 가운데에 날을 툭 내려놓으면 힘들이지 않고도 쉽게 나무를 쪼갤 수 있습니다.

체중을 몸의 오른쪽에 실어주는 방법과 위치, 스윙을 만드는 신체 부위의 움직임과 순서, 축적된 힘으로 공을 향해 보내는 힘의 전달법, 임팩트의 위치와 채의 릴리스 등 배트를 다루는 방법과 골프채를 다루는 방법에는 비슷한 점들이 너무도 많습니다.

회전운동도 엄밀하게 분석해보면 클럽을 내려치기 위해 스피드를 만들기 위한 보조적 행위로, 오랜 구력의 베테랑이 골프를 단적으로 표현할 때 "별거 없어 그냥 채를 들고 내리면 끝이지"라는 표현에서도 다운블로우의 중요함을 알 수 있습니다.

① 스탠스를 정확하게 목표물과 직각으로 서는가, ② 스탠스를 잡기 위해 반드시 공 뒤에 가서 목표물과 연결되는 일직선을 긋고 그 선과 평행하게 서는가, ③ 클럽페이스는 공과 스퀘어가 되는가, ④ 스윙할 때 양다리의 축이 무너지지 않는가, ⑤ 클럽페이스가 볼에 닫기 전에 헤드업을 하지 않는가, ⑥ 핸드 퍼스트는 지켜지는가, ⑦ 다운스윙 때 인사이드→아웃이 지켜지는가, ⑧ 볼을 퍼 올리려 하지 않는가 등이 기본적인 점검사항입니다.

골프는 각자의 스윙 스타일에 따라, 또는 레슨 프로의 가르침에 따라 끊임없이 연습해야 자연스러운 자세가 나오는 스포츠인데, 유독 골프 초보자들은 자신의 기본 실력을 과신하는 경우가 많아서 레슨만 받으면 하루아침에 스윙이 교정된다고 믿는 사람이 꽤 많습니다.

스윙 패턴은 골퍼들의 실력을 수년이 지나도 제자리에 머물게 하는 고질병과 같고, 골프 스윙은 3만 번의 반복 스윙을 통해서야 비로소 자기 스윙으로 만들어진다고 생각해야 합니다.

1) 스윙의 7단계

① 1단계 어드레스

스윙을 하려고 발 위치를 정하고 공에 클럽 페이스를 겨누는 것이며, 스윙의 7단계 중 가장 편안한 자세이고, 그립(손잡이)은 샷마다 다시 잡아야 습득 시간을 단축할 수 있습니다.

② 2단계 백스윙

클럽을 후방으로 들어 올리는 동작으로, 클럽과 몸통은 하나가 되어서 백스윙이 이루어져야 하고, 어깨의 회전이 클수록 비거리가 증대됩니다.

③ 3단계 톱 오브 스윙

백스윙의 정점이자 다운스윙의 시발점이 되는 일련의 동작으로, 톱에서는 바이킹을 상상하며 여유로운 스윙을 만들고, 톱에서의 충분한 코킹은 비거리와 방향성을 향상시킵니다.

④ 4단계 다운스윙

클럽을 공의 방향으로 끌어내리는 동작으로, 하체가 리드되어야 가장 이상적인 다운스윙이 완성되는데, 물수제비를 뜨는 연습은 백스윙과 다운스윙의 궤도를 일치시켜 줍니다.

⑤ 5단계 임팩트

클럽 헤드가 공을 가격하는 순간으로, 강한 임팩트를 만들려면 부드러운 그립을 만들어야 하고, 분필로 선을 그어 선을 맞추는 연습을 하면 임팩트의 정확도를 높일 수 있습니다.

⑥ 6단계 팔로 스루

공을 친 후 공의 진행 방향으로 손을 내밀어 탄력을 최대화하는 스윙의 연속 동작 중 마무리 단계로, 목표 지점과 악수를 한다는 생각으로 오른팔을 목표로 뻗는데, 클럽 헤드의 방향은 목표가 12시라고 가정했을 때 10시 방향으로 향하게 합니다.

⑦ 7단계 피니시

스윙의 마감 자세로, 피니시에서 체중은 왼발 쪽으로 90% 이상 이동되어야 하는데, I자 형태의 피니시를 만들면 허리 부상의 위험을 줄이고 몸통 스윙을 가능하게 합니다.

골프 라운드를 할 때는 머릿속이 혼미해서는 안 됩니다. 좀 전에 잘못 친 샷을 머릿속에 갖고 있어서는 안 되며, 흐르는 물이라고 생각해 늘 새로운 강물이 오고 그 강물에 발을 적신다고 생각해야 합니다.

흘러간 물을 떠올려서는 안 되고, 다가오는 상황은 새롭고 처음이고 다시 시작한다고 생각해야 하며, 매 홀마다 비슷한 경우는 있어도 꼭 같은 상황은 없습니다.

골프가 공(볼)만 치는 것이 아니라 동반자와 또 자연과의 대화라는 것이고 연습장에서 스윙 기술을 많이 배우며 필드에 나가나 골프장 안전, 에티켓, 규칙 준수, 약속 시간 준수, 플레이 시간 등도 익히면 좋습니다.

처음 배우는 스윙 동작이 몸에 익어 평생 자신의 스윙 스타일이 되기 때문이어서, 좋은 선생님을 만나서 골프를 배우는 것은 왕초보 골퍼에게 중요한 일이지만, 좋은 선생님을 만나는 것만으로 모든 것이 해결되지는 않고, 그보다 더욱 중요한 것은 자신의 의지입니다.

2) 보기 플레이어가 되고자 한다면

골프는 다른 스포츠와 달리 매일매일 연습하는 것이 중요해서 빠른 시간 안에 왕초보를 넘어서 보기 플레이어가 되고자 한다면 다음의 4가지를 명심해야 합니다.

① 목표를 세워라.

목표 설정을 어떻게 하느냐에 따라서 골프 연습의 성패가 결정되는데, "나는 원래부터 운동 신경이 둔해.", "여자라서 힘이 없는데 골프를 잘할 수 있을까?" 등 막연한 고민들이 골프를 시작하는 데 많은 방해 요소로 작용합니다.

신체조건, 성별 등에 따라 처음 시작했을 때의 기량은 골퍼마다 다를 수 있지만, 목표를 원대하게 정하고 얼마나 꾸준히 연습하느냐에 따라서 결과는 천차만별이고, 이것이 바로 골프의 묘미 중 하나입니다.

완벽한 스윙 폼을 만들고 싶다면 '하루를 연습하지 않으면 본인이 알고, 이틀을 연습하지 않으면 캐디(경기도우미)가 알고, 사흘을 연습하지 않으면 갤러리(관람객)가 안다.'라는 프로 골퍼 벤 호건의 말을 명심해야 합니다.

② 꾸준함이 성공의 비결입니다.

바쁜 현대인들이 여가시간을 즐긴다는 것은 쉬운 일이 아니나, 골프를 시작하고 도중에 하차하는 것도 바쁘다는 이유가 대부분이지만, 시간이 없다는 말은 핑계일 뿐입니다.

하루 평균 연습 시간을 1시간으로 정했다면, 바쁜 날에는 단 10분이라도 골프 연습에 시간을 투자해야 하고, 연습장에 갈 시간이 도저히 없다면, 집에서라도 연습하는 것이 가장 중요한 과제입니다.

③ 연습은 정해진 스케줄에 따릅니다.

정해진 스케줄이 없다면, 성공적인 목표를 이루기 어려운데, 골프는 단계적이고 체계적으로 배울수록 좋은 결과를 얻을 수 있기 때문입니다.

하루 연습 시간은 1시간에서 1시간 30분 정도가 적당하고, 이 정도 연습시간은 몸에 생체 리듬감을 일정하게 만들어 주어 건강에 좋을 뿐 아니라 스윙을 몸에 익히는 데도 매우 효과적입니다.

그렇다고 골프 연습에 너무 얽매일 필요는 없고, 과도한 연습은 골프를 재미없게 만드는 요소 중 하나이니 주말에는 배운 내용을 기억하며 쉬어도 좋습니다.

주말에는 충분한 복습의 시간을 갖고, 과제를 수행하지 못했던 날이 있다면 다음 연습 시간에 조금 더 시간을 할애하는 형식으로 연습해 보아야 합니다.

④ 이론이 중요한가? 실기가 중요한가요?

많은 아마추어 골퍼는 이론을 충분히 배우지 않은 채 골프 연습장에서 스윙을 시작하나, 이론적 배경 없이 골프를 시작하면 골프 스윙 도중 "내가 왜 이 연습을 해야 하지?" 하는 의문이 들기도 하고 연습의 목표 방향 설정에도 혼란을 겪을 수 있습니다.

이론을 충분히 알고 연습장에 가면 스윙에 대한 이해가 쉬워서 스윙 동작을 머릿속과 근육에 좀 더 빠르게 익혀 효과적으로 훈련할 수 있습니다.

결론적으로 이론에 대한 충분한 이해와 꾸준한 스윙연습은 여러분을 싱글의 지름길로 안내해 줄 것입니다.

3) 백스윙

골퍼의 스윙을 몸에서 찾는다고 가정할 경우, 클럽을 백스윙으로 들어 올려 내려치는 동작을 가장 중요한 사실로 여겨야 하는데, 가속도나 회전, 또는 체중이동 등등 여러 가지 스윙을 구성하는 중요한 동작이 존재함에도 불구하고 굳이 '내려치는 현상'을 첫 번째로 꼽습니다.

벤 호건은 파워풀한 스윙을 위한 힘은 '골반과 어깨 사이의 근육이 만드는 팽팽한 긴장감(Tension)'에서 온다고 했고, 백스윙 시 척추를 중심으로 손, 팔, 어깨, 골반이 순차적으로 회전하며 만든 스프링의 꼬임과 같은 팽팽한 긴장감이 반대방향으로 풀리면서 골반, 어깨, 팔, 손의 순서로 전달됐을 때 파워 있는 스윙을 할 수 있습니다.

'백스윙 동작 중 왼팔을 펴야 한다.' '백스윙 위치에서 무게가 우측으로 가야 한다.' '백스윙 중 오른쪽 무릎이 펴지지 않도록 주의하라' '머리를 고정하라' 등등 조언도 있습니다.

절대로 안 된다는 금기어들이 여지없이 무너진 대표적인 사례가 치킨 윙 자세를 통한 아이언의 스윙이고, 지면을 최대한 이용하는 신체적 기량을 터득해 방향성과 비거리를 동시에 획득할 수 있는 방식으로 무릎을 활용한 지면반력 등 클럽페이스의 방향성을 지키며 비거리를 상실하지 않는 게 스윙의 변화입니다.

볼을 칠 때마다 스윗 스팟(sweet spot)인 클럽 타면에 볼이 붙듯 가벼운 느낌, 그리고 공은 휘어짐 없이 창공을 가르는데 바로 이것이 좋은 느낌이며 흔히들 "감" 잡았다고 표현합니다.

통상적으로 무릎과 허리가 굽어지고 힙(hip)을 뒤쪽으로 약간 빼내, 전체 중심 균형을 양 발의 발바닥 안쪽 중앙에 분산시켜 균형을 잡고, 양 손목은 자연스럽게 내려야 합니다.

이 같은 자세는 '등에 있는 아기가 편안한 상태로 잠들 때와 같이' 허리의 굽어짐, 등판과 힙, 그리고 적당히 굽혀진 무릎 각도를 연상하면 안정된 자세라 할 수 있습니다.

슬라이스(slice), 특히 푸시 아웃(push out) 등, 목표의 오른쪽으로 볼이 심하게 밀려나가는 구질의 대부분은 십중팔구 몸을 꼿꼿이 세운 자세이거나 너무 숙어진 자세(어드레스)로부터 발생합니다.

따라서 올바른 어드레스 각도와 강력한 파워의 매체, 즉 임팩트(impact)는 하체를 중심으로 몸을 틀었다 풀어주는 이른바 꼬아주기(coiling)와 풀어주기(uncoiling)가 원활해야, 의도한 임팩트를 얻을 수 있습니다.

특히 백스윙 때는 어드레스 때의 무릎 각도를 유지하며 오른쪽으로 밀려나가지 말아야 하며, 다운스윙 때는 꼬였던 오른쪽을 풀며 왼쪽 발로 옮겨주되 팔로 스루(follow through)가 끝날 때까지 왼발 무릎이 펴지거나 목표 방향으로 밀려 나가지 않도록 주의해야 합니다.

골프 스윙을 할 때 "헤드 무게가 샷의 위력을 낳는다."라는 말이 있는데, F=ma라는 힘의 크기는 질량과 가속도의 곱이라는 뜻인데, 헤드의 무게(질량)가 클수록 샷의 위력(힘)이 커지는 것이고, 헤드의 무게를 늘리는 방법은 바로 스피드에 있습니다.

백스윙은 손, 팔, 어깨, 골반의 순으로 움직입니다. (다운스윙을 할 때는 이와 정 반대) 손, 팔, 어깨, 골반의 순차적 움직임은 순식간에 일어나므로 그 차이를 수치로 계산하기 보다는 연습을 통해 리듬감을 몸에 익히는 것이 중요합니다.

손이 골반 높이로 이동하기 직전에 어깨가 돌면서 골반은 척추를 중심으로 당겨지기 시작하는데, 골반이 회전하면서 왼쪽 다리를 오른쪽으로 당깁니다. 어깨를 돌릴 때 머리는 같은 위치에 고정되어야 하며, 어깨 회전이 완성됐을 때 등은 목표를 향해야 합니다.

이 때 왼쪽 팔은 최대한 펴져야합니다. (왼팔이 과도하게 굽혀진다면 임팩트 시 최대의 힘을 전달할 수 없지만, 왼팔을 일직선으로 뻗기 위해 상체 근육이

긴장하게 되면 오히려 역효과가 생길 수 있습니다) 백스윙을 끝냈을 때 턱의 위치는 왼쪽 어깨위에 와 있어야 합니다.

척추를 중심으로 어깨와 골반의 회전에 의해 백스윙을 완성하는 대신 많은 아마추어들이 팔을 들어 올려 백스윙을 만들곤 하는데, 제대로 된 골프 스윙에서 팔의 역할은 몸통의 회전이 만들어 내는 힘을 골프채를 통해 공에 전달하는 것이고, 팔 힘으로 공을 멀리 보내려는 생각을 머릿속에서 지워야 합니다.

4) 다운스윙

다운스윙의 몸동작을 쉽게 설명하자면, 백스윙에서 나사와 같이 꼬여진 상체를 하체가 풀어주고 히프를 회전해 주는 것이라고 할 수 있고, 다운 동작은 자연스럽게 이루어져야 하며, 오른 팔꿈치가 오른쪽 옆구리에 붙여 하체와 함께 회전해 주면 비거리가 늘어나면서 스윙은 더욱 매끄럽습니다.

다운 동작을 시도한 볼은 구질을 변화시켜 주는데, 아이언과 우드는 백스핀양이 함축되어 날아가기 때문에 불필요한 런을 줄이는 효과로 목표물에 근접시켜 정확도를 높일 수 있고, 반대로 드라이버는 어프 브로로 밀어치기 때문에 런이 발생하여 비거리를 내는 효과가 있습니다.

골프 스윙에 필요한 힘의 원천은 골반 회전의 크기와 어깨의 회전의 크기의 차이가 만드는 비틀림과 이 때 복근과 허리에 축적된 긴장감이고, 이렇게 축적된 힘을 임팩트 시까지 잃지 않고 최대한 정확하고 효과적으로 전달하는 법을 터득하는 것이 모든 골퍼들이 바라는 목표가 되어야 합니다.

정확하고 파워풀한 샷을 매번 만들기 위해서 첫 번째는 스윙이 일련의 연쇄반응이 나은 결과라는 것이고, 두 번째는 스윙을 통해 공에 전달되는 힘의 원천은 팔에서 오는 게 아니라는 것입니다.

골프 스윙은 '연속적인 체인 리액션 continuous chain reaction'이라고 했고, 스윙에 관계된 신체의 모든 부분들이 제대로 된 순서에 의해 하모니를 이뤄야 제대로 된 스윙이 나옵니다.

5) 임팩트

골프는 공을 어디로 보내는 것보다는 우선 '공을 맞히고 보자' 하면서 골프를 치는 사람이 많은데, 골프공의 크기는 작지만 움직이지 않는 상태에서 공을 치기 때문에 다들 처음에는 만만하게 생각하고 골프채를 휘둘러보지만, 결과는 허공을 가로지르는 바람소리가 날 확률이 높습니다.

차츰 골프스윙을 배우다 보면 연습장에서는 처음보다 쉽게 공을 맞혀가지만, 본격적으로 필드를 나가면 여러 가지 다른 환경에 접하기 때문에 필드에서의 골프는 배우면 배울수록 어렵게만 느껴집니다.

필드에서 어렵게 느꼈던 골프는 자신감을 잃게 하고 결국 공을 맞히지 못할까봐 두려워지면서, 플레이어들은 공을 맞혀야 한다는 강박에 여러 시도를 하는데, 스윙을 작게도 해보고 반대로 크게도 해보고 또 헤드를 멈추지 않게 한 번에 쳐야 한다는 생각으로 강하게 휘둘러보기도 합니다.

하지만 막상 공을 때리는 순간, 즉 임팩트에서 어떠한 이유로 공을 맞히지 못하는지를 파악하지 못한다면 실수가 반복될 것이고, 임팩트에 대한 두려움은 스윙에 더 안 좋은 방향으로 변해갑니다.

연습장에서는 평평한 매트 위에서 샷을 하기 때문에 스윙궤도 혹은 샷을 하고 난 이후 거리와 방향만을 생각하면서 샷을 하지만, 필드에서는 평평하게 위치한 곳에 공이 놓이는 경우는 거의 없고, 이런 경우 우리가 가장 중요시해야 하는 건 어드레스에서의 자세를 유지하면서 쳐야 합니다.

특히 어드레스에서의 척추 각도 그리고 무릎의 높이가 중요하고, 이건 공이 놓인 위치에 따라 다를 수 있습니다.

공이 몸보다 높은 위치에 있다면 상체의 움직임이 적게 움직여 공을 정확히 맞혀야 하고 반대로 공이 몸보다 낮다면 무릎을 많이 굽혀 무릎의 높이를 유지해서 샷을 해야 합니다.

공의 위치가 실제로 평평한 곳에 있더라도 연습장에서 연습할 때처럼 몸의 각도를 유지하면서 샷을 해야 터무니없는 샷의 실수는 없앨 수 있습니다.

골퍼들이 인식하고 있지만 안 했으면 하는 흔한 동작은 임팩트 순간 왼팔 팔꿈치가 구부러지는 것인데, 팔꿈치가 구부러진다고 반드시 공이 안 맞는 건 아니지만 이런 증상으로 공을 맞히지 못한다면 스윙을 작게 했을 때에도 공을 맞히지 못하는 골퍼입니다.

이 부분은 어드레스에서 그립을 잡은 위치부터 양 어깨까지의 삼각형 모양을 유지한 채 공을 때리는 연습을 합니다.

작은 스윙으로 쳤을 때 왼팔이 구부러지면서 공을 못 맞히는 사람은 임팩트 순간 강하게 또는 공을 맞히기 위해 손의 힘을 쓰기 때문에 손을 당겨서 왼팔 팔꿈치가 구부러지고 결과적으로 손과 헤드의 높이가 달라져 공을 맞히지 못하는 것이고, 왼팔 팔꿈치가 구부러지지 않게 어깨와 몸통의 움직임을 이용해서 공을 맞히는 연습을 해보길 바랍니다.

특히 임팩트 순간 손에 강한 힘을 주는 골퍼라면 몸 전체의 밸런스를 유지하며 공을 칠 수 없고, 결과적으로 점점 공의 정확도는 떨어지고 손과 몸의 힘은 샷을 할 때 조절이 되지 않습니다.

실제로 공을 때리는 건 클럽헤드가 하는 역할이고, 그립을 잡고 있는 손은 내 몸의 움직임으로 발생되는 힘이 잘 전달되게 해주는 역할이기 때문에 손의 힘을 사용해서 공을 때리려 하면 안 됩니다.

손의 움직임과 클럽헤드의 움직임이 어떻게 다니는지 알게 된다면 손이 아닌 클럽헤드의 움직임으로 공을 때리는 방법을 알게 될 것입니다.

클럽이 탑 스윙 높이에서 내려올 때 몸은 이미 목표 방향으로 체중의 이동과 회전도 하고 있어서 클럽헤드는 몸보다 늦게 출발합니다.

이렇게 계속해서 진행된다면 임팩트 때까지 목표 방향으로 손이 헤드보다 더 앞쪽에 자리하여 공을 맞히면서 정확한 임팩트가 나옵니다.

그런 다음 임팩트 동작 이후에는 클럽헤드가 손을 앞질러서 지나가 줘야 하는데, 그렇지 않으면 과도하게 손이 목표방향으로 움직여 진행을 하게 된다면 대부분 공을 맞히기 어려우며 특히 생크(shank)의 공이 나올 수 있습니다.

임팩트 이후에는 손보다 헤드가 빨리 지나가게 움직여 줘야 하고, 손의 힘으로 움직였던 골퍼라면 헤드를 빨리 보내는 연습보다는 손이 움직이는 속도를 늦춰주는 연습이 도움이 됩니다.

골프를 배운 사람이라면 모두 풀 스윙은 쉽게 할 줄 알지만, 작게 그리고 더 작게 하는 샷은 실제로 하지 못하는 경우가 많고, 작은 스윙을 할 줄 안다고 생각하지만 실제로 스윙을 해 봤을 때 느낌만 작아진 스윙 크기로 스윙합니다.

당연히 풀 스윙을 잘하는 건 중요하지만, 공을 정확히 맞히는 방법을 익히기 위해서는 크기별로 작은 스윙을 정확히 연습해서 임팩트의 이해도를 높이고 본인의 몸 움직임과 손의 위치 그리고 중요한 헤드의 위치를 몸이 기억하게 연습해야 두려움 없는 샷을 할 수 있을 것입니다.

4 골프 규칙과 핸디

골프는 경기자 스스로가 심판이 되어 하는 경기로서, 코스가 있는 그대로의 상태에서 경기를 하므로, 골프는 코스의 나뭇가지 하나라도 훼손하지 말아야 합니다.

1) 골프클럽의 수 제한

매너의 스포츠라고 불리는 골프 경기를 할 때 반드시 알아두어야 할 골프클럽에 관한 규칙(룰)을 설명 드립니다.

동반자 클럽 빌려 사용하면 벌타, 클럽 훼손은 노 페널티, 바뀐 클럽 길이 제한 규칙, 그리고 경기를 시작할 때 14개미만의 클럽으로 플레이를 한 경우에는 총 14개까지 클럽을 추가할 수 있어서, 골프를 칠 경우에는 반드시 이 14라는 숫자를 기억하고 있어야 합니다.

보통 골프백 안에는 드라이버, 우드, 유틸리티, 아이언, 웨지, 퍼터 등 총 14개의 골프클럽이 있으며 만약 14개를 넘긴 것이 확인되면 위반행위가 되기 때문에 2벌 타를 받게 됩니다.

다만, 스트로크 플레이에서는 18홀 동안 총 4벌 타를 맥시멈으로 규정하고 있으며, 매치 플레이의 경우에는 해당 홀은 패한 것으로 정하고 2개 홀까지만 적용합니다.

골프 라운드를 하면서 동반자에게 몇 번 아이언으로 티샷을 했냐고 묻는 경우가 있는데, 이런 경우 상대방에게 어드바이스를 요청한 것이 되기 때문에 2벌 타를 받게 되고, 물론 몇 번 아이언으로 티샷을 했다고 말을 해준 동반자도 똑같이 2벌 타의 페널티를 받게 되며, 조언을 해준 경우에도 마찬가지로 적용됩니다.

요즘은 유튜브나 SNS를 통해 많은 골프 관련 콘텐츠를 볼 수 있는데 정식 경기를 제외하고 예능 프로그램으로 방송하는 경우 몇 번 아이언으로 티샷을 하라거나 슬라이스 홀이기 때문에 방향을 틀어서 샷을 하라는 등의 조언을 해주기도 하나, 만약 정식 대회에서 이런 일이 발생했다면 수많은 벌 타를 받게 될 것입니다.

골프 선수는 자신에게 맞는 골프클럽을 선택하더라도 피팅을 통해 비거리나 방향성을 높이지만 아마추어의 경우 대부분 기성 골프클럽을 구매해 라운드를 하는데 동반자의 유틸리티가 좋아 보인다고 해서 빌려 사용하면 벌 타를 받게 됩니다.

물론 이 경우에는 동반자의 골프클럽을 빌려서 샷을 한 플레이어에게만 2벌타가 주어지며, 만약 캐디의 실수로 동반자의 클럽으로 샷을 한 경우에는 페널티가 적용되지 않습니다.

골프클럽은 임팩트 시에 헤드에 강한 충격이 가해지지만, 샤프트가 부러지는 경우는 흔하지 않지만, 뒤땅을 심하게 치거나 헤드 넥 부분에 충격이 가해지면 샤프트가 부러지기도 합니다.

골프클럽이 부러졌다고 해서 페널티가 부과되는 것은 아니며 지연을 시키지 않는다면 클럽을 교체해 라운드를 진행할 수 있는데, 샷을 하지 않았는데 골프클럽이 부러지거나 손상이 되는 경우도 있습니다.

PGA 투어에서 활동 중인 김시우나 강성훈의 경우 샷이 원하는 대로 되지 않자 퍼터를 내리찍거나 공중으로 던진 다음 발로 차서 날아간 적이 있었고, 물론 김시우의 경우에는 퍼터가 손상되어 다음 홀부터는 3번 우드로 퍼팅을 하는 어이없는 장면도 연출했으나, 이런 경우에도 페널티는 주어지지 않습니다.

다만 비신사적인 행동에 대해 많은 질책을 받을 수 있으며 실제 해당 홀에서 플레이하는 다음 선수들에게는 피해를 줄 수 있으므로 화가 나더라도 매너를 지켜서 플레이해야 합니다.

프로 선수들이 참가하는 대회는 미국골프협회(USGA)와 영국왕립골프협회(R&A)에서 정한 규칙에 따라 플레이를 해야 하는데, 사실 선수들도 바뀌는 규정에 대해 숙지하지 못하면 페널티를 받아 순위에서 밀리게 됩니다.

박세리나 안신애의 경우에도 14개 이상의 골프클럽을 가지고 대회에 출전했다가 뒤늦게 알아차린 후 자진신고를 해서 벌 타를 받은 경력이 있습니다.

괴물 장타자로 유명한 브라이슨 디샘보는 48인치 드라이버를 사용한 것으로 알려져 있으며, 모든 골프클럽의 길이를 동일하게 만들어서 플레이합니다.

그러나 2022년 1월 1일 이후에는 정식 경기에서는 이런 드라이버를 사용하는 선수들을 볼 수 없게 됐는데, 퍼터를 제외한 모든 클럽의 길이는 46인치(116.84㎝)를 넘지 못하도록 규정이 바뀌었기 때문입니다.

장비에 적용되는 최신 기술로 인해 비거리가 늘어남으로써 골프 경기에 대한 흥미가 반감된다는 이유인데, 고작 3%에 불과한 선수들을 제약하기 위해 이런 규칙을 변경하는 것은 바보 같은 일이라고 일부 선수들은 반감을 드러내고 있습니다.

물론 대회에 출전하는 경우에 한하며 아마추어 골퍼들은 골프클럽 길이에 제한이 없으므로 무관합니다.

2) 핸디

'핸디'라는 것이 18홀 라운딩 후 4타씩 기준타수 72타에 '+9'까지 '싱글 플레이어'라고 하고, '+18'까지를 '보기(90타)플레이어'라고 하는데, 라운딩 전·후 동반자와 반드시 각자의 기량을 체크하는 것이 '골프핸디(handicap)'입니다.

핸디캡의 채용으로 남녀노소가 동등하게 기(技)를 겨룰 수 있으며, 룰 적용의 심판은 플레이어 자신이 해야 하고, 규칙은 다른 스포츠에서는 볼 수 없을 만큼 미묘하게 세분화되어 있습니다.

골프 핸디 기준을 정확히 하고 싶다면 골프규정을 적용한 3회 라운딩의 평균 점수를 핸디로 정하면 되는데, 골프장 경기 진행 시간에 문제가 없게 로컬룰을 우선 적용해 보고 PGA 룰을 적용한다면 더욱 흥미로울 뿐 아니라 스코어 카드에 'PGA룰 적용 핸디'라고 작성하면 자신의 진짜 핸디를 알 수 있습니다.

전 세계 골퍼들에게 동일한 평가 기준의 핸디캡을 부여해 세계의 어떤 골퍼들이 만나더라도 공정한 경쟁이 가능하도록 만들자는 취지로 2020년부터 월드 핸디캡 시스템이 도입되었습니다.

현재는 세계 각 지역별로 6개의 서로 다른 핸디캡 평가 시스템이 존재했고, 평가방법이 달라서 플레이어의 기량을 객관적으로 비교하기가 어려웠습니다.

예를 들면 유럽의 핸디캡 18 골퍼와 미국의 핸디캡 18 골퍼 사이에 기량의 차이가 있으므로 핸디캡을 적용하는 시합에서 공정한 경쟁이 어려운 실정인데, 이 문제를 개선하기 위해서 미국골프협회(USGA)와 영국왕립골프협회(R&A)가 2020년부터 USGA의 핸디캡 시스템을 전 세계에 적용하기로 합의했고, 이 시스템을 WHS(World Handicap System)라고 부르기로 했습니다.

한국 골퍼들도 WHS에 따른 공인 핸디캡만 있으면 세계의 어떤 골프장에 방문하더라도 핸디캡을 인정받아 플레이 하고, 그 골프장이 주최하는 공식대회에도 참가할 수 있는데, 공식 핸디캡은 대한골프협회(KGA)를 통해서 진(GHIN : Golf Handicap & Information Network) 넘버를 받은 후, 일정횟수의 라운드 점수를 입력하면 자동적으로 계산이 됩니다.

유효한 라운드 점수로 인정받으려면 대한골프협회가 공식적으로 코스 레이팅을 한 코스에서 골프 룰을 지켜서 플레이해야 하나, 우리나라의 500개가 넘는 골프장 중에서 대한골프협회의 코스 레이팅이 유효한 코스는 100개 남짓할 뿐이므로 즉시 WHS를 도입하는 데에 걸림돌이 될 것으로 보이고, 되도록 많은 골프장들이 서둘러 대한골프협회의 코스 레이팅을 신청해서 일반 골퍼들의 WHS 참여에 도움을 주기 바랍니다.

GHIN 넘버는 7자리 숫자의 번호를 개인에게 부여하는데 대한골프협회에 문의하면 자격조건을 설명해 주는데, 반드시 2명 이상의 동호회를 만들어서 단체 가입해야 하는 점이 특이합니다.

플레이어는 반드시 승인된 대한골프협회에 소속된 골프클럽의 회원이거나, 골프클럽의 책임을 맡은 승인된 대한골프협회에 직접 가입한 회원이어야 합니다.

우리나라에서 승인된 협회인 대한골프협회에서는 플레이어의 핸디캡 발급을 위해 골프클럽을 3가지 형태로 구분하고 있습니다.

핸드폰으로 GHIN 앱을 다운받으면 레이팅이 유효한 골프코스의 리스트를 볼 수 있으며 점수 입력 등 핸디캡 관리가 가능하고, 현재는 3만 원의 연회비를 납부해야 하는데, 향후 가입자가 늘어나면서 인하될 가능성도 있습니다.

WHS의 공인 핸디캡이 필요 없는 '명랑골퍼'들은 비용이 발생하는 GHIN 넘버를 가질 필요가 없지만, 해외의 명문 골프장에서 플레이 할 기회가 있거나, 외국에서 핸디캡을 적용하는 공식적인 아마추어 대회에 참가하고 싶은 골퍼라면 WHS의 핸디캡이 꼭 필요합니다.

현재의 한국 골프 환경에서 일반 골퍼들이 핸디캡을 적용하고 골프 규칙(룰)에 맞춰서 플레이하는 대회가 거의 없는 실정이라서 명랑골프가 아닌 진지한 스포츠 골프를 경험하고 싶은 골퍼들의 욕구를 충족시켜줄 수 없습니다.

가장 큰 문제는 골퍼들의 공정한 핸디캡을 평가하기 어렵고 또 골프 룰을 엄격하게 지켜서 쳤던 경험이 없기 때문입니다.

특히 큰 상품이 걸린 대회라면 핸디캡에 따라서 순위가 바뀔 수 있으므로 공정한 핸디캡의 중요성은 더 커지는데, WHS의 도입을 계기로 되도록 많은 골퍼들이 공식 핸디캡을 갖게 되고, 진지한 스포츠 골퍼들이 프로선수의 대회와 같은 골프 룰을 적용하는 아마추어 대회를 경험하게 되기를 바랍니다.

WHS 시행을 계기로 국가대표 선수나 엘리트 골퍼 위주의 정책을 펼쳐왔던 대한골프협회는 골프 산업은 결국 아마추어 골퍼들이 끌고 나가기 때문에, WHS의 공식 핸디캡을 보유한 일반 아마추어 골퍼들을 위한 대회가 개최될 수 있도록 정책적인 도움을 주어야 할 것입니다.

5 캐디(caddie, 경기 도우미)

1) 경기 도우미

[네이버 지식백과] 등에 따르면, 골프 경기자의 클럽을 운반하거나 그린에서 깃대를 잡는 등 플레이를 보좌하는 사람을 캐디(경기도우미)라하며, 골프장에서 고객이 원활한 경기를 할 수 있도록 도와주고 골프백을 운반하거나 카트도 이동시킵니다.

캐디는 고객의 골프백을 카트에 싣고 경기 중인 고객을 따라다니면서, ① 용도에 맞는 골프채를 건네주고, ② 코스의 특징을 설명하며, ③ 공을 칠 방향 및 거리에 대하여 조언도 하며, ④ 흙주머니를 가지고 다니며 경기로 인해 손상된 잔디 위에 붓고 다지고, ⑤ 골프공 또는 골프채의 이물질을 털어주기도 하며, ⑥ 경기 전·후에 골프채의 개수를 확인하여 기록합니다.

한국직업사전(2016.)에 따르면, 고용 직업분류[4209] 기타 스포츠 및 여가서비스 종사원이고, 표준 직업분류[4329] 기타 여가 서비스 종사원이며, 표준 산업분류[R911] 스포츠 서비스업입니다.

캐디라는 단어의 어원은 스코틀랜드, 웨일스, 영국 요크 지역 등 여러 가지 설이 있으나, 정확하지 않고, 국내에서는 1920년대 효창원 골프코스에서 클럽을 들고 다니는 소년들을 그 효시로 보고 있습니다.

프로 레벨의 캐디들은 단순한 짐꾼이 아니고 경기장의 지형과 풍향 등 각종 조건 등을 감안 및 계산하여 선수에게 경기 전략을 기획해주고 멘탈 상황에 따라 스코어가 달라지는 골프 종목 특성상 선수의 감정을 잘 제어해줘야 하므로 캐디의 경험과 안정감도 결코 무시할 수 없는 요소입니다.

우리나라에서도 박세리의 아버지 박준철 씨와 박인비의 아버지 박건규 씨도 한때 딸의 캐디 역할을 자처한 적이 있는데 **'골프 매니저'**라고도 불리며, 기여도를 감안하여 PGA TOUR 우승 시 상금의 약 10%의 금액을 캐디에게 지급하는데, 2014년 기준 PGA 캐디들의 평균 연 수입은 18만 달러 선이고, 엘리트급 캐디는 100만 달러 이상을 받습니다.

골프 및 골프경기 진행에 대한 지식을 가지고 있어야 하며, 고객과 골프 선수들에 대한 서비스 정신이 요구되는데, 장시간을 야외에서 활동하고 무거운 짐을 들고 다니는 경우가 많으므로 강인한 체력이 요구되고, 사회형과 현실형의 흥미를 가진 사람에게 적합하며, 사회성, 인내심, 남에 대한 배려 등의 성격을 가진 사람들에게 유리합니다.

2) 캐디 인력난

부의 상징이던 골프가 대중의 스포츠로 인식이 바뀌고 또한 골프 인구가 증가하며 더 많은 골프장들이 건설되고 있는 것은 골프장에서 종사하는 캐디의 고용에 긍정적 요인이나, 골프장을 캐디 없이 이용할 수 있는 골프장도 최근 생기고 있어 향후 골프장 캐디의 고용은 다소 증가하는 선에 그칠 것으로 예상됩니다.

캐디가 되기 위해 요구되는 학력 제한은 없지만, 보통 고등학교 졸업 이상의 학력이 요구되고, 골프장에 취업하여 캐디 업무를 수행하기 위해 필요한 기술과 기능을 배우게 되며, 캐디 양성학원에서 캐디가 되기 위한 교육과 훈련을 받을 수도 있는데, 캐디가 되기 위해 요구되는 별도의 국가공인자격증은 없습니다.

아마추어 골퍼들과 함께 하는 캐디들은 골퍼들과 18홀을 도는 동안 카트를 운전하고 각 코스별 상황을 소개한 뒤 상황에 맞는 클럽을 전달해주며 공의 낙하지점 파악, 낙구 지점과 홀컵까지 거리 파악, 스코어 계산, 퍼팅 전 공 닦아주기 등의 서비스를 제공합니다.

골프장에서 카트가 대중화되면서 캐디가 굳이 필요하지 않다는 의견도 많고, 이미 외국 골프장에서는 이용자들이 카트를 직접 운전해서 다니는 골프장이 많으며, 아예 카트도 없이 골프백을 직접 메고 이동하는 경우도 많습니다.

국내에서도 2000년대 중반 이후로 캐디와 카트를 선택제로 바꿔서 골프의 대중화를 노리는 골프장이 생겨나고 있지만, 아마추어 골퍼의 경우 스윙 이후 본인이 친 공의 낙구 지점을 제대로 보기 어렵기 때문에 볼의 궤적과 낙구 위치 파악을 위해서라도 캐디가 필요하다는 의견도 여전히 적지 않습니다.

골퍼와 캐디는 골프라는 어머니가 낳은 이란성 쌍둥이로, 골프라는 어머니에게 가르침을 받아 볼을 치고 있는 골퍼와 어머니로부터 볼을 치는 골퍼가 어떻게 하면 더 잘 칠 수 있을 지를 어드바이스 하는 캐디로 나누어집니다.

마디 룬(Mardi Lunn)은 1999년 미LPGA 투어에서 박세리가 연장전에서 승리했을 때, 연장 승부를 같이 했던 골퍼였는데, 2006년 은퇴 후 리사 홀(Lisa Hall)의 캐디가 된 것으로 더 유명세를 탔고, 그녀가 바로 골프라는 어머니로부터 2가지 재능을 동시에 부여 받은 골퍼이며 캐디였습니다.

2014. 1. 23. 자 아시아경제 [한국골프장의 허와 실] 기사를 보면, 골프장 입장객이 줄어들면서 감소한 경기도우미(캐디) 수입을 보전하기 위한 방편으로 슬그머니 캐디 피가 인상됐으나, 캐디 피는 당연히 골프장의 수입과는 상관없고, 현금 지불이며 고스란히 캐디의 수입입니다.

'캐디 세상'으로 들어가 보면, 티오프를 위해서는 1시간 전에는 골프장에 도착해 근무 준비를 완료해야 하는데, 기숙사에 있다면 10분이라도 더 잘 수 있습니다만, 하루 종일 햇빛에 노출되기 때문에 메이크업은 최대한 두껍게 하며, 눈이 쌓인 겨울에는 빛의 반사로 얼굴이 더 탑니다.

전동카트 세팅으로 본격적인 업무가 시작되고, 보온병에 물을 담고, 골프채 세척용 물과 수건들도 준비하며, 마크와 티, 골프장에서 제공하는 서비스 물품까지 꼼꼼하게 챙깁니다.

보통 티오프 30분 전에 골프백이 카트실로 내려오고, 배치표에 맞춰 골프백을 실으면 손님 맞을 준비가 완료되는데, 근무는 5시간 동안 온전히 고객과 함께 진행됩니다.

골프채 개수 등을 확인하고 정리한 뒤에 고객 차량으로 직접 카트를 몰고 가 골프백을 싣는데, 최근에는 고객관리 차원에서 스코어카드도 입력해야 하고, 사내 통신망을 통해 불만이나 칭찬 등 '고객의 소리'를 기입해야 하는 곳도 많습니다.

1라운드일 때는 같은 시간대에 경기를 마친 동료 4, 5명과 함께 조를 이뤄 배토작업을 하는데, 잔디가 떨어져 나간 자리에 잔디 씨가 들어간 모래를 메우는 일입니다.

고용노동부 조사에 따르면, 국내 캐디의 연 평균 라운드 횟수는 380회, 12만원씩 계산하면 연 수입은 4,560만 원선으로, 골프장에서 의식주까지 해결해 준다는 점에서 짭짤한 일자리이나, 신입 캐디 교육도 골프장 몫이고, 캐디가 되기 위해 따로 돈을 들일 필요도 없지만 골프장 급증이 캐디 구하기가 더욱 어려워진 이유입니다.

특수고용직이라 프리랜서처럼 4대 보험을 적용받지는 못하고, 골프장의 지시에 따라 업무를 수행하지만 보수는 골퍼들로부터 직접 받기 때문에 사실 이도저도 아닌 고용관계라서, 고용 불안을 해소하고 권익을 보호해야 한다는 명목으로 정규직으로 전환해야 한다는 의견도 있습니다.

그러나 캐디들은 세금을 내야 하기 때문에 좋아하지 않고, 골프장의 입장도 비슷한데, "18홀 평균 60명의 캐디를 고용하는데 4대 보험을 들게 되면 6억 원 가량의 추가 지출을 감수해야 한다"며, "주5일 근무제를 적용할 경우 휴일 근로 수당과 시간외 수당 등 인건비 지출이 크게 늘어나 캐디들 역시 현재 소득에 비해 수입이 크게 줄어들 것"이라고 설명합니다.

골퍼들 입장은 캐디 피가 오르자 부담으로 작용해 아예 '노 캐디제'를 도입하자는 목소리가 나오나, 실제 '셀프플레이를 하겠다.'는 골퍼가 늘면서 '캐디 선택제'를 운영하는 골프장도 나타나고 있지만, 문제점은 있습니다.

국내 골프장이 대부분 산악지형에 조성돼 골퍼에게도 쉬운 일이 아닌데다가 플레이 지연이나 코스 관리 등 골프장 입장에서도 쉽게 받아들이기 어려운 현실입니다.

3) 로봇 캐디

2022. 4. 14. 자 MBC 뉴스는 [재택플러스] '로봇 캐디' 등장‥비용↓ 기능↑을 보도하여 소개합니다.

최근 국내에서 유독 골프 인구가 부쩍 늘면서 골프장을 예약하는 부킹도 어렵지만, 경기를 도와주는 '캐디'도 구하기 어려운 인력난까지 더해지고 있다며 아주 특별한 캐디가 등장했다고 합니다.

시원하게 아이언 샷을 날린 골퍼가 공을 향해 걸어가자, 골프 가방을 실은 카트가 자동으로 따라 움직이는데, GPS 기술 등을 활용한 자율주행기능을 갖춘 일명 '로봇 캐디'입니다.

주인을 따라다니는 강아지처럼 비포장 잔디밭 길이나 오르막길에서도 스스로 사람을 따라 움직이는데, 코로나19로 비대면 문화가 일반화되고 혼자 골프를 즐기길 원하는 젊은 층이 대거 유입돼 비싸진 골프 비용을 아껴보려는 골퍼들까지 늘면서 로봇 캐디를 도입하는 골프장이 하나둘 생기고 있습니다.

로봇 캐디는 골프 스코어 기록이나 단순히 가방을 운반하는 건 물론 남은 홀컵까지의 거리도 측정해주고 적절한 골프채를 선택해주기도 하지만 비용은 5분의 1 수준입니다.

10만 원 가까이 오른 카트비와 15만 원 안팎으로 오른 캐디피를 더해 25만 원 가량 부담했던 비용을 3만 원 내외로 아낄 수 있게 된 것으로, 실제 지난해 로봇 캐디를 도입한 한 골프장은 이용객 수가 전년보다 20%가량 늘었습니다.

업계에서는 현재 수동으로 입력해야 하는 여러 경기 관련 정보도 AI 기술이 더해지면 스윙 코칭은 물론 코스별 공략법까지 다양한 쌍방향 소통도 가능해질 것으로 전망합니다.

사람 대신 음식도 나르고 커피도 내리고 닭도 튀기고, 요즘 로봇이 빠르게 우리 일상 속으로 들어오고 있는 모습입니다.

4) 골프장 사고

산악지대에 있는 골프장의 지형 상 카트사고 우려가 있는데, 골프카트는 안전벨트 없이 양 옆에 문이 없는 개방적 형태로 사고 위험성이 높고, 또한 요즈음 라운딩 비용을 줄이기 위한 노캐디 골프장이 확산되면서, 골프장 카트 운행에 익숙하지 아니한 골퍼가 카트 운행을 하다가 많은 사고가 발생하기도 합니다.

골프장 카트사고가 발생하지 않도록 조심해야겠지만 카트사고가 발생할 경우, 골프장 운영자는 골프장을 이용하는 이용객이 안전하게 골프장을 이용할 수 있도록 관리하여야 할 주의의무가 있고, 골프장의 캐디 등은 카트를 운행하면서 카트를 탑승한 사람들이 안전하게 탑승하고 있는지를 확인하고, 출발과 정차 시에는 안내를 하여 주의를 주도록 하여야 할 의무가 있으므로 민사상 손해배상책임이 인정됩니다.

과실비율은 골프장 측의 카트 관리의 문제, 카트를 운행하는 캐디·골퍼의 과실, 카트에 타있는 골퍼의 과실 등이 문제되는데, 구체적으로 우리 법원은 카트를 운행하는 사람이 출발 안내 고지를 하였는지 여부 및 서행하면서 안전하게 좌회전 또는 우회전을 하였는지 여부와 탑승자가 손잡이를 잡는 등 주의의무를 다하였는지를 살펴 사실관계에 따라 과실비율을 판단합니다(수원지방법원 평택지원 2018. 12. 4. 선고 2017가단50179 판결 등 참조).

골프장 카트 길도 도로교통법상의 도로에 해당되어 교통사고처리 특례법상 치사상이 성립될 수 있어서 형사상 문제로도 이어지며, 또한 골프 카트 운전업무에 종사하는 자인 캐디는 골프 카트의 좌우가 개방되어 있어 승객들이 떨어져서 다칠 우려가 있으므로 충분히 서행하면서 안전하게 좌회전이나 우회전을 하여야 할 업무상 주의의무가 있는바 형법 제268조의 업무상과실 치사상이 성립될 수도 있습니다(대법원 2010. 7. 22. 선고 2010도1911 판결 등 참조).

골프 카트의 속도를 줄이지 아니한 채 커브 길을 돌다가 함께 타있던 골퍼가 추락하는 사고가 발생하여 상해 등을 입은 경우, 교통사고처리특례법위반 또는 업무상과실 치사 상으로 처벌 될 수도 있기에 운전자는 더욱 조심하여 카트를 운행하여야 합니다.

이러한 카트사고를 방지하기 위하여 골프장은 카트 관리에 유의하여야 하며, 카트 내부에 '설치된 안전손잡이를 잡아야 한다.'는 안전표지, 카트사고가 발생할 가능성이 높은 곳에 안전표지를 설치하는 방법 등으로 경각심을 환기시켜야 할 필요성이 있습니다.

골프장 카트를 운행하는 사람도 출발 또는 커브 길에서 동반자들에게 이를 알리고, 동반하는 골퍼들은 카트 손잡이를 잡고 바른 자세로 탑승하여 안전에 유의하여야 할 것입니다.

올해 3월 24일 보도에 따르면, 창원지검 마산지청은 경남 의령군에 소재한 의령리온CC 골프장에서 여성 캐디를 앞에 두고 드라이버를 휘둘러 캐디에게 큰 부상을 입힌 50대 골퍼 A씨를 중과실치상 혐의로 불구속 기소했다고 밝혔습니다.

A씨는 지난해 2월 14일 해당 골프장에서 캐디 B씨(31)를 골프공으로 맞춘 혐의를 받고 있는데, 당시 A씨가 친 공이 해저드(연못에 빠짐)로 들어가자, B씨는 "공을 주으러 가겠다."고 말한 뒤 자리를 옮겼으나, A씨는 아무 이야기도 없이 다른 골프공을 꺼내 다음 샷을 진행했답니다.

결국 이 골프공이 B씨의 안면부를 가격하면서 전치 4주의 피해를 입었고, A씨 일행은 골프장 측에 캐디 교체를 요구하고 남은 골프 일정을 계속했으나, 경찰은 일반 과실치상은 500만 원 이하의 벌금형에 그치지만, 중과실치상은 5년 이하의 금고나 2000만 원 이하의 벌금형에 처해질 수 있다고 밝혔습니다.

5) 개정 '고용보험법'의 시행

2021년 7월 1일 시행된 개정 '고용보험법'의 제 77조의 6에 따라 그간 프리랜서 성격이 강했던 캐디 등 특수형태 근로종사자들이 고용보험 가입이 의무화되고, 이에 따라 변하는 소득세 및 4대 보험 등 세금 납부가 쟁점입니다.

캐디의 불명확한 지위에 대한 소득세법 개정안을 시작으로 캐디들의 수입이 투명화 된다면 캐디들 또한 과세자료제출과 소득세에 대한 부담으로 인해 업장에서의 이탈과 함께 골프장에서는 캐디 구인난에 시달릴 것으로 보입니다.

또한 안정적인 고용을 위해 캐디들을 모두 고용보험에 가입 시키는 데는 노동법의 직접적 적용이라는 골프장의 부담도 같이 작용할 것으로 보입니다.

캐디 역시 부당한 골프장의 대우나 손님의 대우에서 오는 자기 착취적 근로에서 벗어나 질 높은 서비스 교육을 통해 안정적인 근로를 제공할 수 있으며, 최저임금, 근로시간 제한, 휴가 등의 보호를 받을 수 있습니다.

캐디 동료들은 특고직 고용보험 의무화 발효라는 현실에 직면해 비용 부담과 노조 문제가 아닐까 생각됩니다.

골프장 운영 형태에 따른 ▲직영체제 ▲아웃소싱 도입 ▲직영·아웃소싱 혼합 ▲캐디 자치회 운영 ▲셀프제 ▲셀프·캐디제 혼용 ▲직원으로 고용 ▲파견사 위탁 운영 ▲개인사업자 캐디들과 계약 운영 등등으로, 다양한 선택지 중 골프장 운영 컨셉에 맞는 퀄리티가 보장되고 또한 인력풀에 대한 안정성이 확보되면서 운영 역량 또한 보장되는 쪽으로 선택한 것입니다.

오너들 개인 성향과 가치관 그리고 골프장 경영철학과 컨셉, 더불어 기업 이윤 및 운영 체계 등등에 따라 그동안 골프장에서 제공했던 다양한 복지혜택들은 일부 축소될 수도 있겠습니다.

그리고 세금관련한 부분일 텐데, 사치성 세금을 매기는 회원제 골프장과 달리 대중제(퍼블릭) 골프장은 과세 형평에 따라 일반 과세를 함이 당연하고, 국민의 한 사람으로 또한 소득을 가지는 직업인의 한 사람으로 세금납부는 이제 받아들여야 할 시점입니다.

사실 지금까지의 캐디 운영 체제는 골프장이 주로 선도했고 그에 맞춰 잘 따라가기만 하면 되었는데, 이제는 스스로가 주인이 되어 리드해가야만 되는 시점으로 바뀌어 간다는 것으로, 전문가 캐디로서 골퍼와 골프장에게 꼭 필요한 파트너로서 자리 잡아야 합니다.

그것을 제대로 해내지 못한다면 캐디 직업군은 골프장의 다양한 운영 시스템에 밀릴 것이고 로봇 캐디나 셀프 운영 체제와 경쟁에서 밀리게 될 것입니다.

캐디의 4대 보험 의무 가입은 골프장과 캐디 모두에게 매우 중요하고 역사적인 일이지만, 캐디의 4대 보험 의무 가입을 골프장과 캐디 모두 싫어하는데, 캐디 입장부터 이야기하자면, 캐디는 지금까지 현금으로 캐디피를 받고 그 수익을 신고하지 않았습니다.

즉, 버는 모든 돈이 자기 호주머니 속에 그대로 들어갔고, 소득을 신고하지 않았기 때문에 국세청과 근로복지공단에서 캐디의 수익을 알 수 없었으며, 당연하게 부과되어야 했던 세금(근로소득세 또는 종합소득세, 지방세)을 납부하지 않았으며, 국민연금료와 건강보험료도 실질소득에 맞게 납부하지 않았습니다.

세상의 밝은 면이 있으면, 어두운 면이 있듯이 캐디는 이렇게 세금과 보험료를 실질소득에 맞춰내지 않는 대신에 근로자(?)로서 받아야 할 정당한 대우를 받을 수 없었습니다.

즉, 골프장 측의 지시로 근무를 해야 했으며, 규율 위반에 따른 벌당과 순번에 의한 무보수 당번, 일과 후에 이루어지는 배토(골프클럽에 의해 파인 잔디에 모래를 채우는 행위), 고객의 백이 현관에서 카트고에 내려올 때 이를 정렬해 놓는 백 대기, 라운드가 끝난 후 해야 하는 카트 청소 등을 했으며, 이를 위반할 경우 퇴사 사유가 되기도 했습니다.

고용보험 가입이 강제되고 있다면 '아웃소싱'이라는 협력업체가 답일 수도 있는데, 캐디 아웃소싱 업체에서는 캐디를 안정적으로 수급하고 질 높은 서비스를 제공할 수 있도록 교육할 수 있으나 빛과 그림자가 공존해 우려도 나옵니다.

또한, 이러한 양성을 통해 회색지대에 있는 캐디들의 지위를 명확하게 한다면 골프장 측에서도 이익이 될 수도 있는데, 이는 단순한 캐디의 인력제공에 대한 안정성 외에 세금에 대한 안정과 경영에 대한 안정으로 이어져야 합니다.

캐디는 법적인 관점에서 본다면, 골프장운영자에게 속하지도 않으며, 골프장 이용자(골퍼)와 법률적 관계에 있지 않기 때문에 아무런 권리를 주장할 수도, 보호받을 수도 없는 존재입니다.

6 대한골프협회(Korea Golf Association, 약칭 KGA)

설립 : 1965년 9월 23일
경기도 파주시 회동길 174 (문발동 513-12번지)
회장 이중명(웹사이트 www.kgagolf.or.kr)

상급단체는 국제골프연맹과, 아시아태평양골프연맹, 대한체육회이며, 산하 단체는 한국미드아마추어골프연맹, 한국대학골프연맹, 한국중고등학교골프연맹, 한국초등학교골프연맹 이며, 제휴 단체로는 한국프로골프협회와 한국여자프로골프협회입니다.

대한골프협회(大韓골프協會, Korea Golf Association, KGA)는 대한민국의 골프 종목 행정을 총괄하는 스포츠 행정 기구이며, 골프 운동을 진흥하여 국민 체력 증진을 목적으로 설립된 대한민국 문화체육관광부 소관의 사단법인입니다.

1965년 9월 23일에 '한국골프협회'라는 이름으로 설립된 후, 1985년 6월 13일에 '대한골프협회'로 명칭을 변경했고, 2016년 3월 11일에 전국골프연합회와 통합했습니다.

보도에 따르면, 대한골프협회는 지난 1월 4일 '제19대 회장 선거에 박노승, 우기정, 이중명(이상 가나다순)씨가 입후보해' 1965년 창설된 골프협회에서 경선으로 4년 임기 협회장을 뽑는 건 이번이 처음이랍니다.

이전까지는 전임 회장의 추천을 받은 단일 후보가 추대되는 형태였고, 2012년 골프협회 회장에 선출된 허광수 삼양인터내셔날 회장은 2016년 찬반 투표를 통해 재선에 성공하고 8년 여 간 임기를 지냈습니다.

선거인단은 시도 협회장, 회원사 골프장 대표 등 166명으로 구성됐고, 박 후보는 건국대 산업대학원 겸임교수 골프산업학과 겸임교수를 지냈고, 협회 경기위원을 지냈으며, 우 후보는 제14·15대 한국골프장경영협회장을 지냈고, 현재 대구컨트리클럽 회장과 송암골프재단 이사장을 맡고 있으며, 이 후보는 아난티 회장, 18대 골프협회 부회장입니다.

대한골프협회는 이중명(78) 아난티 회장이 1월 12일 온라인 전자투표 방식으로 진행된 제19대 회장에 당선됐는데, 협회는 전자투표 결과 이 후보가 157표 중 101표를 얻었으며 기호 2번 박노승 후보는 1표, 3번 우기정 후보는 55표를 득표했다고 합니다.

이중명 당선인은 "골프 종목의 장기적인 발전은 최전방 지역골프에서 시작된다. 시도와 산하 연맹과의 상생 발전을 위해 노력할 것이며, 국제 경쟁력과 경기력 강화를 대표선수가 훈련에 전력할 수 있는 여건을 마련하는 데 주력하겠다."고 당선 소감을 전했습니다.

이 당선인은 수도권과 영남지역에 각 18홀 규모를 갖춘 국가대표 트레이닝센터 개발, 진천 국가대표 선수촌에 골프연습장 및 트레이닝 센터 등을 만들고 국군체육부대에 골프단 창단을 추진하겠다는 공약을 냈습니다.

주요 사업은 국제경기 및 기타 각종대회 개최, 골프기술 연구, 향상 및 경기자 양성으로, 연혁을 소개하면,

1965년 9월 : 한국골프협회 창립
1966년 5월 : 사단법인 설립 승인 및 국제골프연맹(IGA) 가입
1968년 10월 : 세계아마추어골프연맹 가입
1985년 6월 : 대한골프협회 개칭
1986년 2월 : 대한체육회 정회원 가맹

7 프로페셔널(professional)과 프로골프

어떤 일을 전문으로 하거나 그런 지식이나 기술을 가진 사람 또는 직업 선수로 프로페셔널(professional)을 줄여서 '프로'라 일컫는데, 전문적으로 한 분야에서 돈을 받고 일하는 사람을 말하며, 프로 스포츠 종사자를 의미하는 경우가 많습니다.

'아마추어'에 상대되는 말로 경기를 직업적으로 삼고 있는 사람인데, 금전의 수입을 목적으로 경기를 지도하고 시행하여, 생계를 유지하는 사람입니다.

통할 경기단체 또는 소속 경기단체의 허가 없이 프로페셔널과 경기할 때는 아마추어가 될 자격을 상실하고, 아마추어라 할지라도 실비 이상의 보수를 받고 코치하였을 때는 프로페셔널로 인정됩니다.

상금을 획득하기 위해 대회에 참가하는 스포츠맨. 이 용어는 좀 더 폭넓은 의미로 프로 선수를 비롯해 코치, 감독 등 스포츠를 직업으로 삼는 사람들을 의미하는데, 프로 선수는 다른 선수들과 실력을 겨뤄 돈을 벌 뿐만 아니라, 그에 비례한 인기와 명성도 얻게 됩니다.

골프, 스키, 테니스 등의 전문가로 고용되어 컨트리클럽이나 리조트, 프로 숍 등에서 그 기술을 가르치는 사람도 있습니다.

프로골프는 취미활동 및 즐거움 등을 위하여 일정 자격을 통과한 선수들이 대회에 참가하여 경쟁하며 성적에 따른 보상을 받는 프로골퍼가 행하는 스포츠입니다.

일반적으로 프로골퍼는 프로 시합에 참가하는 '투어선수'와 골프(연습)장에서 코칭 및 강습을 하는 '티칭프로'로 구분할 수 있고, 우리나라 프로골프는 남자부와 여자부로 분리되어 있습니다.

1968년 한국프로골프협회(KPGA)가 출범한 이후 1978년 한국여자프로골프협회(KLPGA)가 창립되었고, 현재 한국프로골프협회에 5,331명, 한국여자프로골프협회에 1,518명의 회원이 가입하여 활동하고 있습니다.

프로골프 국내대회는 정규투어, 2부 투어, 3부 투어, 시니어 투어 등으로 세분화되어 활발하게 진행되고 있으며, 대회 수 또한 꾸준히 늘어나고 있는 추세로, 대표적인 국내 주요 골프대회로는 한국프로골프선수권대회(KPGA, 한국오픈), 한국여자프로골프선수권대회(KLPGA, 한국여자오픈)을 들 수 있습니다.

1) 한국프로골프협회 (Korea Professional Golfers' Association, 약칭 KPGA)

설립 : 1968년 11월 12일
경기도 성남시 분당구 운중로 121 (운중동 961번지)
회장 구자철(웹사이트 www.kpga.co.kr)

상급 단체는 한국프로스포츠협회이고, 제휴 단체는 대한골프협회로, 한국프로골프협회(Korea Professional Golfers' Association, KPGA)는 대한민국의 남자 프로 골프를 관할하는 스포츠 행정 기구입니다.

대한민국의 프로 골프의 발전을 위하여 프로 골프 선수의 자질과 기술의 향상을 도모하고, 국민체력향상을 위하여 생활체육골프를 보급하여, 국내·외 경기를 유치하고 적극 참여함으로써 국가발전에 이바지하고 국제교류증진과 골프 발전에 기여할 목적으로 설립된 대한민국 문화체육관광부 소관의 사단법인입니다.

1958년부터 서울C.C에서 주관하던 한국프로골프선수권대회를 1968년 KPGA 설립을 계기로 맡아 협회 주관으로 진행하게 되었고, 2004년 대한민국 방송사 SBS와 조인식을 가지고 2005년부터 KOREAN TOUR를 창설하였습니다.

주요 사업은 각종 국내외 골프대회 주관 및 주최, 골프선수 해외 파견, 골프지도자 연수교육, 청소년 및 유소년의 체육 증진을 위한 각종 관련 행사 주관, 골프기술 보급사업 등입니다.

2021. 7. 〈골프저널〉은, 한국프로골프협회(KPGA) 창립총회가 1968년 5월 개최되어 이사장 허정구, 부이사장 박용학, 전무이사 김흥조, 상무이사 연덕춘 등을 초대 임원진으로 구성하고, 평소 골프계에 큰 관심을 보였던 '골프광' 중앙정보부장 김형욱은 협회 고문에 추대됐다고 했습니다.

2) 한국여자프로골프협회 (Korea Ladies Professional Golf Association, 약칭 KLPGA)

설립 : 1988년 2월 2일
서울특별시 강남구 영동대로85길 13 (대치동 950-1번지)
회장 김정태(웹사이트 www.klpga.co.kr)

상급 단체는 한국프로스포츠협회, 제휴 단체는 대한골프협회입니다.

한국여자프로골프협회(Korea Ladies Professional Golf Association, KLPGA)는 대한민국의 여자 프로 골프를 관할하는 스포츠 행정 기구입니다.

대한민국의 여자 프로 골프의 발전을 위하여 여자프로골퍼의 자질 및 기술향상을 도모하며, 국제경기에 적극 참여함으로써 골프를 통한 국제 친선 및 국위선양을 이룩함과 아울러 국민건강 증진을 위한 사회적 책임을 수행할 목적으로, 1991년 12월 14일에 인가된 대한민국 문화체육관광부 소관의 사단법인입니다.

주요 사업은 각종 국내외 대회 개최, 각종 선발전·시드전 개최, 각종 이벤트행사 개최, 국민건강증진사업, 아마추어 지원 사업, 교육사업 등으로, 연혁은 한국프로골프협회의 여자프로부로 시작하였으며, 1988년 2월 2일에 한국프로골프협회에서 분리하여 서울특별시 강남구 삼성동 사무실로 이전하였고, 1978년부터 KLPGA 코리안 투어를 주최하여 진행하고 있습니다.

8 KPGA 코리안투어 2022시즌

2022. 3. 17. 보도에 따르면, 한국프로골프협회(회장 구자철, 이하 KPGA)는 올해 KPGA 코리안투어가 22개 대회, 총상금 160억 5000만원 규모로 정해졌다고 발표했습니다.

- 2022 시즌 KPGA 코리안투어 일정 -

N	대회 기간	대회명	대회 장소	총상금
1	4/14~17	제17회 DB손해보험 프로미 오픈	라비에벨CC	7억 원
2	4/28~5/1	**아시아드컨트리클럽 부산 마스터즈**	아시아드CC	10억 원
3	5/5~8	* 제41회 GS칼텍스 매경오픈	남서울CC	12억 원
4	5/12~15	**우리금융 챔피언십**	미정	13억 원
5	5/19~22	제12회 데상트코리아 먼싱웨어 매치플레이	드비치GC	8억 원
6	5/26~29	KB금융 리브챔피언십	블랙스톤 이천	7억 원
7	6/2~5	SK telecom OPEN 2022	핀크스	13억 원
8	6/9~12	제65회 KPGA 선수권대회 with A-ONE CC	에이원CC	15억 원
9	6/16~19	하나은행 인비테이셔널	미정	10억 원
10	6/23~26	* 코오롱 제64회 한국오픈	우정힐스CC	미정
11	7/7~10	우성종합건설 부산경남오픈	미정	5억 원
12	7/14~17	HONORS K 솔라고CC 오픈	솔라고CC	5억 원
13	8/25~28	군산CC 오픈	군산CC	5억 원
14	9/1~4	**LX 챔피언십**	미정	미정
15	9/8~11	** 제38회 신한동해오픈	코마CC(일본)	14억 원
16	9/22~25	DGB금융그룹 오픈	미정	5억 원
17	9/29~10/2	현대해상 최경주 인비테이셔널	페럼클럽	12.5억 원
18	10/6~9	제네시스 챔피언십	잭니클라우스GC	미정
19	10/27~30	**클레버스 CLEBUS 오픈**	미정	5억 원
20	11/3~6	**골프존-도레이 오픈**	골프존카운티 선산	7억 원
21	11/10~13	LG SIGNATURE 플레이어스 챔피언십	미정	미정
22	미정	비즈플레이 전자신문 오픈	블랙스톤 제주	7억 원

- *** 대한골프협회(KGA) 주관 : '제41회 GS칼텍스 매경오픈', '코오롱 제64회 한국오픈'**
- **** KPGA 코리안투어, 일본투어, 아시안투어 공동 주관 : '제38회 신한동해오픈'**
- **2022년 신규 대회 : 총 5개**

역대 최다 대회 수 및 최다 총상금 기록을 모두 경신했고, 코리안투어 기존 최다 대회 수는 2008년 20개였고, 최다 총상금은 2021년의 156억 원이었습니다.

신규 대회인 'LX 챔피언십'과 기존 대회 중에 '코오롱 제64회 한국오픈'을 포함한 3개 대회가 총상금 규모를 협의 중이라 사상 최초로 총상금 200억 원을 넘어설 가능성도 있습니다.

올해 코리안 투어에 신설된 대회는 모두 5개로, 4월 마지막 주 열리는 '아시아드 컨트리클럽 부산 마스터즈', 5월 둘째 주 '우리금융 챔피언십', 9월 첫째 주 'LX 챔피언십', 10월 마지막 주 '클레버스 CLEBUS 오픈', 11월 첫째 주 '골프존-도레이 오픈'이 새롭게 선보입니다.

대회 65주년을 맞은 'KPGA 선수권대회 with A-ONE CC'가 총상금 10억 원에서 15억 원으로 올렸고, '현대해상 최경주 인비테이셔널'이 10억 원에서 12억 5000만원, 'SK telecom OPEN 2022'가 12억 원에서 13억 원, '비즈플레이 전자신문 오픈'이 6억 원에서 7억 원으로 증액을 결정했습니다.

'제38회 신한동해오픈'은 해외에서 열리고, KPGA 코리안 투어, 일본 투어, 아시안 투어까지 3개 투어가 공동 주관하며 일본 나라현의 코마CC에서 진행됩니다.

개막전은 4월 14일부터 17일까지 강원 춘천 소재 라비에벨CC에서 펼쳐지는 '제17회 DB손해보험 프로미 오픈'이고, 최종전은 11월 10일 시작하는 'LG SIGNATURE 플레이어스 챔피언십'입니다.

한편 올 시즌에는 KPGA의 공식 인증을 받은 스크린골프 대회 'KPGA 코리안 투어 with GTOUR' 시리즈도 막을 올리는데, 총 3개 대회, 총상금 각 1억 원 규모로 진행됩니다.

신종 코로나바이러스 감염증(코로나19) 사태 이후 2년 만에 4월 14일 열리는 국내 남녀 골프 투어대회에서부터 갤러리(관람객) 입장이 허용됩니다. 골프를 제외한 국내 프로 스포츠는 지난해부터 관중 입장을 허용했고, 해외 프로골프 투어도 지난해부터 갤러리를 필드에 들이고 있습니다.

여주 페럼클럽(파72)에서는 한국여자프로골프협회(KLPGA) 투어 시즌 두 번째 대회 메디힐·한국일보 챔피언십(총상금 10억 원, 우승 상금 1억 8,000만 원)이 열렸는데, 갤러리 입장을 허용했고, 우승자에게는 상금 1억 8000만원 외에 올해 10월 열리는 LPGA 투어 메디힐 챔피언십 출전권이 주어집니다.

해당 기간에 중계 홀 보드, 골프장 진입로 입식 보드, 현수막 배너에 광고가 곳곳에 설치되었고, 특히 지난 시즌 6승을 몰아치며 대상과 상금왕, 다승왕을 휩쓴 박민지가 시즌 첫 출격하며, LPGA 투어 대회 출전 후 컨디션 조절 차 개막전에 나서지 않았던 임희정도 우승에 도전합니다.

개막전 롯데렌터카 여자오픈에서 우승한 장수연은 2주 연속 우승 트로피 수집에 나서고, LPGA 투어에서 활약하는 유소연과 김세영은 메인스폰서 메디힐 주최 대회에 나서서 국내파 선수들과 기량을 겨룹니다.

홀인원 경품도 풍성해, 16번 홀에는 약 1억 2,000만 원 상당의 마세라티 기블리 GT 하이브리드 차량이 경품으로 걸려 있고, 14번 홀에는 3,000만 원 상당의 파울리 합스부르크 황실 침대가 경품으로 걸려 있어 기대를 모으며, 또 8번 홀에는 약 2,000만 원 상당의 신동아골프 클림트 주얼리 세트가, 3번 홀에는 약 1,000만 원 상당의 뱅골프 하이브리드 세트가 내걸렸습니다.

기부 이벤트도 열리는데, 코스 내에 마련된 '메디힐 존'에 선수들의 샷이 안착하면 월드비전을 통해 자립준비청년들에게 마스크 팩을 전달하며, '동화자연마루 존'에 티샷이 안착하면 스마트 무선청소기를 인천사회복지공동모금회에 기부할 예정이고, 이번 대회는 SBS골프와 네이버, 다음카카오, 올레TV, LG유플러스를 통해 매 라운드 생중계됩니다.

한편, KLPGA 투어는 코로나19 여파로 지난 2개 시즌은 무 관중으로 개최됐었으나, 대회 주최 측은 갤러리를 위해 잔디 광장에 갤러리 플라자를 운영할 계획이고, 체험 이벤트를 즐기는 액티비티 존과 식음료를 제공하는 푸드 존 등이 마련되었습니다.

코리안 투어 시즌 첫 대회 DB손해보험 프로미 오픈이 4월 14일부터 나흘간 강원도 춘천 라비에벨 컨트리클럽 올드 코스(파71)에서 열리는데, 갤러리가 들어오는 것은 2019년 10월 제네시스 챔피언십 이후 2년 반 만입니다.

이번 시즌 코리 안투어는 역대 최대로 22개 대회에 총상금 172억 5000만원 규모로 진행되는데, 종전 기록은 대회 수는 2008년 20개, 상금 규모는 2021년 156억 원이었으며, 현재 총상금 규모를 협의 중인 대회가 3개여서 결과에 따라 200억 원을 넘어설 가능성도 있습니다.

9 (사)한국골프장경영협회

설립 : 1974년
경기 성남시 분당구 야탑로 26, 4층
대표자 : 박창열(홈페이지http://www.kgba.co.kr)

골프장 사업 상담과 자료제공을 하는 (사)한국골프장경영협회는 전국 정규(18홀)이상의 257개 골프장을 회원사로 하여 골프장의 운영, 법규 및 제도개선, 각종 세율조정 건의, 분쟁, 노사관계, 골프회원권 관리, 골프장관련 교육, 골프장 전반에 걸쳐 지원하는 협회입니다.

(사)한국골프장경영협회는 4월 24일 서울 인터컨티넨탈 서울 코엑스 하모니볼룸에서 2022년 정기총회를 개최, 단독 입후보한 박창열 회장을 3년 임기의 제19대 회장으로 만장일치 연임 추대했는데, 박 회장은 지난 3년 재임 기간 중 협회의 부채를 모두 상환해 안정된 협회 재정을 확보했으며, 30년 만에 내부규정을 전면 개정하고 조직을 새롭게 개편했습니다.

윤석열 정부 출범으로 새 정부, 새 정책에 '제2의 골프대중화'를 선언하며, 규제 간섭 철폐, 징벌적 중과세 철폐, 개별소비세 폐지, 현 대중제 증세 반대 등을 주창했고, 또 회원사 골프장들은 대표자 결의를 통해 '국민과 함께' 하는 골프 슬로건을 내걸고 골프 이용료 인하, 이용료 인상 자제, 안전한 골프장과 친환경 골프장 운영, 사회 공헌 및 기여 활동을 강화하는 골프장으로 거듭날 것을 결의했습니다.

박 회장은 ▲골프장 중과세 세제 개혁을 위한 지속적 노력 ▲새로운 정부와의 소통 강화 ▲골프장의 부정적 인식개선을 위한 홍보 활동 강화 ▲정부의 골프발전안 후속 조치에 적극적 대응 ▲골프업계 위상을 제고를 위한 노력 등을 공약으로 내세웠습니다.

박 회장은 또 회원사에 대한 공약으로, ▲회원제와 대중제 소통 활성화를 통한 상생 모색 ▲지역협의회의 확대 지원을 통해 회원사 골프장 간 협력체계 강화 ▲협회비 징수체계 대전환으로 회원사 이익 도모 등을 관철하겠다고 밝혔습니다.

한편, 국회 문화체육관광위원회 더불어민주당 간사를 맡고 있는 박정 의원(파주을)이 발의한 '체육시설의 설치·이용에 관한 법률 개정안'이 지난 4월 15일 국회 본회의를 통과했고, 정부는 이번에 통과된 법률안에 따른 시행령 개정, 세제 개편 등의 후속 절차에 착수할 예정입니다.

개정안에는 골프장업의 세부 종류를 '회원제 골프장업'과 '비회원제 골프장업'으로 구분하도록 했고, 특히 문화체육관광부장관이 비회원제 골프장 중에서 이용료 등의 요건을 충족하는 골프장을 '대중형 골프장'으로 지정하고 다양한 지원을 할 수 있도록 했습니다.

그런데, (사)한국대중골프장협회가 '대중골프장'이란 명칭마저 사라지는 국회의 일방적 골프장 분류체계 개편에 대해 민간 기업의 신뢰와 투자를 위축시켜 고객 부담만 가중시키는 실망스러운 입법이라며 강한 유감의 뜻을 밝혔습니다.

개정 법률은 공포 후 6개월 경과한 날부터 시행됨에 따라 협회는 오는 4월 19일 정기총회에서 회원사들과 대책을 숙의하는 한편 동 개정안에 대한 시행령 마련 과정에서 대중골프장업계의 피해 최소화를 위해 문화체육관광부와 지속적으로 협의할 예정입니다.

협회는 회원제골프장과 비회원제 골프장으로 개편하는 체육시설법 개정안이 국회를 통과한 것과 관련하여 "코로나19로 인한 일시적인 현상을 근거로 구체적인 대안 없이 골프장업 근간을 변경하려는 것은 정부 골프대중화 정책에 대한 민간기업의 신뢰를 훼손하여 투자를 위축시키는 동시에 결국 고객 부담만 가중시켜 골프대중화 정책의 후퇴를 초래하는 일방적인 조치로서 악순환을 유발하는 한편 그동안 국민의 체력증진과 여가선용을 위해 골프대중화 정책 실현에 크게 기여해 온 대중골프장업계 노력 폄훼는 물론 '대중골프장' 명칭까지 사라질 판이라며 지극히 실망스런 입법으로 강한 유감이다"라는 뜻을 4월 18일 밝혔습니다.

그동안 협회는 정부의 골프장 분류체계 개편안과 관련해 최근의 대중골프장 이용료 인상 등의 문제는 ① 코로나19로 해외 골프 여행이 사실상 불가하게 됨에 따라 국내 골프 수요 초과에 의한 일시적·이례적인 현상이라는 점, ② 골프 인구 대비 골프장 공급이 절대 부족 상태라는 점, ③ 일시적인 현상에 대하여 단기 조치로 문제를 해결할 수 없으며 가격 통제를 통한 정부의 과도한 시장개입은 골프장업계의 자율 경영 기능 위축 등 혼란을 초래하고 골프산업 발전을 어렵게 한다는 점, ④ 비회원제 골프장에 대한 세금 중과세(重課稅)는 사업체에 부담을 주기보다는 종국적으로 소비자(골퍼)에게 전가되어 골프대중화 정책을 저해하게 된다는 점을 강력하게 주장해 왔습니다.

또 '골프장 신설 등 공급증대 및 이를 위한 제도개선과 함께 대중골프장의 편법 영업행위 등에 대한 강력한 법적 규제 장치가 마련되어 오는 7월 19일부터 시행되는 만큼 관리·감독 강화와 이용요금 논란의 중심에 있는 회원제골프장에서 대중골프장으로 전환한 골프장에 대한 관리·감독을 강화해야 한다.'는 협회 의견을 반영한 국회 문체위 전문위원실의 검토 의견도 전혀 받아들여지지 않은 채 국회 본회의에서 원안 가결된 것에 대해 아쉬움을 토로하고 있습니다.

협회는 그동안 대중골프장업계는 여러 가지 어려움이 있는 가운데서도 정부의 골프대중화에 적극 부응하여 골프가 국민스포츠로 발전하는데 크게 기여해 오고 있음에도 국회에서 동 개정 법률안을 의결한 것은 "대중골프장 명칭마저 사라질 판이라며 매우 실망스럽다"고 강한 유감의 뜻을 밝혔습니다.

또한, 한국골프장경영협회가 민간 대중골프장에 대한 이용요금 심의위원회 설치 운영을 반대한다고 4월 8일 밝혔습니다.

지난 3월 29일 '대중골프장이용요금심의위원회' 설치를 위한 체육시설 설치·이용에 관한 법률 개정안을 입법예고했는데, 이 법안은 더불어 민주당 민형배 의원이 대표 발의하고 같은 당 10명이 공동 발의했습니다.

한국골프장경영협회는 "이 개정안은 그동안 몇 차례 개인 및 단체에서 제기되어 온 내용이지만, 위헌적인 요소, 반 자유시장 경제적인 요소, 비현실적인 점 등을 감안해 논의는 되었지만 당장 시행하기에는 거리감이 있다"라고 반박했습니다.

골프장경영협회는 "이는 공정하고 자유로운 경쟁의 촉진, 균형 있는 발전을 도모함을 목적으로 하는 공정거래법에 반한다. 또한 체육시설의 설치·이용에 관한 법률의 전체 내용 중 어느 부분에도 골프장 이용 요금에 대한 규제사항이 없다. 정부의 요금 정책 관여는 독과점, 독점 품목에 한한다. 사유재산이면서 체육시설인 대중골프장이 독과점 업종도 아닌데도 이용요금 통제는 법률에 위배된다."고 반대 사유 등을 밝혔습니다.

이어 "반 자유 시장경제, 위헌적인 요소, 비현실적이며 신기루 현상에 불과한 "대중골프장이용요금심의위원회" 설치 개정 법률안은 반드시 철회되어야 한다." 라고 주장했습니다.

또한, 4월 14일 대한골프협회에 따르면 이중명 회장은 "최근 코로나19 팬데믹의 영향으로 어려움을 겪고 있는 아마추어 골프 선수 육성과 골프의 대중화 정착을 위한 건의사항을 전달하고, 골프를 통한 국위 선양과 국민건강 증진을 위해 새 정부 정책과제로 반영해 줄 것을 적극 건의했다"고 밝혔습니다.

이 회장은 대중스포츠 종목 중 골프에만 유일하게 개별소비세가 적용되고 있어 골프에 대한 부정적 편견이 심화 됐고, 공공 골프장 부족으로 골프를 손쉽게 배울 수 있는 골프의 대중화 환경 조성이 불가하다고 지적했고, 코로나19 팬데믹 이후 골프장 이용료 급등으로 아마추어 육성을 위한 대회 개최지 섭외에 어려움이 있다고 건의 배경을 설명했습니다.

대한골프협회는 "개별소비세 폐지로 이용자 친위적 골프운동 문화를 조성하고, 지방자치단체가 보유한 저렴한 공설골프장 확충, 시군구 단위 공공골프연습장 확충, 공공기관 보유 골프장 학생대회 및 훈련지원 우선권 부여, 학생 선수 학습권 친화형 골프장 확충 및 세제 지원, 골프장 안전관리 등 골프진흥을 위한 법적 기반 마련 등을 건의했다"고 밝혔습니다.

10 미국 프로골프의 변화

1) USGA 설립

1890년을 전후로 하여 미국에 골프 코스가 건설되기 시작했고, 스코틀랜드에서 골프 장비를 수입해야 하는 시대였던 까닭에 부자들만이 골프를 즐겼고, 부유층끼리 클럽을 결성하여 교류했습니다.

골프장의 숫자가 10개도 안 되는 1894년, 골퍼들이 모여서 공식적인 단체를 설립했는데, 그것이 미국골프협회(USGA)입니다.

설립 초기 USGA는 부유층인 아마추어 골퍼를 중심으로 행정을 펼쳤고, 숫자가 적고 신분이 낮은 프로 골퍼들은 아마추어 골프행사의 도우미 노릇을 했습니다.

1895년 제1회 US오픈이 개최되었을 때 메인 이벤트는 'US 아마추어 오픈'이고 프로들의 대회인 'US Open'은 오픈게임의 대우를 받았습니다.

2) PGA(of America) 설립

미국의 골프인구가 크게 늘어나면서 프로 골퍼의 숫자가 늘었고, 대중을 몰고 다니는 월터 하겐 같은 위대한 선수가 나타나면서 프로들이 힘을 얻었습니다.

1916년 아마추어 위주의 USGA에 불만을 가진 프로 선수들이 모여서 PGA(of America)를 설립, 분가했고, PGA는 먼저 아마추어가 참가할 수 없는 메이저 대회인 PGA 챔피언십을 개최하며 프로들의 이해관계를 보호하는 데 앞장섰습니다.

골프산업이 커지면서 프로 대회도 늘어났고 PGA의 파워는 USGA와 대등한 수준으로 발전했으며, PGA는 프로 선수뿐 아니라 티칭 프로들도 회원으로 영입하여 조직을 키웠는데, 이는 티칭 프로의 숫자가 프로 선수보다 훨씬 큰 구조로 이어졌습니다.

3) PGA TOUR 분리

1960년대 중반부터 TV 골프 중계가 시작됐는데 인기가 폭발적이었으며, 방송사들은 대회의 중계권을 사기 위해서 상상할 수 없는 큰 금액을 제시했고, PGA의 재정 상태는 돈이 넘친다는 표현이 적절하게 되었습니다.

프로 선수 덕분에 큰돈을 벌게 되었는데 PGA는 티칭프로들을 포함한 모든 회원들의 동등한 혜택을 위한 정책을 펴고 있었고, 스타급 프로 선수들 사이에 "돈은 우리가 벌어오는데 대우는 별로 좋아지는 것이 없다."는 불만이 터져 나왔습니다.

1968년 당시 프로 선수들의 리더였던 아놀드 파머와 전성기를 누리던 잭 니클라우스가 앞장서서 플레잉 프로 선수들만의 조직을 만들어서 PGA로부터 분가해 나왔고, 분리하는 과정에 이해관계가 첨예하게 부딪쳤으며 마찰도 많았지만 결국 선수들은 원하는 단체를 만들었습니다.

그 단체의 이름이 PGA TOUR인데, 프로 선수들은 영리했고, 유능한 커미셔너를 영입해서 경영을 맡겨 PGA와는 전혀 다른 이미지를 만들어 내는 데 성공했습니다.

결국 미국의 골프를 움직이는 단체는 USGA, PGA, PGA TOUR 세 곳인데 서로 돕고 견제하면서 발전해 나가고 있으며, 그 중에서 가장 힘이 센 조직은 PGA TOUR일 것인바, 가장 많은 대회와 상금을 움직이기도 하지만 무엇보다 골프팬들이 선수의 편이기 때문입니다.

한편 〈동아일보 2010년 2월〉에 보도에 따르면, 프로^골프란 체육 직업 선수들이 우승을 가리기 위하여 하는 골프 또는 그런 골프 대회인데, 한 번 열렸다가 폐지됐던 남자 프로 골프 한일 대항전이 6년 만에 부활한 답니다.

4) 유에스(미국)아마추어여자골프선수권대회 [U.S.Amateur女子Golf選手權大會]

미국 골프 협회가 주관하는 전 세계 여자 아마추어 골프 대회로 여자 아마추어 골프 대회 중 최고의 권위를 가지며, 1985년부터 시작되었고, 매년 8월경에 엿새 동안 열립니다. (US: United States)

5) US(미국)아마추어골프챔피언십 [U.S. Amateur Championship]

미국골프협회(USGA)가 주관하며, 미국 최고 권위의 아마추어대회인데, 4강전까지는 18홀 매치플레이로, 결승은 36홀 매치플레이로 우승자를 가립니다.

이 대회를 거쳐 간 선수는 아널드 파머(1954년) · 잭 니클라우스(1959 · 61년) · 필 미켈슨(1990년) 등이고, 또한 1994년 타이거 우즈는 당시 역대 최연소(18세 7개월)로 우승했고 이후 대회 3연패를 달성하며 유명세를 얻었는데, 우즈의 최연소 챔피언 기록은 2008년 뉴질랜드 교포 대니리(19 · 한국명 이진명)가 18세 1개월, 2009년 한국의 안병훈이 17세 11개월로 앞당겼습니다.

미국골프협회가 창설된 이듬해인 1895년에 시작하여 미국골프협회가 주최하는 10개의 전국아마추어대회와 남녀선수권대회, 남녀 US오픈 중 역사가 가장 오래되었으며, 잭 니클라우스와 타이거 우즈 등 많은 스타들을 배출하여 미국 프로골프계의 정상을 향한 관문으로 불립니다.

미국은 물론 전 세계의 남자 아마추어 골퍼를 대상으로 하여 선수권자를 결정하는 대회로, 국내에는 타이거 우즈가 1994년의 99회 대회 때 사상 최연소(당시 18세)로 우승하며 1996년까지 3연패한 뒤 널리 알려졌습니다.

대회의 참가규정과 경기 방식이 까다로운데, 우선 미국 각 지역의 예선에서 16강에 들어야 출전할 수 있고 지역 예선을 거치지 않으려면 미국 아마추어 대표 생활을 하였거나 과거 대회에서 좋은 성적을 거둔 적이 있어야 합니다.

경기 방식은, 1백 44명의 선수가 이틀간 36홀 스트로크플레이를 벌여 64명을 가려낸 뒤 64강부터는 하루 18홀씩 오전 오후 두 차례의 토너먼트를 펼쳐서 마지막 결승전은 36홀 경기로 승부를 냅니다.

종전은 스트로크플레이 방식이었으나 1996년부터 이 같은 매치플레이 방식이 도입됐고, 한국 선수 중에서는 김성윤이 1999년 대회에서 준우승을 차지한 바 있습니다.

11 골프 용어

골프용어는 자주 쓰이는 것만 알아도 충분해서 전부 알고 있을 필요는 없으나, 스크린골프 용어 역시도 실제 골프 용어와 거의 다를 게 없으니, 골프 용어를 알아두시면 자연스럽게 통용됩니다.

골프는 배우는 것이지 공부하는 것이 아니기에 골프 용어는 굳이 안 외우려고 하는 게 좋고, 외우려고 하는 순간 골프는 공부로 전락해버립니다.

- **라운드(Round)** : Round 라는 단어에 진행형인 -ing 가 붙어서, 단순히 뭔가 활동적인 단어로 재탄생하지 않았나 하는 추측입니다.
  필드에 나가서 골프를 치는 것을 '라운드'라고도 하며 많이들 '라운딩'이라고 알고 있지만, 라운딩(Rounding)의 사전적 정의는 '둥근 형태로 나타나는 왜곡'입니다.

- **티오프(Tee off)** : 티오프는 '골프에서, 티에서 제 1타를 치는 일'이라는 뜻으로 사전적 정의는 나와 있고, 쉽게 말해서 티오프는 '골프 경기 시작'이라는 뜻입니다.
  이 골프 용어는 '티오프 시간이 언제야?'라고 물어볼 때 주로 쓰입니다.

- **컨시드(Concede)** : 컨시드는 그린 위의 공을 한 번의 퍼트로 홀인 시킬 수 있다고 인정한 경우, 이후의 퍼트를 면제해 주는 것을 말하는데, 일종의 시간 절약 방식이라고 할 수 있습니다.
  보통은 홀로부터 퍼터 길이 정도까지의 퍼터를 인정해주고, 경기 시작 전에 동반자들끼리 정한 기준에 따라 컨시드를 인정해주는 것이 통상적이나, 실제 대회에서는 잘 나오지 않고, 스크린골프에서나 아마추어끼리 라운드를 할 때만 주로 나오는 골프 용어입니다.

- **머리 올리기** : 골프에서는 초보자가 처음 라운드에 나가는 행위를 '머리 올린다.'라고 표현하는 골프 용어는 국내에서 상당히 오랫동안 사용되어져 왔고, 공식 골프 용어는 아니며 우리나라만 쓰는 은어 정도로만 기억하면 되겠습니다.

- **구찌** : 구찌 역시 은어인데, 공식적인 골프 용어들만 다루면 포스팅이 재미가 없어질 것 같아 넣었다고 보며, 구찌는 상대방이 샷을 하는데 옆에서 계속 방해하는 언행들을 말합니다.
  골프는 멘탈 스포츠이기에 상대방의 말 하나하나가 나에게 심리적 타격이 오기 때문에 구찌는 말로 상대방을 흔들어 놓는 심리전의 한 방법으로 통합니다.

- **멀리건** : 국내외 모두 쓰이는 용어지만, 공식적인 골프 용어는 아닌 멀리건은 '페널티 없이 다시 한 번 티샷을 칠 수 있는 기회를 주는 것'이며, 잘못 쳤음에도 '벌타 없이 다시 한 번 치게 해준다.'는 뜻입니다.
  세계에서 통용되는 은어 정도로 프로대회에서는 절대 나오지 않고, 보통은 아마추어끼리 라운드할 때 쓰이며, 스크린골프를 칠 때도 주로 나오는 골프 용어입니다.

1) 샷 관련 잘 쓰는 용어

- **샷**(Shot) : 공중으로 멀리 치는 것
- **퍼트**(Put) : 그린에서 공을 홀에 넣기 위해 치는 것
- **투온**(Two on) or **쓰리온**(Three on) : 샷을 두 번이나 세 번 쳐서 공을 그린에 올려놓는 것
- **티업**(Tee Up) : 골프 각 홀(hole)에서 경기를 시작하기 위해 티(tee)에 공을 놓고 치는 것
- **티오프**(Tee Off) : 공을 받쳐놓는 핀 위에 공을 올려놓고 침으로써 플레이가 시작되는 것
- **티샷**(Tee Shot) : 홀에서 경기를 시작할 때 처음 치는 행위
- **칩샷**(Chip Shot) : 20m 이내의 그린 안팎에서 홀을 향해 공을 쳐올리는 것

2) 타수 관련 용어

- **파**(Par) : 티를 출발하여 홀을 마치기까지의 정해진 기준 타수. 보통 파 3, 4, 5타를 기준 타수로 정하고 있으며, 여성 골퍼의 경우 6타의 홀까지 있습니다.
- **오버 파**(Over Par) : 규정 타수(파)보다 많은 타수.
- **이븐 파**(Even Par) : 파와 같은 수의 타수.
- **언더 파**(Under Par) : 규정 타수(파)보다 적은 타수.
- **홀인원**(Hole in one) : 티 그라운드에서 1타로 공(볼)이 홀에 들어가는 것.
- **버디**(Birdie) : 한 홀에서 파보다 하나 적은 타수로 홀인하는 것.

- **이글 (Eagle)** : 한 홀에서 파보다 2개 적은 타수로 홀인하는 것.
- **알바트로스(Albatross)** : 한 홀에서 파보다 3타 적게 홀인하는 것. 한편, 파 5홀을 2타로 넣었을 경우로 미국에서는 '더블 이글'이라고 합니다.
- **보기(Bogey)** : 한 홀에서 파보다 하나 많은 타수로 홀인하는 것.
- **더블보기(Double bogey)** : 한 홀에서 파보다 2타 많은 타수로 홀인하는 것.
- **트리플보기(Triple bogey)** : 한 홀에서 파보다 3타 많은 타수로 홀인하는 것.

3) 경기 관련 용어

- **골프 클럽(Golf Club)** ; 승인된 협회에 가입한 클럽으로서, 플레이어가 그 클럽을 자신의 홈 클럽으로 지정한 경우, 핸디캡 규칙의 규정에 따라 그 플레이어의 핸디캡인덱스를 관리할 것을 그 승인된 협회로부터 허가받은 단체.
- **네트 더블 보기(Net Double Bogey)** ; 해당 홀의 파에 2타를 더한 후 그 홀에 적용해야 할 핸디캡스트로크를 모두 적용하여 조정한 스코어.
- **동료의 검토(Peer Review)** ; 스코어나 핸디캡인덱스를 확인하거나 그 스코어나 핸디캡인덱스에 대해 이의를 제기할 수 있는 과정.
- **보기플레이어(Bogey Player)** ; 남성인 경우 약 20.0, 여성인 경우 약 24.0의 핸디캡인덱스를 가진 플레이어.
- **스코어 디퍼렌셜(Score Differentia)** ; 슬로프 레이팅과 플레잉 컨디션 계산을 반영하여 나타낸, 플레이어의 조정된 그로스 스코어와 코스 레이팅의 차이를 말함.
  스코어 디퍼렌셜은 플레이어가 스코어 기록에 등록한 특정일의 특정한 골프 코스에서 낸 스코어의 값을 수치로 나타낸 것이며, 스코어 디퍼렌셜은 반드시 18홀에 대한 값이거나 18홀에 상응하는 값으로 계산된 것이어야 합니다.

- **스크래치 플레이어**(Scratch Player) ; 0.0의 핸디캡인덱스를 가진 플레이어.
- **스트로크 인덱스**(Stroke Index) ; 핸디캡스트로크를 주거나 받아야 하는 홀을 나타내기 위해, 골프 코스의 각 홀에 할당된 값.
- **슬로프 레이팅**(Slope Rating) ; 스크래치플레이어가 아닌 플레이어가 플레이하는 골프 코스의 난이도를 스크래치플레이어가 플레이하는 골프 코스의 난이도와 비교하여, 그 상대적인 난이도를 수치로 나타낸 값.
- **승인된 협회**(Authorized Association) ; USGA와 R&A가 정한 구조에 따라 관할 지역 내에서 핸디캡 규칙을 시행하고 관리하고, USGA와 R&A로부터 위임받은 책임을 이행할 수 있는 권한을 가진 단체.
  우리나라에서 USGA와 R&A로부터 골프 규칙과 핸디캡 규칙을 포함한 월드핸디캡시스템 및 아마추어 자격 규칙과 관련하여 유일하게 승인된 협회는 대한골프협회입니다.
- **코스 레이팅**(Course Rating) ; 스크래치플레이어가 정상적인 코스 상태와 기상상태에서 플레이할 때 느끼는 골프 코스의 난이도를 수치로 나타낸 값.
- **코스 핸디캡**(Course Handicap) ; 핸디캡 허용률이 적용되기 전에, 슬로프 레이팅에 따라 결정된 특정한 티 세트로부터 플레이어가 받는 핸디캡스트로크 수.
- **파**(Par) ; 정상적인 코스 상태와 기상상태에서, 스크래치플레이어가 퍼팅 그린에서 2타 만에 홀 아웃 할 것으로 전제하고 그 홀에서 낼 것으로 예상되는 스코어.
- **플레잉 핸디캡**(Playing Handicap) ; 핸디캡 허용률이나 경기 조건에 따라 조정된 코스핸디캡을 말하며, 플레이어가 플레이할 라운드에서 실제로 주거나 받는 타수.
- **핸디캡 인덱스**(Handicap Index) ; 표준적인 플레잉 난이도를 가진 골프 코스(즉, 슬로프 레이팅이 113인 코스)의 슬로프 레이팅에 따라 플레이어가 보여준 실력을 계산하여 수치로 나타낸 값.

- **활동 시즌(Active Season)** ; 플레이어가 해당 지역에서 플레이한 수용할 수 있는 스코어를 핸디캡을 목적으로 하는 스코어로 제출해야 하는 시기를 말하며, 이 시기는 그 국가/지역의 승인된 협회에서 결정.
  우리나라의 유일한 승인된 협회인 대한골프협회의 결정에 따라, 우리나라에서는 일 년 365일이 모두 활동 시즌입니다.

4) 캐디 관련 잘 쓰는 용어

- **벌당** ; 지각이나 무단결근을 했을 때, 회사 내규 또는 자율 수칙을 어겼을 때 근무를 나가지 않고 당번을 대신하여 일을 하는 것.
- **현관 대기 or 현관 맨** ; 현관에서 손님들의 백을 내려주시는 일을 "현관 맨" 분들이 해주지만 "현관 맨"이 안 계시면 캐디가 직접 대기했다가 손님들의 짐을 케어해 주주기도 하는데, 이걸 "현관 대기"라고 부름.
- **현관 당번(현당)** ; 당번과 비슷한 말로, 당번과 동일하게 순번대로 돌아오며 라운드가 끝나고 나온 골퍼 분들의 백을 찾아드리는 일.
- **진행** ; 캐디에게 진행이란 앞 팀과 간격 유지를 잘 하면서 라운드를 하는 것입니다. 진행이 잘되지 않으면 앞을 쫓아가지 못하고 간격이 점점 벌어지며 코스가 밀리고 마지막 팀이 볼을 못 치는 상황이 생길 수도 있기 때문에 진행에 꼭 신경 쓰셔야 함.
- **비기너** ; 골퍼를 시작한 지 얼마 안 된 사람.
- **싱글** ; 골프를 아주 잘 치는 사람을 뜻하는데, 잘 치는 사람의 기준은 스코어가 79타 이하로 치는 사람.
- **캐디피** ; 쉽게 말해 경기도우미(캐디) 하루 일당으로, 캐디 서비스에 대한 비용으로 통상 라운드 이후 캐디에게 직접 지불.
- **오버피** ; 정해진 캐디에게 일종의 팁으로 골퍼가 캐디에게 주는 사례금.

- **베토** ; 라운드가 끝나고 나면 각자 지정된 홀로 가서 골퍼가 클럽(골프채)로 잔디를 파놓은 자리의 흙을 덮어주는 일을 함.(잔디는 뿌리 생식 식물이라서 흙을 덮어주면 아무 일 없었다는 듯이 바로 자라납니다.)

5) 기타 용어

- **골프 라운드** ; '골프 라운드'가 정식 명칭이지만 'ing'를 붙여 '라운딩'이라고들 하고, 골프 라운드는 보통 18홀을 도는 것으로 파3, 파4, 파5 홀이 골고루 구성되어 있음.
- **그늘 집** ; 골프장 내 잠깐 쉬어가는 장소로 5~6개 홀 이후에 나오는데, 간단한 간식이나 음료 등이 있으며 무료 간식을 주는 곳도 있고, 화장실이 있음.
- **그루브(groove)** : 골프에서 공을 치는 채에 새겨진 홈으로, 공을 칠 때 마찰력을 높여 공에 회전을 강하게 줄 수 있고, 2010년부터 선수들의 실력을 변별하기 위하여, 모든 프로 골프 대회에서 이에 대한 제한 규정이 적용되었음.
- **그린, 그린 엣지** ; 퍼팅을 할 수 있게 잔디를 짧고 촘촘하게 깎아놓았고 홀컵에 깃대가 꽂아 져 있는데, 그린이 하나 있는 원 그린 시스템이나 2개의 그린을 번갈아 쓰는 투그린 시스템이 있고, 그린 주변에 약간 잔디가 긴 곳이 그린 엣지(프린지)라고 하며, 퍼터와 웨지 모두 사용 가능함.
- **디 오픈(the open)** : 세계에서 역사가 가장 오래된 미국 프로 골프 대회로, 1860년에 시작되었으며 마스터스, 유에스 오픈 챔피언십, 피지에이 챔피언십과 함께 미국 프로 골프의 4대 메이저 대회.
- **마스터스 골프 대회(Mastersgolf 大會)** : 미국의 골프 선수 존스(Jones, B.)가 만든 미국프로골프대회로, 1934년에 창설되었으며, 오거스타에서만 개최됩니다. 브리티시 오픈, 유에스 오픈 챔피언십, 피지에이 챔피언십과 함께 미국프로골프 4대 메이저대회에 해당함.

- **벙커** ; 모래로 되어있는 공간이고, 벌 타는 없지만 나오는 데는 기술이 필요하며, 페어웨이 가장자리에 있으면 사이드 벙커, 페어웨이 안에 있으면 크로스벙커, 그린 주변에 있으면 그린 사이드 벙커라 함.

- **스크래치 게임(scratch game)** : 골프에서 상대편과 동등한 자격에서 하는 경기로, 핸디캡 없이 진행되는 게임인데, 일반적인 프로 골프 대회에 적용됨.

- **스타트하우스** ; 도착해서 내린 골프채가 직원들에 의해 카트에 실려 담당 캐디가 가지고 나오는 장소. 라운드 준비를 마치고 나가면 보통 카트에 준비되어 있으니 본인 티오프시간의 카트를 찾아가면 되고, 본인 채가 제대로 실려졌는지 확인하고 캐디분과 동반자와 인사를 나누는 장소이며, 라운드 준비를 하는 곳으로 옆에 퍼팅 연습장이 있는 곳이 대부분.

- **수리지** ; 보수나 수리 등을 하는 구역을 말하며 작은 깃발이 있거나 줄로 영역표시가 되어있고, 이곳에 공이 떨어지면 벌타 없이 드롭이 가능.

- IP **깃발**(Intersection Point) ; 샷을 할 때 목표 지점을 표시하거나, 샷 할 때 방향을 안내하기도 하고 남은 거리를 알려주기도 하는 깃발이며, 보통 캐디 분들이 'IP 방향으로 ooo m 요~' 하고 알려줌.

- **클럽하우스** ; 골프장에 도착하면 가장 먼저 가야 하는 곳이며, 차에서 골프채를 내리고 락커룸, 프론트, 식당 등이 있는 건물.

- **페어웨이, 러프** ; 페어웨이는 잔디가 잘 깎여져 있는 곳이고, 러프는 잔디가 길고 무성하며, 좀 더 잔디가 길면 헤비 러프라고도 함.

- **패널티 구역 - 헤저드, OB** ; 패널티 구역으로 바뀐 헤저드는 연못이나 강, 계곡 등이며 빨간 말뚝으로 표시되어 있고 1벌 타를 받고, OB(Out of bounds)는 골프 라운드 시 경기장을 벗어난 곳을 말하며, 보통 하얀 말뚝이 꽂아져 있으며 2벌 타를 받음.

- **프론트** ; 도착해서 체크인을 하거나 락커 배정, 기타 문의 등을 하고, 라운드가 끝난 후 정산까지 하는 곳인데, 그늘 집에서 먹은 간식, 식사도 라운드 후 이곳에서 합산하여 계산.
- **피지에이(PGA)** : 1916년 4월에 뉴욕에서 출범한 미국의 프로골프 단체로, 남자 프로골프의 권위를 도모하고 피지에이 챔피언십으로, 시니어 피지에이 챔피언십, 그랜드슬램 오브 골프, 라이더 컵을 주관함.

12 파크골프[park golf]

park와 golf의 합성어로, 대개 9홀이나 18홀에서 진행되는 파크골프는 공원과 같은 소규모 녹지공간에서 즐기는 골프게임으로, 일반 골프보다 저렴한 비용으로 시간 제약 없이 즐길 수 있는 레저스포츠이며, 일반 골프의 축소형에 가까운 파크골프는 규칙도 일반 골프와 같습니다.

파크골프는 나무로 된 채를 이용해 공을 쳐 잔디 위 홀에 넣는 공원에서 치는 골프놀이로, 장비나 시간에 크게 구애받지 않고, 세게 휘둘러도 멀리 안 나가는 까닭에 '장타'에 대한 부담감이 없어서 남녀노소 모두 즐길 수 있습니다.

장비는 합성수지로 내부를 채운 직경 6cm의 공(무게 80~95g)을 쓰며, 나무로 만든 길이 86cm 이하(무게 600g) 길이의 파크 골프용 클럽 1개와 일반 골프공보다 크고 부드러운 플라스틱 공을 사용합니다.

사용하는 클럽에는 로프트(클럽과 페이스가 이루는 각도)가 전혀 없어 뜨거나 날아가지 않아 위험하지 않고, 기존 골프장의 1/50~1/100 정도의 작은 부지에서 누구나 즐길 수 있도록 한 것입니다.

경기 방식은 골프와 비슷하며, 출발지점(티오프)에서 홀(hole)을 향해 공(볼)을 치고 차례로 코스를 도는데, 최종코스까지 가장 적은 타수로 홀에 공을 넣는 사람이 승리합니다.

보통 4인 1조로 게임을 하고 게임당, 18홀 기준으로 약 1시간 30분~2시간이 소요되는데 체력적인 부담은 적습니다.

골프의 인기와 더불어 스크린골프, 파크골프, 그라운드골프, 스내그골프 등 골프에서 파생된 여러 종목도 인기를 모으고 있는데, 일반 골프와 같이 1번 홀에서 시작해 홀컵을 향해 공을 치는 게임으로 1번 홀부터 차례로 18개 홀을 돌면 되며, 홀마다 타수를 기록해 최종 홀까지 타수가 가장 적은 사람이 승리하는 게임으로 기준 타수는 66타입니다.

전국 파크골프장은 308곳이며, 경남에는 지역별로 창원 6곳, 김해 5곳, 밀양·양산·진주·거창·함안 각 4곳, 창녕 3곳, 합천·하동·산청 각 2곳, 남해·함양 각 1곳 등 총 42곳이 있습니다.

파크골프는 1984년 일본 홋가이도에서 시작됐으며 현재 홋가이도에는 600여개의 파크골프장이 있을 정도로 인기인데, 하와이, 호주, 중국, 미주 등에서도 저변이 넓습니다.

파크골프가 인기를 모으는 이유는 일반 골프와 규칙(룰)은 비슷하지만 보다 간단하고, 필요로 하는 장비도 적어 준비가 간편하기 때문인데, 클럽 1개만 사용하므로 배우기 쉽고 치기 쉬우면서도 일반 골프와 같은 재미도 느낄 수 있고, 온 가족이 즐기기에 적당한 종목이며 현재 가장 주목받는 생활체육 종목 중 하나입니다.

2022. 3. 7 자 골프저널 김상현 기자 보도를 아래 간략하게 소개합니다.

대중들과 지자체 등의 관심이 여전한 2022년에도 파크골프 열풍은 생활 스포츠로서의 가치를 높게 인정받고 있습니다.

순수한 상업주의보다는 생활 스포츠로서 복지 및 보건의 개념으로 접근되고, 그만큼 시설 건설부터 유지, 확충까지 정부나 지자체의 지원이 필요한 경우가 많아서, 파크골프 열풍이 길게 이어지려면 지속적인 정부나 지자체의 관심이 필요합니다.

2022년 지자체의 신년 계획을 살펴보면 파크골프는 말 그대로 '단골손님'이 되었는데, 권오봉 여수시장은 직접 '장도 친환경 파크골프장' 계획을 언급했고, 영천시도 제2 파크골프장 확충 계획을 밝혔습니다.

청주시도 한국산업평가원에서 부족한 공공체육시설 확충을 위해 흥덕구와 청원구의 파크골프장 확충안을 주장했고 또 오송에 파크골프장을 건립할 것을 발표했으며, 합천군, 음성군, 보성군 등이 올해 파크골프장 확충 계획을 세운 것으로 알려졌습니다.

화천군은 기존에 지역 경제에 큰 보탬이 되었던 산천어축제가 코로나 사태로 취소되며 지역 경제가 큰 타격을 입은 가운데, 파크골프로 손실을 만회한다는 방침입니다.

화천군은 1월 20일부터 2월 25일까지 시즌 오픈 전국파크골프대회를 개최했고, 한 달 동안 이어지는 이 대회는 '우승 상금만 1,000만원에 달하며, 선수 250명과 심판 40명이 참여하는 대규모로 진행된다.' 는데, 대한파크골프협회 등록 회원이면서 경기장 입장 전 방역 패스를 완료한 사람만 출전이 가능할 만큼 방역 조치도 충실하게 이행된다고 합니다.

대구 수성구에서는 1월 22일 수성패밀리파크 내 리틀파크골프 연습장에서 '수성구 리틀파크골프단' 창단식이 개최됐는데, 수성구 지역 2~6학년 초등학생을 대상으로 모집한 총 60명의 단원으로 구성된 리틀파크골프단은 매주 토요일에 3시간씩 훈련을 할 예정이며, 수성구를 대표해 각종 대회에 출전하거나 스포츠 교류 활동을 벌일 예정입니다.

하지만 빛이 있으면 그림자도 있는 법. 파크골프 열풍이 거센 만큼, 파크골프를 둘러싼 문제 제기나 논란 역시 커질 가능성이 있어서 급성장과 함께 논란 역시 커질 가능성을 생각하고, 미리 대비할 필요가 있습니다.

파크골프장을 새로 짓거나 확충하는 과정에서 환경이 파괴된다는 논란과 하루가 다르게 늘어나는 파크골프 인구에 비해 인프라가 부족하다는 논란은 작년에도 적잖이 일었고, 올해도 현재 진행형입니다.

하지만 파크골프장 건설로 말미암은 환경 문제는 확실히 논란거리지만, 아직 과거 골프장이 정부나 환경 단체와 충돌한 것처럼 대형 논란으로까지 불거지지는 않았고, 대화와 합의를 통해 충분히 논란을 진화하고 문제를 풀어낼 수 있는 수준이라 할 수 있습니다.

인프라 부족 역시 전국 각지에서 경쟁하듯 인프라 확충 계획을 발표하고 또 삽을 뜨고 있기에 시간이 지나면 해결될 가능성이 높으나, 무작정 삽만 뜰 게 아니라 적절한 인프라 확충 및 제도 개선 등이 함께 이루어져야 하겠습니다.

한편, 이재명 더불어민주당 대선 후보는 2022년 2월 10일 전국 시·군·구에 파크골프장을 1개소 이상 짓겠다고 공약했는데, 68번째 '소확행(소소하지만 확실한 행복)' 공약으로 '어르신 위한 파크골프장 대폭 확대. 전국 시군구에 1개소 이상 건립'이라고 적힌 공약 이미지를 게시했었습니다.

잠실파크골프장은 잠실종합운동장 내 체육공원 일대에 조성된 골프장으로 서울시체육시설관리사업소가 운영하고 있고, 총 코스 길이는 500m로 다양한 난이도의 9홀로 이뤄져있습니다.

골프장 내에는 50년 이상 된 느티나무 40여 그루와 산수유, 벚꽃, 튤립, 금낭화, 구절초 등 다양한 나무와 꽃 등이 조성돼있고, 나무숲이 우거져 여름에도 시원한 그늘 아래에서 파크골프를 즐길 수 있는 장점을 갖추고 있습니다.

사용료는 2시간 기준 성인 4,000원, 청소년 3,000원, 어린이 2,000원이고, 주말 이용료는 주중대비 30% 할증을 적용하며, 현장에서 장비도 1,000원에 대여 가능한데, 개장시간은 오전 9시부터 오후 5시까지이고, 매주 월요일, 우천 시에는 휴장합니다.

이용 예약은 서울시 공공서비스예약을 통해 매달 15일 오후 1시 30분에 접속해 익 월분을 등록하면 되는데, 4월 한 달간은 잠실파크골프장 클럽하우스를 직접 방문해 선착순 접수 후 순번에 따라 이용할 수 있습니다.

위치에 따라 다르나 지방자치단체에선 향후 20억 원의 사업비를 추가로 투입해, 파크골프 9홀을 추가로 증설하여 다양한 난이도를 적용해 총 18홀의 코스를 갖출 예정이라고도 합니다.

3월 20일 문경시에 따르면, 경북 문경시는 800여명의 선수가 참가하는 '한국 파크골프 피닉스배 전국 파크골프대회'를 유치하고 오는 10월 개최할 예정이며, ㈜피닉스 한국 파크골프가 주관하고 대회 경비(1억 5000만 원)를 전액 부담합니다.

파크골프 동호인들의 관심이 큰 만큼 대회전 현지 적응 훈련을 위해 많은 선수들이 문경을 찾을 것으로, 대회기간 뿐만 아니라 대회전부터 지역 경제에 도움이 될 것으로 보입니다.

13 게이트볼[gate ball]

게이트볼은 남녀노소를 불문하고 모두가 쉽게 즐길 수 있는 스포츠로 막대기 모양의 채로 공을 쳐 게이트에 통과시키며 즐기는 경기입니다.

경기장 시설이 특별히 따로 필요하지 않으며 넓지 않은 공터만 있으면 쉽게 즐길 수 있고, 경험이 없는 사람이라도 짧은 시간만 설명을 들으면 쉽게 이해하고 곧바로 선수가 될 수 있습니다.

게이트볼이란 말은 영어의 '문'이라는 뜻의 '게이트(gate)'란 단어와 '공'이라는 뜻의 '볼(ball)'이란 두 낱말을 합성하여 만든 말이어서, 중국에서는 '門球(문구)'라 부르고 있는데, 경기 규칙이 쉽고 육체적으로도 무리가 없어 다양한 연령층이 즐기며, 특히 노년층 사이에서 여가 활용 스포츠로 큰 인기를 얻고 있습니다.

13세기경 프랑스 남부 농민들이 굽은 막대기를 사용하여 처음 즐긴 것으로 알려져 있는데, 이것이 영국 쪽으로 보급되어 '크로케'(croquet)로 발전하였고

2차 세계대전 직후 일본 사람, 스즈키 가즈노부가 이 크로케에서 힌트를 얻어 게이트볼을 고안해 내었습니다.

게이트볼은 일본 전역은 물론 환태평양을 중심으로 미국, 브라질, 대만, 동남아시아 각국, 중국 등지에서 성행합니다.

우리나라에는 1980년대 초반, 관광객으로 들어온 일본인을 통해 전파되었고, 1982년 경주 코오롱 호텔 잔디구장에서 경기를 한 것이 한국에서의 첫 경기로 기록되어 있으며, 1984년 대한 게이트볼 연맹이 창립되었습니다.

그 후 1988년 88 서울올림픽 이후로 활성화되기 시작하여 수많은 사람들이 즐기게 되었습니다.

시설로 경기장을 코트라 하고, 그 구획을 표시하는 선은 (실선)끈이나 테이프로 표시합니다. 코트는 장방형이며 아웃사이드 라인으로 구획된 표면이 흙, 잔디, 인조 잔디 등 어느 것을 가리지 않고 장애물이 없는 평평한 곳이면 만들 수 있습니다.

인사이드 라인은 세로 15m 이상 20m 이내로 하고 가로는 20m 이상 25m 이내로 하는데, 우리나라는 주로 인사이드 라인이 세로 15m 가로 20m의 규격 코트를 사용하고 있습니다. 약 300 평방미터가 되나, 운동장의 사정에 따라 코트의 크기 등은 대회 협의 사항으로 정할 수 있습니다.

스틱은 망치 및 손잡이로 된 T자형인데 손잡이의 길이는 60cm 이상으로 하고, 중량, 굵기, 형상 및 재질은 제한하지 않습니다. 망치 부분의 주성분은 목질로 하나 균일한 것으로 만들고, 24cm 길이의 원기둥형으로 테이프를 감거나 쇠붙이 등 이물질 등을 붙이거나 가공해서는 안 됩니다.

스틱 헤드의 직경은 4.5cm이고, 공은 합성수지로 만든 것으로 직경 7.5cm, 중량 230±10g을 표준으로 합니다.

공(볼)은 적색 5개(1, 3, 5, 7, 9: 홀수번호)와 백색 5개(2, 4, 6, 8, 10: 짝수번호)를 사용하며 숫자는 볼 표면에 5×5cm 크기로 표시되어 있습니다. 스틱은 T자형으로, 손잡이의 길이는 60cm 이상이어야 합니다.

경기 방법은 각 팀 5명으로 구성하며 타순은 1번부터 10번까지를 사용하며 먼저 공격하는 팀은 적색 볼을 나중에 공격하는 팀은 백색 볼을 사용합니다.

각 타자는 자기 공을 통고한 직후부터 10초 이내에 타격해야 하고, 경기 개시 전에 소정의 위치에 정렬하지 않은 사람은 그 경기에 출전할 수 없으며, 위반 시 부정출장의 반칙을 적용합니다.

경기 중 규제 라인 안에 들어갈 수 있는 사람은 감독 및 타자뿐이며 위반 시는 입장 위반이 됩니다. 타자는 자기 앞의 타자가 최종 타격에 들어갔을 때 한쪽 손을 들고 기다리다 호명(call) 하면 '예! 0번 아웃 볼(out ball)'이라 복창하고 들어갑니다.

경기 시간은 30분이며, 경기 시간이 종료되었을 때 선공 팀이 플레이 중이라면 그 다음 차례인 후공 팀의 경기자가 플레이를 종료할 때, 게임 세트가 되며 후공 팀이 플레이 중이었다면 그 경기자의 플레이 종료 후 주심이 게임 세트를 선언합니다.

부심은 경기 시간 경과 15분 전, 10분 전, 5분 전, 그리고 경기 시간 종료를 통보해야 합니다. 어느 팀이든 전 경기자가 게이트 통과를 완료했을 때에는 그 팀이 승리합니다.

득점 및 경기 시간 종료 시에 이미 승패 완료가 된 경기자의 득점은 5점이므로, 팀이 낼 수 있는 최고 득점은 25점이 됩니다.

만일 합계한 득점이 양 팀 동점일 때는 완료된 공(볼)이 많은 팀이 우승이며 그 다음으로는 3 게이트를 통과한 볼이 많은 팀이 이기고, 그 다음으로는 제 2 게이트를 통과한 공(볼)이 많은 팀을 기준으로 판단합니다.

14 크로케[croquet]

야외에서 나무망치(mallet)와 나무공을 이용하는 구기 레크리에이션 종목의 하나입니다. 15세기경부터 프랑스에서 보급되기 시작하여 17세기에 영국에 전해졌으며 영국에서는 '펠멜(pall-mall)'로 불러왔는데, 크로케는 영국, 뉴질랜드, 오스트레일리아 등에서 성행합니다.

1861년 프랑스의 자크가 경기 룰을 확립하고 지도서를 영어로 출판하면서 지금의 크로케로 정착되었는데, 비슷한 내용의 변형 종목들이 각국에서 개발되어 성행하며, 미국에서는 '로크(roque)'라는 이름으로, 일본에서는 '게이트볼(gate ball) '이라는 이름으로 변형되었습니다.

용구는 나무망치와 나무공입니다.

경기방법은 지면에 철주문(鐵柱門:hoops) 9개를 세우고 나무로 만든 공을 나무망치로 때려 그 사이로 통과시켜 반환주를 지났다가 다시 되돌아오는 방식으로 진행되며, 누가 먼저 통과하느냐를 겨루는 경기입니다.

철주문의 수는 9개이지만, 출발주(starting post)에서 출발하여 반환주를 돌아 다시 출발주까지 오기 때문에 18개의 철주문을 통과하는 셈이 되며, 그것으로 한 게임을 치른 것이 됩니다.

경기는 개인전, 또는 8~10명을 2개 조로 나누어 단체전을 치르기도 합니다. 또한 각 자의 공에는 색깔이 정해져 있습니다.

순번을 따라 출발 주부터 치기 시작하는데, 1타로 1문을 통과하면 한 번 더 칠 수 있고, 1타로 2문을 통과하면 두 번 더 계속해서 칠 수 있습니다.

때에 따라서는 상대방 공을 맞추어도 계속 공을 칠 권리가 주어지는데, 그런 경우, 상대방의 공을 다음 관문과 다른 방향으로 튕겨 나가도록 하여 진로를 방해할 수 있습니다.

15 히팅골프[hitting golf]

공으로 공을 치는 짜릿함을 강조하는 뜻에서 '히팅골프'라는 이름이 붙었는데, 경기 원리는 운동장에 지름 80cm의 원을 그려 놓고 그 안에 공을 던져 집어넣어 득점하거나, 들어가 있는 공을 맞혀 공격합니다.

1960~70년대에 유행했던 구슬치기와 유사한 개념이고, 여기에 골프의 원리를 가미시켜 국민생활체육회가 개발했는데, 개인의 연령이나 성별, 신체 능력에 제약을 받지 않아 노약자도 손쉽게 참여가 가능하고 장애인도 어렵지 않게 참여할 수 있습니다.

이 경기는 매우 섬세한 동작을 구사하는 운동이기 때문에 집중력 향상에 도움이 되며 전술을 구사하는 과정에서 창의력과 집중력을 향상시킬 수 있습니다.

용구에서 히팅골프 공은 보통 소프트볼을 이용하면 되지만 주변에서 쉽게 구할 수 있는 테니스볼을 활용해도 됩니다.

경기 방법은 인원이 많든 적든 관계없이 누구든 즐길 수 있으며 룰과 장비도 간단하고, 골프 단체전이라고 생각하면 쉽게 이해할 수 있을 것입니다.

나가는 글

6장 | 나가는 글

1 '지혜의 땅' 소피아그린CC

경기도 여주군에 위치한 소피아그린CC 어원은 그리스어로 '지혜'를 뜻하는 '소피아'와 '땅'을 뜻하는 '그린'의 합성어이고, "지혜의 땅"에서 코스 공략의 첫 계명은 "지혜로운 골퍼가 되는 것"입니다.

코스 세팅에 순응하고 과감함과 신중함의 적절한 조화가 이루어져 자기 실력에 맞는 샷을 구사하는 전략으로, 한국교직원공제회(더케이) 회원이 아닌 일반 골퍼들도 인터넷 회원으로 가입한 뒤 예약을 신청할 수 있습니다.

한국교직원공제회가 2001년 10월 9일 설립해 2007년 5월 10일 건립했고, 총 58만평 규모의 27홀로 연 소피아그린CC(www.sophiagreen.co.kr)는 191만 7,355.3㎡ 부지 위에 세 개 코스 전장이 9,581m입니다.

페어웨이(352,000㎡)는 중지, 그린(21,250㎡)은 벤트 그라스로 이루어져 평균 코스 레이팅이 73.0이고, 자연경관을 최대한 살린 자연 친환적인 코스 구성이 매력적입니다.

소피아그린CC 골프장은 태백산맥, 차령산맥, 광주산맥 세 산맥의 능선에 둘러싸인 오갑산 자락에 위치해 사시사철 경관이 아름답고 각 코스가 가진 지형의 특징을 살렸습니다.

자연훼손을 최소화한 골프 코스로 경치에 맞는 개념을 수립해 다양한 라운딩의 묘미를 누릴 수 있는데, 한국교직원공제회 회원의 복리증진과 기금조성 모두에 힘쓰고 있습니다.

영동고속도로 여주IC에서 나와 37번 국도를 타고 충주 방향으로 10km 정도 가면 골프장에 다다른데, 경기 여주지역에는 기존 남여주CC(18홀), 아리지CC(27홀)에 이어 세 번째 대중제(퍼블릭) 골프장이 들어섰던 것입니다.

기업 세미나 장소 등으로도 활용되며, 홀별 난이도에 따라 연못 및 벙커 등의 장애물을 적재적소에 배치해, 골퍼의 기량을 맘껏 발휘할 수 있습니다.

골프장 전경이 한 눈에 들어오는 클럽하우스(지상 2층 지하 1층, 락카 및 사우나실, 식당, 사무실, 대연회실과 7개 중회의실)는 독창적이고 단순한 기하형태로 만들어져 세련된 외관을 자랑합니다.

회원제 골프장 못지않은 고품격시설과 서비스를 저렴한 가격으로 이용할 수 있고, 식사와 음료는 더케이 서울호텔에서 위탁 운영합니다.

코스 내에 인공폭포를 조성하고 그린 프린지(fringe), 아일랜드 홀, 하절기 야간 골퍼들을 위한 조명탑 설치 등 고객 니즈를 반영해 지속적으로 코스를 개선해 왔습니다.

코스는 마운틴, 밸리, 레이크 코스(세종, 황학, 여강)로 구성됐으며 초보부터 수준급 골퍼까지 모두 흥미를 느낄 수 있도록 조성했습니다.

마운틴 코스(세종, 123,716㎡)는 깊고 수려한 산세가 조화롭게 어우러져 도전적이며 남성적이고, 밸리 코스(황학, 138,457㎡)는 거대한 암벽과 자연림, 대형 호수 사이에 아늑하게 자리 잡아 계곡을 가로지르는 코스 공략이 묘미이고, 레이크 코스(여강, 140,718㎡)는 마치 하늘이 내려앉은 듯한 대형 호수를 배경으로 조성돼 차분하게 라운딩을 즐길 수 있습니다.

본격적인 골프 시즌을 알리는 봄은 골프장마다 골퍼들의 부킹 전쟁이 시작되었으며, 프리미엄 대중제(퍼블릭) 골프장을 표방하는 '지혜의 땅' 소피아그린CC에서도 야간 운동을 돕고자 라이트 교체도 한창이며, 잔디 밭 그린을 점검하고 페어웨이 관리 등 코스 관리에 특별히 신경 쓰고 있습니다.

15년에 이른 소피아그린CC는 클럽하우스 리모델링 등 영업환경 개선과 함께 야간 조명 교체 공사 등 코스 환경 개선은 물론 코스 경관개선 및 안정성 확보를 통한 코스 품질향상도 더 할 것입니다.

2013. 12. 26 한국교직원공제회에서 운영하는 경기도 여주의 소피아그린CC는 해마다 지역 주민에게 장학금 전달, 초중등학교에 도서전달, 복지시설에 물품전달 등을 실시하고 있습니다.

여주시 점동면 현수 2리 기초생활수급가정, 차 상위계층, 노인 가정, 장애인가정 등에 7,000장의 연탄을 지원했고, 앞으로도 다양하게 지속시키렵니다.

한편, 골프산업은 코로나 수혜업종으로 지난 3년간 크게 성장하였으나, 포스트 코로나 시대에도 지금의 성장세를 유지할 수 있도록 고민해야 합니다.

골프장 여건 변화에 따라 회원들의 그린피를 10년 전처럼 환원해 1만원 인상을 하고, 예약정책 변경 등도 고객 수요에 대응해 다양하게 시행하며, 특히 부킹 관련 회원들 불만이 없도록 적절한 홍보와 함께 민원대응도 잘 하려고 합니다.

2년이 넘도록 지속되고 있는 코로나19에 이어 올해 연초부터 글로벌 물가/금리 상승, 러시아의 우크라이나 침공 등으로 과거 그 어느 때보다 경영환경의 불확실성이 커지고 있으나, 어려운 도전이 기다릴수록 피해가거나 물러설 수는 없습니다.

1971년 창립된 한국교직원공제회는 공제회 선발주자로서 교직원들의 생활안정·복지 증진을 위한 공제사업을 운영하는 기관입니다.

회원의 만족도와 경영실적이 낮은 출자회사는 미래의 발전가능성을 종합적으로 고려하여 전략적인 선택을 함으로써 책임경영을 가속화하려는 방침에 더케이 소피아그린CC도 따르렵니다.

또한 나눔과 환경경영 문화를 정착시키고 사회공헌사업을 지속적으로 고도화하여 지속가능경영을 확산시키며, 지금까지 쌓아올린 공든 탑을 더욱 굳건히 세우겠습니다.

2 페탕크 경기

사단법인 대한페탕크협회에 부이사장으로 관여하고 있어서 파크골프, 게이트볼, 크로케, 히팅골프 등등도 보급하는데, 동계올림픽 컬링 경기를 육상에 옮겨놓은 경기로서 공 하나만으로 경기를 운영함에 페탕크 소개합니다.

1) 페탕크 경기 소개

페탕크 경기는 쇠로 만든 공인 불(boules)을 상대방의 불보다 목표 공인 빗(코쇼넷, cochonnette라고도 부름)에 더 가까이 위치시켜 점수를 내는 것이며, 선수는 원(서클)을 땅 위에 그리거나 제작한 서클을 내려놓고 그 위에서 불을 던져 빗에 가까이 붙이거나 상대의 불들을 쳐내어 점수를 냅니다.

경기시설로 코트는 폭이 4m, 길이 15m 정도의 넓이로 마련하는 것이 원칙이지만 실제로는 여유의 공간이 있는 곳에 2인 이상이라면 즐길 수 있으며, 지면이 고르지 않은 곳에서 경기를 하면 공(볼)의 예측할 수 없는 이동 방향으로 인해 재미를 더할 수 있습니다.

페탕크 공(볼)은 무게 650~800g 사이, 지름 7.05~8 cm 사이인 철 또는 스테인리스 금속 소재의 구형 공으로 상대방과 구별될 수 있도록 홈이 새겨져 있거나 도색되어 있고, 목표가 되는 공을 비트라 하는데, 목재로 만들며 직경 2.5 - 3.5cm이고, 무게는 정해져 있지 않습니다.

경기 방법은 먼저 공격 순서를 결정하고, 먼저 공격하는 팀부터 한 사람이 출발(스타트) 지점인 직경 35~50cm 정도의 원을 지면에 그리고 그 속에서 양발을 붙여 비트를 6~10m 거리에 던집니다.

그 때 비트가 멈춘 지점이 원으로부터 6m 이내 또는 10m 이상의 경우에는 다시 던지고, 비트가 장애물 또는 금지 구역으로부터 1m 이내에 위치했을 경우에도 무효처리가 되어 다시 던지는데, 계속해서 제1구째의 공(볼)을 가능한 비트 가까이에 멈출 수 있도록 던집니다.

다음으로 나중에 공격하는 팀도 공(볼)을 가능한 비트 가까이에 멈추도록 던지는데, 이 때 선공인 팀의 볼을 맞추어 튀어나가도 상관없고, 양 팀이 각각 1구씩 던진 뒤 어느 쪽 볼이 비트에 가까운가를 확인합니다.

이 때 비트에 가까운 쪽에 점수를 주는데, 득점하지 못한 팀은 본인 팀의 공(볼)이 가장 가까워질 때까지 던져야 하고, 득점을 합산해가면서 경기를 지속하여 양 팀 모두 볼을 다 던지고 난 후를 1세트로 하며 득점을 계산해서 몇 회를 진행해 13점을 선취한 팀이 승자가 됩니다.

2) 경기 도구(볼)

금속(강철)으로 된 공(불), 지름이 70.5mm에서 80mm, 무게가 650g에서 800g으로, 청소년의 경우는 플라스틱이나 목재로 된 것도 권고하는데, 불은 담금질이 된 단단한 것으로 속이 비어 있고, 모래로 채우면 안 됩니다.

뷧이라고 부르는 목재로 된 작은 공(친근한 표현으로 오크어 보숑(bochon)에서 나온 코숑(cochon, 작은 불을 의미) 또는 코쇼넷(cochonnette, 작은 것을 의미)이라고도 하며, 지름이 30mm입니다.

제작은 강철 원기둥 한 덩이를 풀무질로 뜨겁게 달군 다음 디스크 판으로 성형하고, 이를 반구형으로 만듭니다.

이어 두 개의 반구를 용접하여 하나의 구를 만들어 둥글게 다듬는데, 밴딩 작업과 규격화 작업을 한 후에 담금질의 열처리와 재 가열 과정을 거쳐 강도와 탄성을 조절하고서, 마무리로 광택 작업 또는 도금이나 니스 칠을 하여 최종 형태를 만듭니다.

덜 알려진 다른 제조 방법은 구리나 동을 주성분으로 제조하는 경우로 녹인 쇳물을 모래로 만든 기둥의 주형틀에 부어 성형하는데, 이 제조법은 강철이나 스테인레스를 주성분으로 제조하는 것보다는 덜 알려져 있습니다.

강철이 녹이 슬고 스테인레스가 미끄러운 반면, 구리를 주성분으로 한 공(불)은 녹이 슬지 않고 덜 미끄러워서 강철의 편안함과 스테인레스의 장점을 갖는다고 말할 수 있으며, 이는 불리오네즈 경기용 불에 속을 채우지 않고 만드는 방식과 동일한 방식으로, 페탕크에서는 속을 채우는 것을 금지하고 있습니다.

레저 활동으로 페탕크를 즐기는 사람들을 위한 공(불)은 보통 무게와 크기를 한 가지로 제작하며, 나이와 성별을 구분하지 않고 사용할 수 있는데, 무게는 600g에서 800g까지이고, 제작 방법은 규칙 NF S 52-200로 규정하고 있습니다만, 레저용 불은 경기에서는 사용이 금지되어 있습니다.

경기용 불은 FIPJP에 의해 공인을 받아야 하는데, ① 금속으로 만들고, ② 지름이 7.05cm에서 8cm까지이고(11세 이하의 청소년 경기에서는 6.5cm에서 8cm까지이다), ③ 무게가 650g에서 800g까지이며(11세 이하의 청소년 특별경기에서는 600g에서 800g까지이다), ④ 제조사 마크와 무게를 기록한 숫자는 불에 새길 수 있으며, 이를 읽을 수 있는 상태여야 하고 ⑤ 공(불)의 속은 불리오네즈 경기용 불과는 달리 속이 비어 있어야 하며, 모래로 속을 채우면 안 되고, 선수의 이름이나 예명 또는 약어는 불에 새길 수 있는 특성을 갖추어야 합니다.

3) 경기장

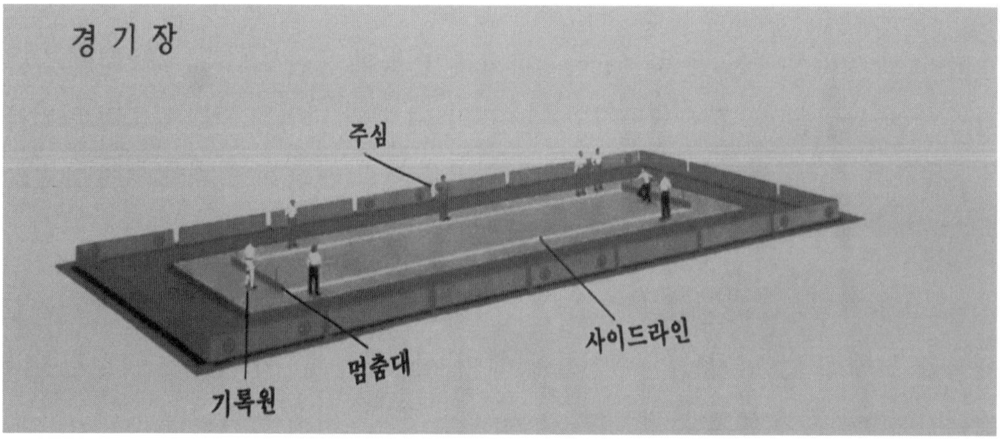

- 경기장 (playing field) 페탕크를 경기하기 위해 구획된 공간. 경기는 잔디, 흙 또는 모래 위에서 진행됩니다.
- 국제경기의 경기장 규격은 4m×15m입니다.
- 주심 (referee) 경기 규칙의 적용을 담당하는 경기 관계자. 주심은 장비와 시설이 규격을 준수하는지 확인합니다.
- 기록원 (scorer) 각 선수 또는 팀의 득점 결과를 득점표에 기록하는 경기 관계자가 참여합니다.
- 멈춤대 (stopping board) 경기장의 뒷면 경계에 해당하는 나무판자.
- 사이드라인 (sideline) 경기장의 경계에 해당하는 길이로 길게 난 실선. 공이 사이드라인을 넘어가서는 안 됩니다.

4) 경기 규칙 해설

* 투구판 안에서 던지는데, 투구판을 밟거나 발이 밖으로 나오면 실격 처리됩니다.(투구판 직경 50cm)

1. 팀을 구성하며, 팀인원에 따라 공의 숫자가 다릅니다.

   예 - 1:1일 때(떼뜨 아 떼뜨)3개/ 2:2일 때(두블렛트)3개/ 3:3 일때(트리플렛트)2개씩, (공의무게는 600~800g 이내일 것)

2. 제비뽑기나 가위, 바이, 보를 해서 이긴 팀이 먼저 뷰쏭을 던집니다. (다음부터 던지는 순서는 점수를 득한 팀이 먼저 던집니다)

3. 득점하는 팀이 먼저 던지되 몇 개를 던지는지 심판에게 고하고 던집니다. 다음은 점수를 못 내거나 적은 팀부터 던집니다.

4. 뷰숑에 가깝게 붙이는 것이 점수를 얻지만 뷰숑을 쳐서 점수를 득 할 수 있습니다.(뷰쏭과 가깝게 있는 공만 점수인정)

5. 본인 공이 라인 밖으로 나갈 시는 실격 처리됩니다.

6. 일회 게임을 하는 시간은 1분 이내며, 작전시간도 1분 이내로 합니다.

7. 공을 던지는 자세는 앉거나 서서 자유롭게 하되 반드시 손등이 하늘 쪽을 향해야 합니다.

8. 뷰숑을 쳐서 뷰숑이 밖으로 나갈 경우는 그동안의 게임은 무효이며, 대신 선수가 보유한 공의 숫자만큼 점수를 득합니다.

9. 점수는 13점을 먼저 얻는 팀이 우승하며, 게임의 횟수나 시간을 정하여 게임을 할 수도 있습니다.

10. 게임의 공은 협회의 승인을 받아 직접제작한 공이나 협회 측에서 제공한 공이어야 합니다.

11. 게임장은 반드시 맨땅 흙이나 잔디구장, 인조잔디도 가능하며, 협회에서 인정한 게임장 이어야 합니다.(4m*15m)

12. 게임진행자는 게임장 밖의 관객과의 거리를 2m간격을 두어 게임 시 사고를 방지하여야 합니다.

13. 모든 게임선수는 진행자 및 심판의 말에 절대 복종하여야 합니다. (불복종일 시 경고 및 퇴장을 명함)

14. 게임이 끝나고 동점자가 있을 시는 두팀이 다시 승자를 가립니다.
(국제 룰은 시간으로 할 시에는 가능하나 13점 승자를 가릴 때는 동점자가 없습니다.)

15. 선수교체-심판이 게임을 시작하기 직전에 교체 할 수 있습니다.

** 국제 룰은 본 게임 룰과는 약간 다르며, 게임의 재미를 더하기 위하여 일반 생활스포츠에서는 서로 상의 하에 룰을 조정할 수 있습니다.

5) 페탕크 역사

인간이 활이나 창을 발명하기 이전 백만 년 이상 돌을 들고 뛰어 다니면서 사냥을 하던 시절에 던지기는 중요한 기술 중에 하나였을 것으로, 생존의 던지기는 놀이 문화로 전래 되어 왔을 것이고, 우리의 구슬치기와 유사하기도 하며 공원 등에서 노인들이 자주 하는 게이트볼(gate ball)과도 유사합니다.

문헌과 유물에 의하면 던지기 놀이의 역사는 메소포타미아 문명을 시작으로 고대 이짚트, 그리스와 로마 시대에 성행 하여 고대 올림픽 종목의 투포환이나 원반던지기로 영입 되었는데, 히포크라테스(460-377 BC)의 저서에도 '공놀이가 건강 증진에 도움을 준다.'고 나옵니다.

로마인들의 공놀이에는 처음으로 나무로 된 공을 사용하였다 하며, 중세에 들어 유럽 전역에 퍼져 거리와 광장뿐만 아니라 성내에서도 공놀이가 성행 하였고, 프랑스의 공놀이는 로마인들에 의해 남 프랑스의 Gaule 족에게 전래 되었습니다.

현재의 페탕크 경기는 프랑스의 '프로방살 경기'에서 출발한 것으로, 오래전부터 전해져오던 볼 게임인 '프로방사르'를 개량하며 1850년 첫 번째 공식 클럽 « le Clos Jouve »가 Lyon 지방에 만들어졌고, 1906년 리용 협회가 만들어진 다음 1910년 프랑스의 남부 지방 도시 라시오타(La Ciotat)에서 시작하였습니다.

특히, '페탕크'라는 용어는 프랑스 남쪽 지방의 방언인 프로방살어의 페(발)와 탕카(고정하다)를 합친 표현으로 '두 발을 땅에 딛고 경기하는 것'을 뜻하는 조아페탕카(jo à pèd-tanca) 또는 페탕코(petanco)에서 유래했으며, 페탕크는 다른 불경기들과 달리 도약하지 않고 서서 투구하는 특성을 갖습니다.

경기는 일반적으로 공원과 같은 공터의 평범한 평지에서 치르거나 '불로드롬(boulodrôme)이라고 부르는 전용 실내구장에서 진행하는데, 페탕크는 주로 남성들이 참가하는 스포츠이고, 프랑스의 경우 등록회원 중 여성의 비율은 15% 미만이나 혼성 경기를 운영하는 보기 드문 경기 중의 하나입니다.

1933년 전국적인 협회를 형성 한 뒤, 1942년 « boule des berges », « boule en bois », « jeu provençal » 등의 여러 스타일의 볼경기를 통합하게 되었는데, 1945년 당시 128,000 회원을 지닌 "Boule Lyonnaise"에 의해 "Fédération Française de Boules :FFB (프랑스볼경기협회)"가 결성 되어 20세기 초 까지 이릅니다.

1959년 "세계페탕크협회"가 만들어져 1985년 Confédération Mondiale des Sport de Boules : CMSB(세계볼스포츠연맹) 에 가입되고 1986년 IOC에 의해 승인된 현재 페탕크는 '세계페탕크와 프로방살경기협회(Federation Internationale de Pétanque et Jeu Provançal, FIPJP) 산하에 5개의 대륙연맹이 조직되어 있으며, 약 100여 개의 국가협회가 가입해 활동하고 있습니다.

2016년 말의 조사에 따르면, 프랑스의 등록회원 수가 298,151명으로 프랑스에서 11번째에 해당하는 스포츠이며, 2017년 말 현재 모로코에서 베트남에 이르기까지 100여 개의 국가에 약 60만 명의 등록회원이 있고, 여기에 휴가 기간 등과 같이 비정기적으로 경기에 참여하는 사람들을 포함하면 '페탕크 인구는 전 세계적으로 수백만 명을 넘는다'고 합니다.

최근에 우리나라에서도 사단법인 대한페탕크협회가 있고, 한국뉴스포츠협회에서 이 종목을 도입해 보급하고 있는데, 2018년에 설립한 '사단법인 한국불스포츠

협회(KBSF, 회장 최영미)'가 세계협회인 FIPJP에 공식 가입하여 페탕크 보급과 발전, 전문 선수 육성, 학교 체육, 생활 체육으로의 확대를 위해 힘씁니다.

매주 정기 훈련과 매월 평가전을 실시하며 활동하고 있는데, 2017년과 2018년에 이어 매년 전국 고교선수권대회를 개최하고 있으며, 2019년부터는 성인부 전국대회도 개최하고 있습니다,

또한, 2018년 인도에서 열린 아시아챔피언십에 대한민국 최초로 선수를 파견하였고, 2019년 3월에는 '홍콩 International Open', 2019년 5월에는 스페인에서 개최한 '제 3회 세계 개인 및 2인조 선수권 대회', 11월에는 캄보디아 프놈펜에서 열린 '17회 세계여성과 주니어선수권대회'에 선수를 파견하였습니다.

6) 한국 89번째 국가로 FIPJP에 가입

수 년 간의 준비 기간을 거치고 FIPJP 회장 CLAUDE AZEMA 씨와의 공조를 통해 한국이 세계페탕크협회에 정식 등록 되어 89번째의 회원국이 되었습니다.

실제로 FIPJP(세계페탕크협회)에 가입 시도는 2005년 그레노블 세계 대회에서부터 추진되어 왔었지만, 여러 가지 난관과 기술적인 요소들의 결여로 그 결성이 용이 하지 않았었습니다.

회원 모집과 실제적인 페탕크 인구의 확보 및 최소한의 임원진 구성에도 여러 번의 실패를 거듭 하였고, 몇 번의 가입 시도가 번번이 무산 되어 지면서 그 결실을 보기가 어려웠었습니다.

2013년 7월 정식 FIPJP(세계페탕크협회) 가입과 동시에 APSBC(아시아페탕크연맹) 가입을 완료 하게 되어 이제 국제공인의 대한민국 페탕크 협회가 출범 하게 되는 쾌거를 이룩하였을 뿐 아니라, 앞으로 국제 시합 및 세계 대회 선수 파견을 위한 선발과 활발한 국제연맹 및 세계대회 참가를 진작시켜 보다 견실한 대한민국 페탕크협회 건설에 이바지할 예정이랍니다.

사단법인 대한페탕크협회
협회사이트 http://www.페탕크.kr
전화번호: 1899-0939

금동반가사유상

(국보 제79호와 국보 제83호로 지정)

위 금동반가사유상(金銅半跏思惟像) 2점이 함께 전시된
국립중앙박물관 '사유의 방' 입구 벽에 '두루 헤아리며,
깊은 생각에 잠기는 시간'이란 글귀가 걸려 있는데,
'시간이 멈춘 곳에서 머금고 있는 너그럽고 오묘한 천 년의 미소'를 띤 반가사유상을 보며,
고요 속에서 생명의 힘과 예술의 살아 숨 쉬는 가치를
가슴 가득 더 깊고, 크게 느끼십시오.

〈골퍼들께 권합니다.〉

"마음을 비우면 이루어집니다."

"깨어있는 삶, 길 찾기"

한상석의 골프장 이야기

발행일 2022년 4월 29일
지은이 한상석
펴낸곳 세창문화사
주소 | 경기도 수원시 장안구 천천로 233. 5층
전화번호 | 1544-1466
팩스 | 031-269-6366

가 격 19,000원

이 책의 판권은 지은이와 세창문화사에 있습니다.
이 책 내용의 전부 또는 일부를 사용하려면 반드시 양측의 서면 동의를 받아야 합니다.